龙印迹

中国与二十国集团框架下的
全球经济治理

何兴强◎著

中国社会科学出版社

图字:01-2016-6630 号

图书在版编目(CIP)数据

龙之印迹:中国与二十国集团框架下的全球经济治理/何兴强著.—北京:中国社会科学出版社,2016.8

书名原文:The Dragon's Footprints:China in the Global Economic Governance System under the G20 Framework

ISBN 978-7-5161-9200-9

Ⅰ.①龙… Ⅱ.①何… Ⅲ.①国际经济组织—国际会议—研究②世界经济—研究 Ⅳ.①F116②F11

中国版本图书馆 CIP 数据核字(2016)第 261172 号

出 版 人　赵剑英
选题策划　夏　侠
责任编辑　陈雅慧
责任校对　李永斌
责任印制　戴　宽

出　　版　中国社会科学出版社
社　　址　北京鼓楼西大街甲 158 号
邮　　编　100720
网　　址　http://www.csspw.cn
发 行 部　010-84083685
门 市 部　010-84029450
经　　销　新华书店及其他书店

印　　刷　北京明恒达印务有限公司
装　　订　廊坊市广阳区广增装订厂
版　　次　2016 年 8 月第 1 版
印　　次　2016 年 8 月第 1 次印刷

开　　本　710×1000　1/16
印　　张　16
字　　数　255 千字
定　　价　59.00 元

目　　录

导论　中国与全球治理

中国在 2008 年全球金融危机的阴影下，于当年 11 月参加了在华盛顿举行的首次二十国集团（G20）领导人峰会，成为中国实质性加入全球经济治理的开端。中国 4 万亿人民币的大规模经济刺激计划构成了全球协调抗击自大萧条时期以来最严重的经济危机不可或缺的一部分，并于 2009 年再承诺增资国际货币基金组织（IMF）500 亿美元，对保持全球金融稳定作出了巨大贡献。① 中国在应对全球金融危机中所发挥的重要作用得到美国以及其他西方国家的承认，中国也因此成为二十国集团这个被广泛认可的全球经济治理首要论坛的核心成员。当然，中国 4 万亿经济刺激计划的出台，很大程度上是中国国内经济增长面临全球经济下滑带来巨大压力所致。与美国政府的沟通和协调也让中国认识到，中国国内的经济刺激计划具有很大的全球意义，将能够对全球经济增长和金融稳定作出贡献。中国也认识到，通过增资国际货币基金组织，为抗击全球金融危机作出贡献是一种很好的方式，既能够帮助实现全球金融稳定，在国内引发的争议也相对较小。中国领导人在 2008 年和 2009 年二十国集团峰会的舞台上处于聚光灯的中心，受到国际社会的称赞，这将会鼓励中国在全球经济治理中进一步采取积极的姿态和有力的行动。

在经历了全球金融危机洗礼之后的几年中，中国经济仍然保持了快速增长，并表现出进一步参与全球经济治理的意愿。而加入世界贸易组织（WTO，以下简称世贸组织）以来经济超过十年的高速发展使得中国变得更加自信。中国在全球经济治理的其他方面，如改善全球金融货

---

① PBoC, " China Announced Participation in IMF Resource Boost ", June 20, 2012. www. pbc. gov. cn/english/130721/2862140/index. html.

币体系、贸易、多边发展融资、能源气候变化等领域也表现出了更为积极的态度。

研究方法

本书采用了定性分析的方法，结合了扎根理论①和案例分析法，对中国参与全球经济治理的进程进行了分析。本书主体部分由六个章节构成，分别以案例分析的方式，探讨了中国在全球经济治理各个领域的参与和表现，包括中国在二十国集团中的作用；中国增加其在国际货币体系中声望的努力，其中具体分析了人民币国际化；中国在全球能源治理中的作用；中国在全球贸易治理中的作用；以及中国在全球金融体系中的作用，其中重点分析了中国与多边开发银行。本书的导论和结论章节对中国在全球经济治理体系中所倡导的观念和具体实践进行了介绍和总结。

通过对系统收集的现有资料进行分析，本书阐述了中国在全球经济治理中所持的态度，采取的政策，制定的战略，并对中国参与全球经济治理的动机和原因进行了分析。所收集的数据资料包括政府出版物、各类非政府组织和国际机构的文献和出版物、媒体报道、采访记录、学术著作和学术期刊文章等。本书基于扎根理论进行分析，参阅了大量的中、英文材料及文献。所有文献资料的来源都是可靠的，可以查实。

中国在全球治理中的崛起

在众多因素的作用下，中国已从一个全球经济治理被动的参与者成为积极主动的重要参与者。通过二十国集团的舞台，中国获得了参与全球经济治理积极、正面的经验，这成为中国积极参与全球经济治理的主要推动力。习近平主席上任以来采取更为积极主动的外交政策。面对美

---

① 扎根理论（grounded theory）指在社会研究中依据系统收集的资料分析、提升和建立理论的研究方法。参见 Anselm Strauss and Juliet Corbin, *Basics of Qualitative Research Techniques and Procedures for Developing Grounded Theory* (2nd edition), London, UK: Sage Publications, 1998.

国遏制中国在亚太地区影响力的政策和战略，中国作出相应回应，在近些年也表现出更多参与多边外交的意愿。这种积极的外交政策构成了中国积极参与全球经济治理更为深层次的原因。此外，中国领导层和精英人士也意识到，对于国内经济改革中遇到的许多问题，包括深化市场化改革、经济结构调整、保持未来稳定的能源供应等重大问题的解决，国际经济合作将能发挥很好的作用。

自 2008 年参与二十国集团领导人峰会以来，中国已经意识到自己能够作为全球经济治理体系中一个平等的成员参与治理。通过加入美国协调下的全球规模抗击金融危机的努力，中国提升了自己在其中的地位。中国领导人及其政策建议在二十国集团舞台上得到了国际社会广泛的关注。此外，中国还加入了三个重要的国际金融标准制订组织：金融稳定委员会（FSB）、巴塞尔银行监管委员会（BCBS）以及国际清算银行（BIS）的全球金融体系委员会（CGFS）。这些成就均表明了中国在全球经济治理中地位的提高。在参与全球经济治理的过程中，中国致力于提高新兴经济体和发展中国家在主要的国际经济治理机构，如国际货币基金组织和世界银行中所占的份额和投票权。"积极参与全球经济治理和区域合作"被写入了 2010 年 10 月颁布的《中共中央关于制定国民经济和社会发展第十二个五年规划的建议》①。在经历了 2010—2011 年二十国集团峰会上一些困难时刻之后，特别是在多伦多峰会和首尔峰会上中国在人民币汇率问题上遭受了很大压力，自 2012 年起中国重整旗鼓，对自己能够在全球经济治理舞台上发挥重要作用充满自信。2012 年 11 月举行的中国共产党第十八次全国代表大会报告明确提出"积极参与全球经济治理"，并首次列出了中国参与多边事务的四个主要平台，其中包括了二十国集团。②

自从习近平担任国家主席以来，中国表现出更为积极地参与全球经

---

①　《授权发布：中共中央关于制定国民经济和社会发展第十二个五年规划的建议》，新华网，2010 年 10 月 27 日，http://news.xinhuanet.com/politics/2010 – 10/27/c_ 12708501_ 11.htm.

②　胡锦涛：《胡锦涛在中国共产党第十八次全国代表大会上的报告》（全文），中国网，2012 年 11 月 19 日，http://www.china.org.cn/chinese/18da/2012 – 11/19/content_ 27152706_ 12.htm，四个平台按顺序分别是联合国、二十国集团、上海合作组织、金砖国家。

济治理的态度。在他上任以来参与的前三次二十国集团领导人峰会上，包括 2013 年的圣彼得堡峰会，2014 年布里斯班峰会以及 2015 年安塔利亚峰会，习近平主席都提出了加强宏观经济政策协调，构建一个开放的世界经济的建议，体现了中国在参与全球经济治理过程中日益增加的自信。中国共产党的中央文件以及中国学者的著述都体现出中国正在努力推动全球经济治理的进步。2013 年 11 月公布的《中国共产党第十八届中央委员会第三次全体会议公报》是习近平主席进一步深化经济改革和开放政策的蓝图，其中建议"形成参与国际宏观经济政策协调的机制，推动国际经济治理结构完善"。①

2015 年 11 月通过的《中共中央关于制定国民经济和社会发展第十三个五年规划的建议》（以下简称《建议》）进一步提出，要积极参与全球经济治理，中国应该积极提供国际公共产品，提高在全球经济治理中的制度性话语权。《建议》还指出，中国应推动国际经济治理体系改革完善，积极引导全球经济议程，并倡导支持发展中国家平等参与全球经济治理，促进国际货币体系和国际金融监管改革。该《建议》草案还要求中国积极承担国际责任和义务，积极参与应对全球气候变化谈判，落实减排承诺，维护国际公共安全，提供更多的对外援助。中国学者对此《建议》进行了进一步的阐述，认为中国已经承诺要提供更多的国际公共产品，例如发起南南合作信托基金（South-South Cooperation Trust Fund），帮助发展中国家的经济和社会发展，为联合国 2030 年可持续发展议程作出贡献，增加在发展中国家的投资。在中国看来，亚洲基础设施投资银行（AIIB，以下简称亚投行）和"一带一路"倡议都以提供国际公共产品的方式，为发展中国家的基础设施建设提供帮助。

显然，作为世界第二大经济体，同时又坚持自己发展中国家的定位，中国对如何参与全球经济治理及其能给中国带来什么益处，有自己的观点和看法。总体来说，中国主张弘扬共商共建共享的全球治理理

---

① 《授权发布：中共中央关于全面深化改革的若干重大问题的决定》，新华社，2013 年 11 月 15 日，http://news.xinhuanet.com/politics/2013-11/15/c_118164235.htm.

念，主张建设一个公正合理、合作共赢的国际经济治理体系。①

合作共赢是中国共产党十八大以来中国明确提议建设的新型国际关系中的核心理念。它包括了三层意思：第一，它与中国改革开放以来一直提倡的"和平与发展"的时代主题相契合。它强调合作而不是对抗，寻求共同安全、集体安全，维护世界和平，促进各国共同发展。第二，合作共赢指的是寻求所有相关国家的共同利益。它追求的是共赢，不是胜者通吃，也不是零和博弈。它主张中国应该在不同利益诉求的国家之间寻求各方利益的最大公约数，推动惠及所有参与方的合作共赢机制。第三，它强调所有国家在经济发展过程中的平等权利。它主张所有国家共同发展的理念，国家不论大小、强弱和贫富，都是平等的，都有自主选择发展模式和道路的权利。每个国家在谋求自身发展的同时，要积极促进其他各国共同发展，特别是发展中国家，以取得合作共赢的最终目标，打造人类命运共同体。

合作共赢基于全球化时代国际关系的现实，各国之间相互依存空前紧密，各国之间享有的共同利益比以往任何时候都要多，利益的交织比任何时候都要深。当今世界面临的挑战也比以往任何时候都具有全球性。没有哪个国家可以置身事外，独善其身，各国需要团结起来，共同应对未来的挑战。

具体到全球经济治理，中国倡导"共商共建共享"的理念和原则，推动建立一个公正合理的全球经济治理体系，达成合作共赢的目标。习近平于2015年中共中央政治局第二十七次集体学习时提出了中国参与全球经济治理的理念，即主张没有哪个国家可以主导整个全球经济治理体系。在关于体系改革、规则制定的问题上，体系内的所有国家都应该共同商议，共同参与，所取得的成果也应当由所有国家共同享有。中国在全球经济治理上的一些具体主张反映了中国对自己作为一个发展中国家的身份认同。例如，中国主张实质上的平等，而不是形式上的平等，各国应该基于各自不同的能力，在全球经济治理体系中负起不同的责任；中国主张增加新兴经济体和发展中国家在体系中的代表权；理想的

---

① 《习近平：推动全球治理体制更加公正更加合理》，新华网，2015年10月13日，http://news.xinhuanet.com/politics/2015-10/13/c_1116812159.htm。

决策模式应该是体系内全体成员经过充分沟通和协商之后达成共识，形成决策。

对中国在全球经济治理上的理念进行详细阐述之前，本导论将对中国卷入世界经济和参与全球经济治理的过程先进行一个简单的回顾，并对塑造这些理论有着至关重要影响的国内因素进行分析，以便对中国如何发展和形成其在全球经济治理中的理念有一个初步了解。

中国参与全球经济治理的历程：简要回顾

在改革开放进行了大概十五年之后，到 20 世纪 90 年代中期，快速的经济增长使得中国已经成为一个亚洲经济强国。然而，中国经济与世界经济的互相依存和交织的程度比起今天还不算很高，在那一时期，中国也谈不上参与全球经济治理。人民币汇率形成机制第一次实质意义上的改革，即 1994 年汇率形成机制改革，首次建立了真正意义上的外汇市场，官方称之为"以市场供求为基础的、单一的、有管理的浮动汇率制度"。① 这个重要的改革在中国之外并没有引起任何的关注，即便当时人民币兑美元汇率从 1 美元兑换 5.7 元人民币，大幅贬值到 1 美元兑换 8.7 元人民币。1994 年人民币汇率形成机制改革打开了中国参与全球经济的大门。

1997 年开始的亚洲金融危机中，面对各个亚洲邻国大幅度的本币贬值，当时面临巨大贬值压力的人民币如果跟随贬值，将会减轻压力，帮助促进中国的出口。但中国选择了承诺人民币不贬值，此举帮助促进了亚洲金融经济形势的稳定。与此同时，中国还在国内采取了一系列刺激需求、保持经济增长的措施。这样，中国的汇率政策和国内经济措施第一次使得中国实际上卷入了全球经济治理的过程，虽然中国当时并没有意识到自己已经在参与全球经济治理。承诺人民币不贬值的政策并非是主动寻求参与全球经济，而是一种被动的政策反应。

2001 年加入世贸组织标志着中国经济全面融入全球市场。中国的

---

① 胡晓炼：《实行有管理的浮动汇率制度是既定政策》，人民网，2010 年 7 月 16 日，http：//finance. people. cn/GB/12160134. html。

经济增长，包括其贸易政策、汇率政策、利率政策的调整，等等，都能够对全球经济造成重大影响。经过五到六年的调整和适应，中国熟悉了世贸组织的规则，开始在多哈回合谈判中发挥重要的作用，正在成长为一个国际贸易治理中的重要角色，这标志着中国开始实质上参与全球贸易治理。当然，虽然中国已经被承认为世贸组织的一位核心成员，拥有在这个国际贸易治理机构中制定规则的权力，但中国在世贸组织及其多哈回合谈判中的表现，基本上还只是一个被动的参与者，在议程设置方面并没有起到引领作用，也很少在谈判中采取主动。

直到 2008 年全球金融危机发生后举行的二十国集团领导人峰会，中国才真正进入全球经济治理的中心舞台，开始在这一国际经济合作的首要论坛上发挥至关重要的作用。中国参与了过去八年中全部的二十国集团领导人峰会，随着中国首次主办 2016 年二十国集团峰会，中国将寻求自己在全球经济治理中更多的制度性话语权，改善现有的全球经济治理体系。这标志着中国由最初全球经济治理中一个被动的参与者，正在向更为积极主动的角色转变。最近几年中国在这方面取得的成就，包括亚投行的成功创建、人民币加入特别提款权（SDR）货币篮子，以及 2010 年国际货币基金组织治理和代表权改革计划最终于 2015 年底批准，给予了中国更多的自信。中国将继续推动改善现有的全球经济治理体系，在全球经济治理的议程设置方面发挥引领作用。

以上这些变化，特别是中国在《建议》中"寻求全球经济治理中更多制度性话语权"的表述，展现了中国在塑造和引领全球经济治理中日益增长的信心。中国将在全球经济治理中留下自己的印迹，使自己的观念和价值在其中得到反映，改善全球经济治理体系。

中国参与全球经济治理的国内根源

中国参与全球经济治理有着很深的国内根源。它不仅为中国的参与提供了最为重要的动力，同时也限制着中国更深地参与其中。无论是中国在二十国集团中的积极参与，还是推动人民币国际化、参与国际金融货币体系改革的进程，抑或参与全球贸易治理、能源和气候变化全球治理，来自国内的推动力和阻碍性力量都在同时发挥作用，展现了国内政治在中国参与全球经济治理中所发挥的重要作用。大体上，中国习惯于强调自身的独特性，强调根据自身能力承担相应的责任，保持警惕，避免承担西方国家强加的过多责任。中国还强调维护中国的国家利益，保障中国在全球经济治理中更多的话语权，这种立场和态度在 2008 年中国开始参与二十国集团峰会的最初几年表现得最为突出。

中国在最初几次峰会上的主要建议大都与国内经济发展状况紧密相关。4 万亿人民币的经济刺激计划为中国赢得了世界的赞誉，但其在很大程度上是中国对 2008 年国内经济面临的巨大下行压力作出的反应。中国也担心建立在同行审议基础上的二十国集团相互评估程序（MAP）会损害自己在国内经济决策上的自主权，特别是根据一系列经济量化指标来进行量化评估的做法，中国对此表示反对。中国最终支持二十国集团相互评估程序是因为其非正式性以及建立在同行审议监管的基础上，并不涉及任何惩罚性措施。① 但中国也继续反对任何可能暗含违背中国意愿而试图改变中国国内政策的建议或是经济量化指标。例如，中国就强烈反对用量化指标来评估其汇率政策的调整。中国并不认为自己的汇率政策应该为全球经济不平衡负责，而相信美元主导的国际货币体系才是全球经济不平衡的根本原因。

2011—2012 年二十国集团峰会后，中国面临的改变人民币汇率政策以解决全球不平衡的压力减退，中国开始变得更为积极主动，参与与全球宏观经济政策的协调。其中原因之一就是中国发现，自 2013 年二十国集团峰会开始，许多中国国内经济转型所要求进行的经济政策调整，与二十国集团要求的宏观经济政策协调有着很大的一致性。例如，中国正在进行的从出口和投资驱动向主要依靠内需拉动的经济结构转型，与 2013 年圣彼得堡峰会公报要求进行的取得国内需求主导的增长是吻合的。作为近十几年来全球经济增长不容置疑的火车头，中国经济增长占到全球增长的 30% 以上。只要中国能够保持中等的、可持续的国内经

---

① 履行相互评估程序并作出政策改变的压力来自一种间接的、混合的评估，包括自我评价、同行审议以及通过国际组织如国际货币基金组织评估。参见 Katharina Gnath and Claudia Schmucker，"Strengthening the peer review of the G20 Mutual Assessment Process"，In Think 20 Papers 2014：Policy Recommendations for the Brisbane G20 Summit，December 5，2013，www.lowyinstitute. org/publications/think20-papers-2014-G20。

济增长，中国在所要求的全球宏观经济政策协调中就能完成自己的使命。

2009 年以来中国政府开始推动人民币国际化的进程，这也在很大程度上源于国内因素的推动。外界看来，中国政府推动人民币国际化，使得人民币成为国际储备货币的目标是很清楚的。对于中国人民银行（以下简称央行）来说，以人民币国际化之名，推动国内市场化的金融改革，包括资本账户开放、利率和汇率的市场化改革，是更为重要的政策目标。推动人民币加入特别提款权货币篮子反映了中国国内希望得到国际权威机构，如国际货币基金组织对中国国内金融市场化改革认可的努力。希望通过人民币加入提款权货币篮子，进一步推动中国金融市场化改革。在这点上，国际货币基金组织与中国的改革者是站在一起的，国际货币基金组织及其他全球金融机构的高级官员曾公开表达这一种观点。[①]

中国在参与全球气候变化谈判时也变得日益活跃，特别是 2014 年与美国达成重要的气候变化联合声明，并与美国一道，促成了 2015 年巴黎气候变化大会达成历史性的协议。中国的这些努力也有着很强的国内背景和动机。无论美国或者其他国家能否最终签署巴黎气候变化协议，中国都会履行自己的承诺，减轻气候变化带来的影响。中国面临的严重空气污染和环境恶化在国内引发了大量的抱怨和抗议，在一定程度上会损害中国政府和中国共产党的威信。中国在气候变化上的承诺，包括到 2030 年碳排放达到峰值，以及中国政府在清洁能源和可再生能源上的巨额投入，目标都是构建可持续的国内经济和环境发展。在最近十年中，中国正在发展成为一个清洁能源和可再生能源生产方面领先的超级大国，《中华人民共和国国民经济和社会发展第十三个五年规划纲要》宣布了进一步增加非化石能源消费，争取到 2020 年使其占一次能源消费的比重达到 15% 的目标。

通过多年投资驱动的经济增长模式，中国积累了大量的过剩产能，

---

① 参见 IMF, "IMF's Executive Board Completes Review of SDR Basket, Includes Chinese Renminbi ", Press Release, November 30, 2015, www. imf. org/external/np/sec/pr/2015/pr15540. htm; Ben Bernanke, "China's gold star", Ben Bernanke's Blog, December 1, 2015. www. brookings. edu/blogs/ben-bernanke/posts/2015/12/01-chinas-gold-star。

最近两年中国经济的放缓使得这一严重问题突显出来。它不但损害了中国经济的整体健康，也成为中国经济结构调整和改革的一大障碍。中国需要进行政策调整。作为中国经济结构调整大战略的一部分，出口过剩产能也作为一种应对之策开始被提起。同时，经过多年的酝酿，中国开始提出"一带一路"倡议，创建多边开发银行亚投行，聚焦于推动在中国邻近地区的基础设施投资和建设。中国认为，"输出过剩产能"并不是描述"一带一路"和亚投行的正确说法。为了消除"一带一路"沿线国家对中国所谓"输出过剩产能"可能怀有的怀疑和反感，中国已经开始将其称为与"一带一路"沿线国家进行"国际产能合作"。

中国参与全球经济治理的过程中这种根深蒂固的国内根源，反映出中国在参与全球经济治理中仍旧坚守国家利益至上的国家中心论，还没有发展出一种全球观念。然而，随着中国共产党第十八次全国代表大会以来中国开始确立"合作共赢"的外交政策目标，这种全球经济治理中的国家中心论立场也正在经历重大的转变。遵循"合作共赢"的精神，中国参与全球经济治理的一些理论和实践开始出现，习近平主席于2015年提出"共商共建共享"的全球治理理念，成为中国参与全球经济治理的指导原则。它强调全球经济治理中所有国家的共同参与，共同协商如何进行国际经济合作，达成共识并做出决策，而治理的成果和利益应该由所有国家共同享有。中国也开始公开提出中国要为国际社会提供公共产品，将为全球经济治理做出重大贡献。作为最大的发展中国家和世界第二大经济体，中国逐渐认识到自己应该为国际经济合作做出贡献，这样，中国将被认为是一个负责任的大国并在全球经济治理中掌握更多主动权。全球公共产品的提供显著地反映出中国在全球经济治理方面正在经历由国家中心主义向全球主义的转变，它为中国与世界上其他国家在全球经济治理中创造了一个合作共赢的局面。中国在其主办的二十国集团2016年杭州峰会上扮演了关键的角色，推动了中国在全球经济治理中发展成为一个具有全球观念的领导者。

全球经济治理中的中国理念

中国需要积极参与全球经济治理的进程，以共商共建共享的全球治理理念，推动全球经济治理体制更加公正更加合理。① 这是中国领导人提出的中国参与全球经济治理的核心内容。具体来说，自 2008 年以来，中国领导人经常强调的关于全球治理的观点和理念还包括其他一些内容。以下一些观点和看法基本上代表着中国在全球经济治理中的主要理念，反映了中国作为一个发展中大国自身所秉持的价值。

第一，公正合理的全球经济治理体制应该反映出现有国际经济秩序中的新现实，应该在主要的国际治理机构，如国际货币基金组织和世界银行中更好地代表新兴经济体和发展中国家。2010 年国际货币基金组织和世界银行治理和代表权改革方案最终于 2015 年底在美国国会通过，是这方面取得的一个重大成就。中国和其他新兴经济体、国际货币基金组织本身等相关各方，对此施加了很大压力，为其最终被美国国会批准贡献了自己的力量。中国还将继续努力推动增加新兴经济体及发展中国家在全球经济治理中的代表性。

第二，合作共赢是中国主张的全球经济治理的理想目标。在现有的全球经济治理体系框架下，中国强调通过二十国集团、国际货币基金组织、国际清算银行（Bank for International Settlement）、金融稳定委员会（FSB）、巴塞尔委员会（Basel Committee）、世贸组织以及其他多边平台进行国际经济和金融政策的协调，以推动全球经济和金融的稳定发展。作为全球经济治理体系中的后来者，被接受进入这些重要的国际金融和经济治理机构代表着中国取得了重要成就，中国的国际地位由此得到提高。对于二十国集团、国际货币基金组织、世贸组织和其他全球经济治理的国际机制来说，将中国纳入其中并使之成为一个现有体制的贡献者，也是一个胜利。中国还强调通过地区以及双边的经济和金融合作，取得全球经济的稳定和发展。为了改善现有国际经济治理体制，推动实现合作共赢，中国提出并发起了一些建议，以补充现有的全球经济治理体制。在中国看来，亚投行和"一带一路"倡议设计的目的是通过在广泛的亚欧地区推动发展融资和基础设施的互联互通，推动合作共赢发展。中国还强调通过金砖国家合作机制，增加在发展中国家的投资，促进发展中国家之间的合作共赢，并将自己打造成为发展中国家和

---

① 习近平：《推动全球治理体制更加公正更加合理》。

新兴经济体共同利益的"代言人"。

第三，中国主张"共商共建共享"的全球治理理念。作为中国参与全球经济治理的指导原则，"共商共建共享"意在为中国实现"合作共赢"的新型国际关系，以及"打造人类命运共同体"这两个习近平主席上任以来力主推动的、中国参与国际事务合作的核心观念找到一个广泛接受的实践原则。习近平主席在 2015 年 9 月出席第七十届联合国大会一般性辩论时发表的讲话中正式提出了这两个核心观念。习近平主席也在其他重要场合如联合国、博鳌亚洲论坛等表达过类似的中国参与全球事务的观念。

第四，中国提倡全球经济治理中的平等原则，全球经济合作应建立在实质平等而不是形式平等的基础上。换句话说，全球经济治理体制中的每一个国家都应该根据自身的实力承担相应的责任，发展中国家与发达国家都应该承担与自己能力相应的责任。尽管将自己定位为发展中国家，但作为世界第二大经济体，中国应该根据自身的实力，主动提供国际公共产品，同时也不应该超出自身的实力去承担过多的责任。中国在全球气候变化谈判中一直坚持的共同但有区别的责任就是这种实质平等的一个恰当例子。

第五，中国主张效率和广泛的代表权"有机统一"① 的合理的全球经济治理体制。广泛的代表性将给予全球经济治理体制更大的合法性，而对效率的追求将能够保障体制的顺利运行。在实践中，一旦涉及此原则的贯彻，权重的天平总是会向效率一方倾斜。这反映了中国的一种哲学，即所谓"效率优先，兼顾公平"。联合国的结构是中国较为喜欢的一种模式，其中联合国大会有着广泛的代表性，而安理会则保障了重要的决策能够顺利做出。中国作为联合国体系中的核心成员、安理会常任理事国，其话语权能够得到保障。

第六，在公平合理的全球经济治理体制中，理想的决策模式是通过所有成员间的充分沟通和协商，达成共识。这是中国愿意维护二十国集团作为全球治理首要论坛的部分原因。二十国集团不是一个条约基础上

---

① 高凌云、苏庆义：《中国参与构建合理有效全球经济治理机制的战略举措》，《国际贸易》2015 年第 6 期，第 11—15 页。

有强制力的体制，它主要提供所需要的政治意愿，在主要经济体中营造共识，在重要的经济和金融政策上进行协调。然而，在实践中，要在所有成员中达成全体一致的共识非常困难。寻找共同点，打造利益共同体，包括尽可能多的成员，可能是更为现实的选择。因此，这种决策模式需要补充以另外一种治理模式，其中包含了多数投票决定规则作为最后的决策手段。亚投行的决策模式就是以达成共识为首要决策手段，但补充以多数投票决策为辅，它清楚地表明了中国所主张的全球经济治理中的决策模式。

通过二十国集团平台，中国紧密地参与到全球经济治理中，也广泛参与了金融、贸易、能源和气候变化、发展融资等领域的全球治理。中国所主张的治理观念和价值也在其参与这些领域的全球治理过程中得到反映和体现。通过参与二十国集团领导人峰会，中国进入了全球经济治理的中心舞台，二十国集团也因此成为中国参与全球经济治理的关键平台，中国在这个重要的经济治理机制中能够与西方大国平起平坐。二十国集团领导人峰会成为中国展示自己作为负责任大国形象的完美平台，中国在其中还能够与其他国家进行良好的沟通并维护关系。维护二十国集团作为首要全球经济治理舞台的地位对于中国来说至关重要。

本书首先聚焦中国在二十国集团舞台上的表现。作为全球金融危机后中国参与全球经济治理的理想平台，中国在二十国集团中发挥着日益重要的影响。本书的前两章回顾了中国自 2008 年参加二十国集团峰会以来的表现并对其进行评估，对中国参与二十国集团的目标、所采取的战略以及所主张的二十国集团议程设置进行了阐述，特别对中国将主办的 2016 年二十国集团领导人峰会对中国、对全球经济可能带来的影响进行了评估。

对二十国集团的积极参与，也鼓舞着中国在金融、贸易、发展融资、能源和气候变化等全球经济治理的各个方面广泛参与。本书的其他章节对中国参与全球经济治理的其他领域进行了阐述。第三章分析了中国扩展在国际货币体制中影响的努力，具体探讨了人民币国际化的进程；第四章探讨了中国在二十国集团框架下参与全球能源和气候变化治理体制的一些新观念，并将其与中国传统的保障其能源供应安全的地缘政治战略进行了比较；第五章对中国参与全球贸易治理的进程进行阐述，包括中国参与世贸组织以及中国与其他几个关键的区域贸易协定，如跨太平洋伙伴关系协定（TPP）和区域全面经济伙伴关系协定（RCEP）的情况；第六章探讨了中国试图改善全球金融体制的最新努力，包括领导创建亚投行和积极参与金砖银行。通过这两个多边发展银行，中国希望能够增加中国在国际金融体系中的声望和影响力。

中国在二十国集团的回顾、评估及决策过程

第一章回顾并评估了中国加入二十国集团领导人峰会的过程，以及中国在自参与华盛顿峰会开始的所有领导人峰会上的表现，并对中国的对外经济决策程序及其对中国参与二十国集团的影响进行了分析。

作为最大的新兴经济体，中国认为二十国集团，而不是八国集团（现为七国集团）是中国参与全球治理的理想平台。在部分中国学者看来，作为首要的全球经济治理论坛，二十国集团反映了全球经济中新的势力平衡，其成员包括了十一个新兴经济体。通过加入二十国集团，中国获得了在全球经济治理中发挥负责任大国作用的机会。

在 2008 年和 2009 年的峰会上，中国积极参与全球宏观经济政策协调，应对全球金融危机，推动世界经济的恢复。在参加华盛顿二十国集团领导人峰会前，中国通过 4 万亿人民币（约 5800 亿美元）的经济刺激计划，加入了美国领导协调的全球大规模的经济刺激行动。中国还承诺增资国际货币基金组织 500 亿美元，以增强该组织的危机应对能力。在前三次二十国集团领导人峰会上，无论是从国内还是国际上来看，中国都收获良多，也没有遭遇来自发达国家在一些议题上的压力。

在 2010 年和 2011 年的峰会上，由于二十集团的焦点从"保持强劲增长"转移到如何"保持可持续和平衡的发展"，中国发现自己在二十国集团中开始处于一个防御和辩解的位置，遭受来自美国为首的西方国家在汇率政策上对自己的强烈批评。这种重点转移也反映了二十国集团成员之间整体上来说缺乏有效的合作。中国学者对于二十国集团重点的转移有不同解读，认为主要的西方国家还是不愿意在全球经济治理中与新兴经济体分享领导权。在 2011 年的戛纳峰会上，中国继续为自己辩护，在承诺进一步提高其汇率政策弹性的同时，避免了把对中国汇率政

策强硬的批评写入最后的二十国集团峰会公报。从 2011 年到 2012 年，中国谨慎地应对并小心地回应着欧元区债务危机，最终中国同意以增资国际货币基金组织 430 亿美元的方式对欧洲进行援助，这种援助方式较为合适，也符合中国的利益。

从 2013 年的圣彼得堡峰会开始，中国在汇率政策上所受的压力已经消退。中国提出构建开放的全球经济，进行负责任的宏观经济政策协调，重新开始在二十国集团发挥积极主动的作用。中国仍然坚持国际金融体制改革的议程，增加新兴经济体和发展中国家在国际货币基金组织和世界银行的投票份额和代表权。在 2014 年布里斯班峰会上，中国建议通过发展互联互通，创新发展模式，这成为中国在该届峰会上的核心主张之一，另外两个中国一向坚持的核心建议是构建开放的世界经济以及改善国际经济治理体系。具体来说，中国建议通过"一带一路"、亚投行以及丝路基金，推动全球基础设施投资。布里斯班峰会宣布中国将主办 2016 年的二十国集团峰会，成为中国在该届峰会上的最大收获，它代表着中国开始在二十国集团一系列议题上发挥领导作用。

中国在土耳其安塔利亚峰会上提出四个建议，其中之一就是建议通过二十国集团落实联合国《2030 年可持续发展议程》，为公平发展注入强劲动力。其他三个建议是中国一向坚持的，包括加强宏观经济政策协调；推动创新，增加世界经济长期发展潜力；以及构建开放型世界经济，促进国际贸易和投资增长。在 2015 年土耳其峰会上，习近平主席提出了中国即将主办的 2016 年杭州峰会的主题，即"构建创新、活力、联动、包容的世界经济"，将从创新增长方式、完善全球经济金融治理、促进国际贸易和投资以及推动包容联动式增长四个重点领域推进峰会的筹备工作。

中国通过加入二十国集团收获了巨大的利益。其中最为重要的是中国由此进入了全球经济治理的中心舞台。二十国集团领导人峰会成为中国展示自己负责任大国角色并与其他大国进行沟通的理想平台。从部分中国学者的观点来看，中国在二十国集团峰会上的主要弱点体现在仍然缺乏议程设置的能力，以及一个与其他二十国集团成员进行接触的战略性框架。此外，参与二十国集团的各个政府部门之间缺乏足够的沟通和协调，参与二十国集团的财金轨道和协调人轨道①之间的沟通和协调也不足。

中国在二十国集团的目标：期望、战略和议程

第二章探讨了中国在二十国集团的目标，包括中国所期望取得的成就、参与二十国集团的战略，以及中国在二十国集团所倡导的主要议程。

二十国集团已经成为中国参与全球经济治理的核心平台。中国在其中能够与主要的西方大国共同平等参与全球经济治理。因此，维持二十国集团的首要国际经济合作论坛的地位，对中国有着很大的利益，中国希望其不要沦为另一个多边外交的"清谈馆"。然而，直到 2014 年布里斯班峰会宣布中国将主办 2016 年峰会之前，中国参与二十国集团峰会的主要推动力并不是要使中国在该论坛中发挥能够设置议程的领导者作用。中国的主要政策重点目标是确保中国能够作为一个平等而受尊重的成员，参与二十国集团主导的全球经济治理。中国认为，从许多方面来看，中国仍然处在一个相对较弱的位置，还缺乏制度性的能力以及所需的适当人才在二十国集团这样的全球经济治理机构中发挥重要作用。

对于自己在国际经济事务中的作用，中国仍然缺乏一个长期的战略性观念，仍然担心在二十国集团的承诺会限制自己在国内的政策选择。在中国国内，仍然有很强的声音质疑二十国集团可能会成为西方国家拖累中国发展的一个"陷阱"，主张中国作为一个发展中国家，不能承担过多的责任。反之，也有其他的声音主张中国应该在二十国集团发挥更为积极主动的作用，这种声音代表着中国在二十国集团发挥作用的新方向和目标。

尽管缺乏一个长期的战略规划，但中国还是逐渐发展出参与二十国集团的基本战略，其中维护与美国的关系成为首要的重点，同时通过积极参与，保持与其他二十国集团成员的良好关系。中国需要避免被视作

---

① 财金轨道负责二十国集团的经济和金融议题，而协调人轨道负责政治类的、非金融类的议题，包括发展、就业、贸易以及社会议题如腐败等。

单方面挑战美国在国际金融机构中的霸权地位。为此，中国积极发展与其他四个金砖国家的关系，通过金砖国家的平台，共同推动全球经济治理的改革。同时，中国也通过构建利益共同体，在二十国集团成员间营造共识，将自己定位为一个可以在发达国家与新兴经济体和发展中国家之间进行协调沟通的代表。此外，对于中国来说，二十国集团峰会也可能被用来推动国内的经济改革，为国内的改革者提供支持。

自从 2014 年布里斯班峰会以来，中国开始显露出在二十国集团引导议程的兴趣，更加积极地在二十国集团的主要议题如宏观经济政策协调、国际贸易和投资、创新发展模式，以及改善当前的国际经济和金融治理等讨论中倡导自己的观点和建议。中国也开始规划在二十国集团的目标，在参与全球经济治理上变得更加自信，将会更加积极地参与其中，寻求更大的制度性话语权。杭州峰会是中国在全球经济治理中发挥领导作用的开始，中国将继续为国际经济协调和全球增长贡献力量。

中国深知二十国集团的重点议程是经济和金融议题。全球宏观经济政策协调、国际货币和金融体制以及国际金融监管改革是二十国集团的核心议题。中国在二十国集团的主要目标和期望也集中在这些议题上。随着中国的外部顺差显著下降，经常项目不平衡不再是二十国集团面临的最紧迫问题，中国也开始逐渐接受相互评估程序。从 2013 年圣彼得堡峰会开始，中国积极倡导宏观经济政策协调。在国际金融和货币体系改革议题上，中国继续强调推动 2010 年首尔峰会通过的国际货币基金组织和世界银行治理改革计划得到批准，中国也开始推动人民币加入特别提款权货币篮子。中国认识到，二十国集团是推动以上目标的最有利平台。

对比来看，中国学者认为金融稳定委员会是在美国主导下创建的，美国通过它来领导和推动国际金融监管改革。中国并没意愿在这方面挑战美国的主导地位。中国仍然处于学习如何进行有效的金融监管的阶段，央行也将其参与金融稳定委员会作为一个学习的机会，通过透彻理解国际金融规则，加强国内的监管体制。

作为最大贸易国以及最大的发展中国家，出于自身利益的考虑和对发展中国家负有的责任，贸易和发展成为中国在二十国集团着力推动的两个议题。能源问题在二十国集团并没有得到很大的重视，但确实应该是二十国集团关注的一大议题。作为世界上最大的能源进口国之一，中国应该积极在二十国集团倡导这一议题。最终，作为 2016 年二十国集团峰会的主办国，中国有着很好的机会推动二十国集团向全球经济长效治理机制转变。二十国集团这种结构上的变化将使得中国能够在其中发挥更为积极的领导作用。

中国参与全球货币体系治理：人民币国际化及其国内因素

2008 年全球金融危机使得中国深刻反思引发此次危机的深层原因。金融危机后，中国认为自己应该参与到美国主导下的国际货币体系中来，也表现出来更多的意愿。在中国看来，美元支配下的国际货币体系有着自身结构上的缺陷，难以避免类似的金融危机反复发生。流动性过剩和松散的金融监管是引发 2008 年全球金融危机的两个深层次原因。[①] 一个多种货币组成的全球货币体系将可能更好地促进国际金融合作和全球层次的货币政策协调。对于中国来说，人民币国际化将是中国能够实质性参与全球货币体系的第一步。在此情形下，尽管中国的汇率以及资本账户都还在严格的管制之下，央行也开始出台政策，推动人民币国际化。

第三章的第一部分首先对人民币国际化的源起进行了一个宽泛的政治经济背景分析。在对货币国际化的概念以及影响一种货币国际化的政治和经济因素进行分析的基础之上，综合了国内学者在此问题上的看法，对中国政府在人民币国际化问题上的动机进行了阐述。人民币国际化首先源自金融危机中中国领导人对中国对美元的过分依赖的担忧，加之中国对于美元主导的国际货币体系的怀疑和一定程度上的羡慕，以及中国建立自己的现代金融体系，发展成为一个金融强国的努力，解释了人民币国际化背后的动机。

---

① 参见蔡万焕《国内关于当前全球性金融危机的研究评述》，《教学与研究》2009 年第8 期；丁斗：《全球货币流动性泛滥与国际金融危机的防范》，《国际政治研究》2010 年第 2期，第 141—155 页；胡祖六：《唱衰美元几时休？》，《财新周刊》2011 年第 14 期，第 48 页；陈绍峰：《后危机时代国际货币体系将走向何方》，《国际政治研究》2011 年第 2 期，第 22—44 页；刘翔峰：《中国参与国际货币体系重塑的思考》，《中国发展观察》2014 年第 12 期。

　　第三章还对中国政府目前推进人民币国际化路线图背后的政治和经济逻辑进行了阐释。从 2009 年开始，尽管人民币汇率、利率以及资本账户仍然处在严格管制之下，央行通过推动人民币跨境贸易结算，建立离岸人民币市场以及与其他央行之间进行货币互换，低调开始了人民币国际化的进程。人民币国际化的这三种间接而且有控制的途径，在实践中，推动了资本账户一定程度的放开。

　　央行坚持认为其推动资本账户开放的努力与其推动另外两个重要的政策目标，即利率和汇率市场化的措施是协调的。中国的金融市场化改革遵循的是一条相互协调和可控的路线，有着很好的理论和实践经验的支持。理论上，在完全市场化与完全管制的汇率体制之间，存在着既非完全管制，也非完全自由化的中间状态；在实践中，国内市场化汇率和利率改革面临的巨大困难使得央行没有办法完全依照理想的改革顺序来进行金融市场化改革和人民币国际化，即先进行市场化的利率和汇率形成机制改革，人民币经常项目下可兑换，然后完成人民币国际化，从而不得不另辟蹊径。

　　央行根据自己的理论和实践经验，开始执行一条同时推动市场化的利率和汇率改革以及资本账户开放的协调改革路线。在这种情况下，尽管本身也是中国政府的一个重要政策目标，人民币国际化开始演变为进一步进行金融市场化改革的助推器。这种间接的、可控的人民币国际化和金融市场化改革路线的根本原因在于，利率和汇率形成机制改革面临强大的国内政治障碍。具体来说，如果真正实行利率市场化改革，特别是真正解除存款利率上限，将会改变中国实施了多年的金融抑制政策，[①] 该政策构成了中国当前以投资和出口为支柱的经济发展模式的

---

　　① 金融抑制政策指的是政府采取的一系列政策措施，包括利率上限限制、流动性比率、较高的银行准备金要求、政府拥有或支配银行、资本管制、金融行业准入限制、信贷上限、贷款流向的限制等，故意压低利率，以便使工业和企业部门获得便宜的贷款，进一步进行投资，或者帮助政府弥补其财政赤字。中国自改革开放以来实行金融抑制政策超过 30 年，通过低利率甚至家庭存款的实际负利率保证了家庭财富能够被转移到政府和国有企业手中。参见：Ronald McKinnon and Gunther Schnabl, "China's Exchange Rate and Financial Repression: The Conflicted E-mergence of the RMB as an International Currency", *China & World Economy*, 22 (3): 1 - 35, 2014; Hiro Ito, "Financial Repression", In *The Princeton Encyclopedia of the World Economy*, edited by K. Reinert and R. Rajan, Princeton, NJ: Princeton University Press, 2010。

基础。

最大的困难来自国内强大的既得利益集团的反对，它们从现有的金融抑制政策和发展模式中获得了巨大的利益。金融抑制政策使得财富从家庭手中持续转移到了企业手中。在过去的三十年中，中国快速的经济增长基本上是投资和出口驱动模式，而金融抑制政策构成了支撑这种增长模式的一个重要政策。这些强大的利益集团倾向于反对利率和汇率市场化改革，但并没有公开反对人民币国际化，而人民币国际化在逻辑上与利率和汇率市场化改革紧密相连。由于利率市场化将原则上提高存款利率，使得财富由家庭向国有企业转移所暗含的补贴将被减少甚至消失。这些利益集团构成了对人民币国际化事实上的反对力量。对于人民币国际化的支持力量则来自央行、中国最高领导层和其助手以及公众舆论。大体来说，人民币国际化及相关的金融市场化改革的前景将取决于以下几个因素：领导人深化改革和经济转型的决心和意志；央行的专业技能及其合理使用这些技能的能力；支持改革的领导人和学者们的政治智慧；以及改革者能够获得多大的力量来抵御强大的利益集团的反对。

中国与二十国集团框架下的全球能源治理

第四章探讨了中国参与全球能源治理的情况，并倡议中国利用主办二十国集团杭州峰会的时机，推动全球能源治理取得成就，特别是在可再生能源和清洁能源的治理方面。长远来看，这将有助于减轻气候变化。

全球能源治理体制的碎片化，加之全球能源治理领域的安全化和政治化，使得全球能源治理的前景较为灰暗。但市场力量和规则的作用，主权国家对于一个有效的全球能源治理的需求，鼓励着包括主权国家、国际能源组织在内的参与者去推动建立一个有效的全球能源治理体制。具体来说，重点将着眼于在可见的未来推动建立一个透明的全球数据分享机制，以及建立全球清洁能源和气候变化治理的有限目标。

二十国集团提供了重要的机制安排，就各个大国之间在国际能源市场进行治理，就应对全球气候变化进行协调。二十国集团是谈判并实现这些目标的合适平台。二十国集团已经与主要的国际能源机构如国际能源署（IEA）、国际能源论坛（IEF）、石油输出国组织（OPEC）等建立了良好的合作关系，可以帮助实现以上这些目标。

中国加入了大部分的全球能源机构但仍然没有成为几个最为主要的全球能源机构，如国际能源署、能源宪章条约（ECT）的成员。中国的能源安全战略仍然主要依赖地缘政治途径，以保障能源供应安全，对于国际能源市场仍然没有太多信任。中国对于国际能源治理机制是否能够在协调稳定全球能源生产、供应及消费等方面发挥主要作用持怀疑态度，也质疑国际能源治理体制是否能为其成员提供能源安全，因此对自己是否能够从参与全球能源治理中获益持怀疑态度。

自 2008 年全球金融危机以来在二十国集团发挥的重要作用使得中国增加了对全球经济治理的信心。姑且认为，中国已经逐渐认识到全球治理的价值所在。中国领导人已经开始谈论甚至提出了二十国集团框架下的全球能源治理建议，并对全球气候变化，可再生能源和清洁能源的发展给予了足够的重视。中国学术界更是重视中国如何能够实质性参与到全球能源治理中，并建议中国应该加入几个最为重要的国际能源机构成为其成员，全面参与这些机制，通过二十国集团推动与这些机构的合作。

中国与全球贸易治理

第五章对中国参与世贸组织这个最主要的多边贸易体制的战略、政策以及国内因素进行阐述，并对中国在几个主要的区域贸易协定如 TPP 和 RCEP 上的态度或者是参与情况进行了分析。

中国加入世贸组织代表着中国更为紧密地参与全球经济和全球贸易治理的开始。中国花了 5—6 年的时间来适应世贸组织的规则，进入到该机构的核心决策层，并在多哈回合谈判以及争端解决机制（DSM）中都变得活跃起来。然而，拥有核心规则制定权并不意味着中国就一定会经常使用它并在世贸组织中发挥领导作用。在重要的议题如关税减让以及市场准入上缺乏可用的手段、意愿以及足够的人才，加之来自国内的限制性因素，使得中国在世贸组织谈判中的表现相对较为平庸。

中国国内主流的意见认为中国应该在未来的多哈回合谈判中发挥更为积极的作用，但仍然不建议中国在世贸组织中发挥领导作用。作为多边贸易体制的受益者和维护者，中国目前在世贸组织中采取的跟随策略由于巨型地区贸易协定如TPP，跨大西洋贸易与投资伙伴关系（TTIP）、RCEP等的崛起正在受到越来越大的挑战。新的形势及现实，以及多哈回合谈判长期停滞，已经使得世贸组织在全球贸易治理中处于被边缘化的危险之中。

自从进入21世纪以来，通过同时加入世贸组织和推动地区贸易协定谈判，中国在全球贸易治理中采取两边下注的策略。TPP谈判过程将中国排除在外，使得中国面临很大压力，成为中国更为积极地加入自己偏爱的地区贸易谈判例如RCEP，以及更为积极地推动多哈回合谈判的一个重要原因。中国视TPP为旨在围堵中国的美国亚洲再平衡战略中的经济支柱。由于对TPP的反应，中国也开始加快与其主要的贸易伙伴的双边贸易谈判进程，并同时推动与美国和欧洲进行投资协定谈判，以减轻被排除在TPP之外可能带来的负面冲击。

国际金融体系中的中国——亚投行与金砖银行研究

第六章全面分析了中国创建亚洲基础设施投资银行（简称亚投行）并积极参与金砖国家开发银行（新开发银行，简称金砖银行）和应急储备安排（CRA）的做法，这既是改善国际金融体系的一种努力，也是中国在国际金融治理中扩大其影响力的新发展方向。

在中国看来，参与金砖银行和筹建亚投行将不仅仅是中国对全球发展融资的贡献，也将对改善国际金融体系作出贡献。这两个多边开发银行，特别是亚投行，体现了中国对于当前缓慢的国际金融体系改革进程的不满，以及中国推动的对该体系的"增量改革"。中国政府认为，通过创立高标准的多边开发银行以给现存体系带来竞争压力的方式，亚投行和金砖银行将对现存国际金融体系形成良好的补充。这同时也反映了中国将化解国内过剩产能与满足亚洲和欧洲地区基础设施投资需要相结合的一种努力。

　　相应地，中国在亚投行和金砖银行也倡导和实践一种新的治理和决策模式。这种决策模式主要依赖达成共识，并通过多数投票规则及否决权予以补充，作为决策难以产生之时的最后选择。中国在亚投行拥有否决权，但中国承诺决不会滥用否决权，而是倾向于同亚投行其他成员通过广泛协商和沟通的方式来决策。中国和其他金砖国家成员包括巴西、俄罗斯、印度以及南非更是在金砖银行创立了一种各国拥有平等投票权的决策模式。

　　亚投行和金砖银行的未来，很大程度上取决于中国是否能够在治理结构、融资、债务可持续性以及环境和社会政策方面，真正以高标准来运行这两个多边开发银行；也将取决于中国是否能够在追求自身国家利益和推动真正的高标准多边开发银行之间保持一种微妙的平衡。具体来说，中国需要向世界证明，这两个银行，特别是亚投行不是一个仅仅服务于中国"一带一路"倡议的工具，通过亚投行推动的发展倡议将惠及亚洲和欧洲地区的所有国家。

　　推动一个公正合理的全球经济治理体制是中国参与全球经济治理最为重要的目标。作为最大的发展中国家，中国能够在主要的国际治理机制，如联合国、国际货币基金组织、世界银行中积极推动这个目标的实现。实践证明，二十国集团是中国推动公正合理的全球经济治理体制的理想平台。中国通过二十国集团，坚持推动 2010 年国际货币基金组织治理和代表权改革方案，以提高新兴经济体和发展中国家的份额和投票权。在此方案于 2015 年底被美国国会批准之后，中国仍将继续推动新兴经济体和发展中国家在国际货币基金组织和世界银行的代表权和话语权。增加发展中国家的代表权和话语权是推动公正合理的全球经济治理体制的核心目标。在中国参与的全球经济治理的其他领域如贸易、能源和气候变化以及国际货币金融体系等，公正合理的治理体制都是中国所推动改革的中心目标。

　　合作共赢是中国参与全球经济治理的另一个指导原则，它代表着中国参与全球经济治理的积极态度。中国和其他新兴经济体一道，被接纳进入现有的全球经济和金融治理体制中，并通过二十国集团、国际货币基金组织、金融稳定委员会以及巴塞尔委员会等机构，开始与发达国家一道进行宏观经济政策的协调，这创造了一个对所有国家来说合作共赢的局面。发达国家仍然主导着全球经济治理体制，而将主要的新兴经济体容纳进入该体制的中心舞台，增加了现有国际治理体制的合法性。通过推动多哈回合谈判，中国主张参与多边贸易体制促进合作共赢，并倡议主要的能源生产国和消费国在全球能源治理中进行合作，促进发展中国家和发达国家在全球气候变化谈判中进行合作。在中国看来，亚投行、金砖银行的创建将通过促进发展融资以及基础设施投资和建设，推动合作共赢的局面，也将通过建设高标准的多边开发银行，为现有国际金融体系提供良好的补充。

合作共赢是中国在全球经济治理中所追求的理想状态，但这个目标的达成并不容易，无论是在二十国集团、在世贸组织的谈判中，还是在能源和气候变化谈判中，或者是国际货币金融体系改革中，以及中国主导的亚投行和所提出的"一带一路"倡议中，中国都需要付出艰苦的努力。作为最大的发展中经济体，中国需要在全球经济治理的不同领域发挥更为积极的作用，甚至是发挥领导作用，作出必要的妥协，找到创造性的合作方式。有时还需要让其他国家，特别是最不发达国家"搭便车"，以取得合作共赢的目标。通过这样的做法，中国最终能够在全球经济治理中取得领导地位并发挥引领作用。

"共商共建共享"作为中国参与全球经济治理的理念，是推动公正合理的全球经济治理体制，取得合作共赢的核心目标的指导原则。中国比较青睐二十国集团这个平台。新兴经济体和发展中国家在其中能够以平等的方式，与发达国家协调彼此的宏观经济政策，共享全球经济治理的成果。亚投行、金砖银行以及"一带一路"倡议充分展现了中国所主张的"共商共建共享"的全球经济治理理念。在此理念下，中国强调所有参与方在作出最后决策之前进行广泛的协商和咨询，最终能够通过创建亚投行、积极参与金砖银行以及提出"一带一路"倡议的进程，使所有相关国家受益。在气候变化谈判中，特别是2015年底的巴黎全球气候变化大会上，中国倡导在共同但有区别的责任的基础上，促进所有参与国公平合理的参与，坚持维护发展中国家的利益。世贸组织推动其多边贸易谈判的方式与中国主张的全球经济治理的理念是相符的，参与谈判的每一个国家都能够发出自己的声音，享有平等的投票权。最后，"共商共建共享"所存在的问题是如何保障决策的效率。

以"共商共建共享"的全球治理理念，推动全球经济治理体制更加公正更加合理，达到合作共赢的理想目标，是中国在创建亚投行和参与金砖银行，参与全球贸易治理、全球能源和气候变化谈判以及国际货币基金组织、世界银行以及二十国集团等所有全球经济治理的核心目标和理念。在此过程中，中国可能面临的最大挑战是如何在追求公平合理的目标和追求决策效率之间进行平衡。其他一些中国倡导的参与全球经济治理的原则，例如推动实质的平等而不是形式上的平等，推动决策效率和广泛代表性的"有机结合"，通过达成共识并补充以多数投票决定原则的决策模式，都致力于推动增加发展中国家在全球经济治理体系中的话语权和投票权，同时竭力保持决策的效率。

综合来看，本书探讨了2008年金融危机之后中国参与全球经济治理的进程，重点突出了中国在二十国集团这个全球经济治理的首要平台中所扮演的日益积极的作用，甚至是领导作用。本书也分析了中国在参与全球经济治理的一些重要领域中的表现，包括全球金融和货币体系改革、多边发展融资、贸易、能源和气候变化等。本书试图理解并总结出中国参与全球经济治理过程中所提供的理念和所进行的实践，以及中国所主张的这些理念和实践如何影响了当前的全球经济治理体制。

第一章 中国在二十国集团峰会：回顾、展望与决策过程

导 言

对中国来说，亚洲金融危机标志着中国首次真正涉足国际金融事务。当时面对东亚及东南亚各国资金流失，国际收支大幅失衡，各国货币竞相贬值的严重危机，中国坚持人民币不贬值，尽管因此必须面对由主要贸易对手货币贬值带来的不利局面。中国的这一决策被证明对于避免遭受严重危机的亚洲各国货币进一步下跌起到了关键作用，有利于各国政策的调整。中国的这一表现可谓是中国在国际经济事务中发挥作用的分水岭。中国政府第一次意识到自己可以在全球经济舞台上发挥积极的作用，也由此开始更多地卷入到国际经济事务中来。① 做一个"负责任的大国"也开始在中国成为一个流行的口号。②

也正是亚洲金融危机推动时任加拿大财政部部长的保罗·马丁（Paul Martin）与当时的美国财政部部长拉里·萨默斯（Larry Summers）一道，开始考虑成立一个论坛来应对全球经济和金融稳定的威胁。这不

---

① Shaun Breslin, "China and the Crisis: Global Power, Domestic Caution and Local Initiative", *Contemporary Politics*, Vol. 17（2），2011, pp. 185 – 200；王逸舟：《如何理解中国（下）》，《东方早报》2013 年 3 月 21 日，A11 版；周琪：《中国改变形象从亚洲金融危机开始》，《中国新闻周刊》2007 年 6 月 20 日；邵峰：《金融危机对国际关系的影响暨中国的应对》，《世界经济与政治》2008 年第 12 期。

② Dilip K. Das, "The Role of China in Asia's Evolution to Global Economic Prominence", *Asia & the Pacific Policy Studies*, Vol. 1，No. 1，2013, pp. 216 – 229；《亚洲金融危机十年：中国负责任大国形象渐然确立》，新华社，2010 年 6 月 25 日，参见 http://news.xinhuanet.com/politics/2007 – 06/25/content_ 6288630. htm。

仅仅要求西方七国集团成员国的合作，也要求包括中国在内的新兴经济体的配合。① 这是二十国集团（G20）部长级会议的由来。

在接下来的十年，中国在全球经济治理事务中走出了虽然是试探性但却是至关重要的几步。中国在 2001 年加入了世界贸易组织（WTO）并在多哈回合谈判中起到了重要的作用。中国还开始参与联合国气候变化框架公约（UNFCCC）下的全球气候变化谈判。而加入世界贸易组织则使得中国更为紧密地融入了全球经济。中国迅速发展成为世界领先的经济体和贸易国。

也正是从此时开始，中国开始表现出参与各种国际经济治理组织的兴趣，展现其成为负责任大国的意愿。但中国也同时面临着加入什么样的现存国际经济论坛才能更好地服务中国利益，并反映中国价值的挑战。中国相信，自 2008 年全球金融危机之后崛起并成为全球经济治理首要论坛、包括了 11 个新兴经济体的二十国集团反映了全球经济的新平衡，是其参与全球经济治理的理想平台。

本章分析了中国加入二十国集团而不是八国集团（G8）的原因，并对中国自 2008 年开始参与二十国集团峰会的表现进行了一个细致的分析。中国在应对 2008—2009 年金融危机过程中，响应美国的呼吁，参与全球协调的经济刺激计划，避免 1929 年大萧条式的全球金融危机，以"拯救"世界经济，表现出了非常积极和合作的态度。而 2010 年到 2011 年，峰会关注的焦点问题转移到了全球经济不平衡的原因上，以期找出全球金融危机的根源。中国在此问题上受到来自美国对其汇率政策的强烈批评。作为回应，中国在这两年的峰会上一改此前积极进取的态度，采取了一种防御的姿态。从 2011 年到 2013 年，中国小心应对并谨慎地回应欧元区危机，继续提出自己对实现强劲、平衡和可持续的经济增长的建议，并从 2013 年峰会上重新开始恢复了积极的态度。随着 2014 年布里斯班峰会宣布中国将承办 2016 年峰会，中国在二十国集团峰会上的表现更为积极，二十国集团峰会开始准备步入有中国声音的阶

---

① John Ibbitson and Tara Perkins, "How Canada Made the G20 Happen", *The Global and Mail*, 2010, http://www.theglobeandmail.com/news/world/how-canada-made-the-g20-happen/article4322767/? page = all.

段。在议程方面，自加入二十国集团以来，中国一直坚持改革国际金融和货币体系，增加新兴经济体和发展中国家在国际货币基金组织和世界银行的投票份额。

在对中国在二十国集团峰会上的表现进行回顾的基础之上，本章对中国的经济决策过程，包括对中国参与二十国集团的决策过程进行了探讨。中国参与二十国集团的政策主要由几个主要的经济部门如中国人民银行、财政部再加上外交部进行决策，并由负责经济和金融事务的一位国务院副总理来进行协调。其中人民银行和财政部在所有金融相关事务上扮演着关键的角色，而外交部则负责处理二十国集团涉及的各种双边和多边事务关系，包括协调金砖国家领导人事务。

本章认为，通过二十国集团参与全球经济治理，中国获得了很大的利益和成就。其中最为重要的就是中国由此进入了全球经济治理的中心舞台，使得中国能够通过二十国集团这个舞台，展示自己作为一个负责任大国的形象，并与其他主要大国进行沟通和协调，维持关系。从部分中国学者的视角来看，中国自加入二十国集团以来面临的最主要挑战是缺乏议程设置和发起行动倡议的能力，以及在参与决策的各部门之间、在金融轨道和协调人轨道之间缺乏有效的沟通和协调。

中国参与二十国集团领导人峰会的回顾

中国参与全球经济治理的理想平台

进入 21 世纪以来，中国迅速发展成为世界领先的经济体和贸易国，也开始表现出参与各种国际经济治理组织的兴趣，展现其负责任大国的形象。[1] 2000 年前后，八国集团（G8）曾经表现出邀请中国参与的兴趣，这表明了主要的发达国家对中国在全球经济和政治事务中可能发挥的作用抱有越来越大的兴趣。[2]

但中国认为如果加入八国集团，将面临几个挑战。首先，如果加入

---

[1] 王颖、李计广：《G20 与中国》，《现代国际关系》2012 年第 6 期。

[2] Yongding Yu, "The G20 and China: A Chinese Perspective", working paper for CIGI Project: The G-20 Architecture in 2020—Securing a Legitimate Role for the G-20. 2004.

八国集团这个富国俱乐部的话，中国将是其中唯一的发展中国家，这与中国发展中国家的定位是有冲突的。而且，作为唯一的发展中国家参与传统发达国家组成的集团，可能会受到不公平待遇，如同俄罗斯所受的待遇一样。其次，作为一个发展中国家，加入其中也可能会被要求承担与自身国力不相匹配的责任和义务，可能会对国内经济发展带来不利影响。这对于中国加入八国集团的初衷来说是本末倒置的。基于这些原因，中国选择成为八国集团的对话伙伴国而不是试图加入其中，这使得中国在是否加入八国集团的问题上避免了作为一个发展中国家，同时也是一个正在崛起的大国身份认同冲突的尴尬。

某种程度上，二十国集团则为中国在国际经济治理中发挥更大作用提供了一个适时和理想的机会。它解决了中国关于加入 G8 的顾虑——G20 包括 11 个新兴经济体，体现了其作为一个整体的崛起，中国加入其中合情合理。[①] 发展中国家有史以来第一次与西方发达国家一道，平等地坐在了最高的外交谈判桌前，反映了过去十年来地缘经济的根本变化。也有中国学者将其阐释为西方对中国"和平崛起"的适应，因为加入 G20 体现了中国强调融入而不是挑战既有国际经济秩序的崛起之路。[②] 总之，通过加入二十国集团，中国取得并稳固了自己在全球经济治理中发挥一个负责任大国作用的机会。

2008—2009 年峰会：世界经济的"拯救者"

2008—2009 年，在二十国集团的前三次领导人峰会（华盛顿峰会、匹兹堡峰会和伦敦峰会）上，二十个国家的领导人聚焦如何应对全球金融危机和推动世界经济恢复。美国推动和协调世界主要经济体加入美国的行动，出台大规模经济刺激计划，应对全球金融危机引发的经济衰退。国际货币基金组织（IMF）也呼吁各国出台总量达全球 GDP 的 2% 的财政刺激政策。在出席华盛顿峰会之前，中国宣布了 4 万亿人民币（约为5800 亿美元）的大规模经济刺激计划。在 2009 年伦敦峰会上，中国、英

---

① 陈凤英：《G20 与国际秩序大变局》，《现代国际关系》2009 年第 11 期。崔立如：《G20 开启了探索全球治理新路径的机会之窗》，《现代国际关系》2009 年第 11 期；李永辉：《"G 时代"的国际新秩序：变局与变数》，《现代国际关系》2009 年第 11 期，第 11—13 页。

② 陈凤英：《G20 与国际秩序大变局》。

国等国共同宣布了总共 1.1 万亿美元的刺激计划，中国还同意出资 500 亿美元，加强国际货币基金组织应对危机的能力。中国国家主席胡锦涛还在 2009 年的一个讲话中称所有国家都应当加强其经济刺激计划。①

　　如果没有伦敦峰会上各国对国际货币基金组织救助资源的补充，该组织所承诺的救援能力将受到很大限制。② 中国积极参与全球经济宏观协调的表现受到了来自二十国集团其他成员的交口称赞。澳大利亚前总理陆克文（Kevin Rudd）、国际货币基金组织总裁卡恩（Dominique Strauss-Kahn）、美国财政部负责国际事务的副部长麦科马克（David McCormick）、世界银行行长佐利克（Robert Zoellick）以及巴西财政部部长曼特加（Guido Mantega）等都对中国的 4 万亿经济刺激计划表示赞许。③ 时任美国财政部部长的盖特纳（Timothy Geithner）及其他人士对中国刺激国内需求的努力大加称赞。④ 国内有媒体则将中国的角色描绘成世界经济的"拯救者"。⑤

　　通过应对全球经济危机的努力，中国在前三次二十国集团峰会期间成为三个重要的国际金融标准制定组织的成员：金融稳定委员会（FSB）、巴塞尔银行监管委员会（BCBS）以及国际清算银行（BIS）的全球金融体系委员会（CGFS）。中国在国际金融危机应对中的积极作用，对于提高新兴经济体在 IMF 和世界银行中的份额和地位发挥了重要作用。

---

① Hu Jiantao，"Remarks by President Hu Jintao at the Third G20 Financial Summit"，Pittsburgh，25 September，2009，http：//www. fmprc. gov. cn/ce/ceun/eng/zt/hu2009summit/t608103. htm.

② Jean Pisani-Ferry，"Macroeconomic Coordination：What Has the G-20 Achieved？" *Bruegel*，2012，www. bruegel. org/publications/publication-detail/publication/726-macroeconomic-coordination-what-has-the-g-20-achieved/.

③ 《外媒评中国四万亿 10 大举措：强力支撑全球经济增长》，中国网，2008 年 11 月 11 日，www. china. com. cn/international/txt/2008 - 11/11/content_ 16746528_ 2. htm；《国际社会积极评价中国促经济增长举措》，新华网，2008 年 11 月 11 日，http：//news. xinhuanet. com/world/2008 - 11/11/content_ 10339183. htm。

④ Timothy Geithner，"Press Briefing by Treasury Secretary Tim Geithner on the G20 Meetings"，Pittsburgh，PA. The White House，2009，www. whitehouse. gov/the_ press_ office/Press-Briefing-by-TreasurySecretary-Geithner-on-the-G20-Meetings.

⑤ 杨晴川、崇大海：《中国与 G20：从"救兵"到主角》，《国际先驱导报》2013 年 9 月 11 日，http：//news. ifeng. com/shendu/gjxqdb/detail_ 2013_ 09/11/29512110_ 1. shtml。

当然，中国积极参与应对全球金融危机的努力也是为了中国的国家利益考虑。4 万亿人民币经济刺激计划出台的背后，是中国领导人对于全球金融危机对中国的经济增长，甚至是政治和社会稳定带来重大负面影响的担心。来自美国政府的鼓励也可能对中国领导人出台在二十国集团成员国中最大规模的经济刺激政策起到了作用。[①] 总体来说，中国参与这三次二十国集团领导人峰会获得了巨大的利益和成功，相对来说也没有受到来自其他国家的压力。

2010 年峰会：沮丧压过了突破

2010 年多伦多峰会是对中国参与二十国集团的热情和期望的一次打击。峰会完全被德国和美国之间在宏观经济政策上，特别是在逐步退出宽松财政政策的问题上的争吵所占据。随着二十国集团峰会的关注点从危机应对转移到相应的金融市场改革，以找出危机的原因和解决之道，发展中国家在全球经济和金融治理上的声音逐渐不被重视。比起前几次领导人峰会，二十国集团多伦多峰会更像是一次七国集团会议。[②] 来自中国的建议，特别是关于加强发展中国家在布雷顿森林体系中地位的呼声完全被美国和欧洲国家忽略。与此前形成鲜明对比的是，中国领导人在多伦多峰会上所持的立场和所提的建议在会后几乎没有得到国际媒体的关注和报道。[③] 发展和反对贸易保护主义这两个发展中国家关注的议题也完全被发达国家关注的宏观经济协调和金融稳定所盖过。多伦多峰会上的挫折直接导致二十国集团在中国外交政策的优先事项排列中被降格。[④]

2010 年二十国集团多伦多峰会以及几个月后的首尔峰会也标志着中美两国在人民币汇率和全球不平衡问题上的争斗再起。美国重新提起这个在 2008 年全球金融危机高峰期间基本休眠的问题，称人民币根本

---

① Robert Peston, "Will China Shake the World Again?" BBC, February 17, 2014, www. bbc. com/news/business-26225205.

② 何帆：《G20 向何处去？》，《国际经济评论》2010 年第 4 期，第 49—51 页。

③ Jörn-Carsten Gottwaldand Niall Duggan, "Expectation and Adaptation：China's Foreign Policies in a Changing Global Environment", *International Journal of China Studies*, 2 (1)：1 - 26. 2011.

④ Ibid.

上是错配的，人民币被低估是 2000 年以来这十年中积攒起来的大规模储蓄和投资不平衡的最可能原因。[①] 中国在多伦多峰会前也预见到了此次峰会极有可能被用作施压人民币升值的舞台。就在多伦多峰会前一周，中国人民银行宣布重启人民币汇率形成机制改革，正式结束了自金融危机以来开启的人民币短暂对美元的"软盯住"，以应对即将到来的峰会上可能出现的对中国汇率政策的压力和指责。中国这个政策和策略上的变化旨在应对美国在峰会期间从二十国成员国中争取支持以对中国施压的图谋，而这些成员国则对在这个敏感时刻动用其政治资本，在此问题上指责中国基本持一种模棱两可的态度。

尽管中国作出了努力，但 2010 年 6 月的汇改重启后人民币升值缓慢，美国财政部再次对人民币汇率提出批评。中国在首尔峰会到来前再次在人民币汇率问题上面临很大压力。为了应对即将到来的首尔峰会上可能遭受的压力，在央行的干预下，人民币兑美元汇率从 9 月初开始的短短一个半月内升值了 2.5%。[②] 此举很明显是中国再次破坏美国对人民币施压的如意算盘之举。此后不久，就在首尔峰会开幕前几天，美国联邦储备委员会宣布了第二轮量化宽松政策，这为中国反击美国关于中国应该对全球不平衡负责的言论提供了额外的弹药。

中国财政部副部长朱光耀公开表示，美国量化宽松政策正在损害新兴市场国家的金融和宏观经济稳定。朱的言论得到德国的呼应，后者也在担心由于美国大量"印钞"而带来的短期和长期风险。[③] 在德国和中国的反对下，中国成功避开了美国的指责。最终，首尔领导人峰会最后公报只是对汇率问题提出一个措辞模糊的声明，宣布 G20 各成员国"将向由市场决定的汇率体系迈进，朝着能反映经济基本面的汇率努力"。[④] 这个措辞足以让中国能够按照自己的计划和步伐来推进汇率市场化改革。

① Sewell Chan. "Geithner to Signal Tougher Stance on China Currency." *The New York Times*, September 15, 2010. www. nytimes. com/2010/09/16/business/global/16yuan. html？ ＿ r = 0.

② Federal Reserve Economic Data, 2014.

③ Geoff Dyer. "China Must Beware Scoring Own Goal with QE2 Criticism." *Financial Times*, November10, 2010. www. ftchinese. com/story/001035466/en/？ print = y.

④ G20 Seoul Summit Document, "Framework for Strong, Sustainable and Balanced Growth", November 12, 2010, www. mofa. go. kr/webmodule/htsboard/template/read/korboardread. jsp？ typeID = 12&boardid = 10025&seqno = 308068.

首尔峰会前后，美国还提出了到 2015 年前逐步将各国的经常项目占 GDP 的比例控制在 4% 以下的建议。2010 年 10 月，美国财政部部长盖特纳为此在峰会开始之前在韩国庆州举行的二十国集团财长和央行行长会议上，游说各国财政部部长和央行行长支持美国的这个建议。这个目标对于美国来说较为容易实现，因为 2009 年到 2010 年，美国的经常项目赤字保持在 3% 左右。在此问题上，美国似乎与中国达成了某种默契：此前几周中国央行副行长易纲曾经在一次会议上宣布"中国的目标是在未来三到五年内将经常项目盈余从 2007 年的 11% 以及 2009 年的 5.8% 减少到 GDP 的 4% 以下"。[1] 美国也在首尔峰会开始前两周，降低了批评中国人民币汇率政策的调门。美国财政部宣布推迟发布一年两度向国会递交的《国际经济和汇率政策》报告，该报告主要评估关于各国是否进行货币操纵的情况。盖特纳甚至还公开赞扬人民币自 9 月初开始的强劲升值。对于美国来说，对其经常项目进行一个数值上的约束也颇不寻常，表明美国愿意接受对其政策的某种外部限制。[2]

然而，美国的建议遭到了德国、日本、巴西和澳大利亚等其他顺差国的强烈反对。[3] 他们担心这样一个明确的数字目标，万一未能达到，会给它们带来非常负面的影响。在与德国讨论之后，中国改变了此前立场。[4] 此举遭到了美国的猛烈批评。[5] 事后来看，中国可能失去了一次

---

① Ye Xie, "China to Cut Current Account Surplus through Gradual Adjustment, Yi Says", *Bloomberg News*, October 9, 2010, www. bloomberg. com/news/2010 – 10 – 09/china-to-cut-current-account-surplus-throughgradual-adjustment-yi-says. html.

② Andrew Walter, "Global Economic Governance after the Crisis: The G2, the G20, and Global Imbalances", Bank of Korea Working Paper, 2012, http: //personal. lse. ac. uk/wyattwal/images/Globaleconomicgovernanceafterthecrisis. pdf, 2012; Edwin M. Truman, "The G-20 and International Financial Institution Governance", Peterson Institute Working Paper 10 – 13, 2010, www. piie. com/publications/wp/wp10 – 13. pdf.

③ Stefan A. Schirm, "Global Politics are Domestic Politics: How Societal Interests and Ideas Shape ad hoc Groupings in the G20 which Supersede International Alliances", Paper prepared for the International Studies Association Convention in Montreal, March, 2011.

④ Andrew Walter, "Global Economic Governance after the Crisis: The G2, the G20, and Global Imbalances"; Alan Beattie, "US Shifts G20 Currency Focus to Trade Deficits", *Financial Times*, November 1, 2010. www. ft. com/intl/cms/s/0/13b5c364-e5fc-11df-af15-00144feabdc0. html#axzz2wd4sDjDc.

⑤ 郭学军：《第一章：导言》，载金中夏主持《基于 G20 视角的我国国际经济战略问题研究》报告，中国金融四十人论坛，2013 年 9 月；金中夏：《中国参与 G20 的战略选择》，《21世纪经济报道》2010 年 8 月 26 日。

与美国达成协议的重要机会。① 到 2011 年时，中国的经济项目顺差已经降到 4%，IMF 预计到 2019 年这个数字将降到 3% 以下。中国完全可以轻松达到盖特纳建议的标准而不需要额外的宏观经济调控措施，这也可以使得美国财政部很难再对人民币所谓"低估"进行指责。

很难确切了解首尔峰会上的中国代表团到底是怎么决策的，但一种可能性是来自中国人民银行（央行）和其他部门之间不同的观点没有得到很好的协调，内部的分歧导致中国最终转变了此前支持美国建议的立场。例如，来自商务部以及它所代表的强大的国内出口集团在 2010 年 9 月到 10 月发起了强大的游说活动。国务院总理温家宝以及商务部发言人在此期间的评论都表达了对此问题的强烈关注。他们认为，如果人民币快速贬值的话，中国出口商品的竞争力会受到很大损失。② 众所周知，央行支持并推动人民币汇率形成机制的市场化改革，而商务部以及国家发展改革委员会（发改委）倾向于保持稳定的人民币汇率以支持出口行业，该行业是中国经济的重要支柱之一，具有非常重要的政治地位。③

总的来看，随着二十国集团将关注重点从"促进强劲增长"转向"可持续和平衡的增长"，④ 中国逐步发现自己在二十国集团中处于一种防守性地位。美国以及其他主要的西方发达国家成功地转移了二十国集团的议程重点，将中国巨额的国际收支盈余视为阻碍全球经济恢复的主要原因。当然，这种议程的转变也反映了二十国集团作为一个整体，成员之间的协调正在成为一个大问题。随着危机最严重的关头过去，毫不奇怪，各国之间的协调和一致性正在迅速消失。例如美国和德国（一

---

① 郭学军：《第一章：导言》。

② Andrew Baston, "Beijing Tug of War Guides Yuan's Path", *The Wall Street Journal*, November 2, 2010, http://online. wsj. com/news/articles/SB10001424052702304173704575578062112825920.

③ David A Steinberg and Victor C. Shih, "Interest Group Influence in Authorization States: The Political Determinants of Chinese Exchange Rate Policy", *Comparative Political Studies* 45 (11): 1405 - 34, 2012. Xingqiang He, "The RMB Exchange Rate: Interest Groups in China's Economic Policymaking", *China Security* 19: 23 - 36, 2011.

④ Moreno Bertoldi, Heinz Scherrer and Guergana Stanoeva, "The G20@5: Is It Still Delivering?" *European Commission Economic Brief*, 27 (November), 2013. http://ec. europa. eu/economy_ finance/publications/economic_ briefs/2013/pdf/eb27_ en. pdf.

定程度上还有中国）之间关于调整财政政策步伐明显地出现公开冲突。德国的巨额贸易顺差以及没有及时应对欧元区危机的爆发也加剧了美德两国之间的紧张关系。

中国学者对于二十国集团峰会议程重点的这种转变提供了另外一种解释。他们同意西方学者提及的以上二十国集团议程重点转变的原因，但同时认为，从根本上说，主要西方大国仍然不愿意在二十国集团与发展中国家共享领导权。[①] 自从多伦多峰会以来，美国就试图重构二十国集团为一个多边外交论坛，通过此论坛来敦促新兴经济体承担更多的国际经济责任，同时减轻美国自身的责任。[②] 从这种观点来看，新兴经济体与美国日益增加的冲突在所难免。不出所料，二十国集团失去了势头，再难以达成共识，最终可能会发展成为另一个"清谈馆"。[③]

在中国看来，促使美国国会批准 2010 年国际货币基金组织治理改革一揽子计划成为一个关注的焦点，而奥巴马政府在此问题上一直无所作为。此治理改革计划如果通过，中国在国际货币基金组织的投票权将从目前的 3.65% 增加到 6.07%，将变为排名第三的国家，超过德国、法国和英国。其他新兴经济体如印度、巴西和俄罗斯的份额也将得到相应的提升。从中国国内来看，这也将是一个重大的成就。但主要的中文媒体对此的报道相对冷静，并称并不能保证西方国家能够兑现在此问题上的承诺。据报道，时任中国外交部副部长的崔天凯称 2010 年国际货币基金组织治理改革一揽子计划为"一个明显的进步"，而外交部发言人洪磊也表示"欢迎这个取得的进步"。[④] 然而，

---

① 庞中英、王瑞平：《全球治理：中国的战略应对》，《国际问题研究》2013 年第 4 期，第 58 页。黎杰生、洪小芝：《新型全球治理模式下的中国选择》，《南方金融》2013 年第 10 期，第 36—42 页；李巍：《霸权护持：奥巴马政府的国际经济战略》，《外交评论》2013 年第 3 期，第 51—56 页。

② 李巍：《霸权护持：奥巴马政府的国际经济战略》；房广顺、唐彦林：《奥巴马政府的二十国集团战略评析》，《美国研究》2011 年第 2 期。

③ 李巍：《中国金融崛起的国际环境与战略应对》，《国际安全研究》2013 年第 4 期，第 44—63 页。

④ "Voting Power Shift just Start of IMF Reform：Chinese Official", Xinhua News, November 6, 2010, http：//english. people. com. cn/90001/90776/90883/7190203. html；"China Welcomes IMF Quota Increase for Emerging Developing Economies", Xinhua News, November 10, 2010. http：//english. people. com. cn/90001/90778/90862/7194437. html.

接下来此项改革的拖延使得这些成就变得黯淡无光，而中国仍在人民币汇率问题上面临着越来越大的压力，也更使得中国难掩对此成就的失望。

2011—2012 年峰会：从辩护人民币汇率政策到援助欧洲

进入 2011 年以来，中国继续为其人民币汇率政策辩护，并在当年的戛纳峰会上承诺"进一步加快人民币向市场化汇率过渡的进程"。然而，随着欧元区危机于当年爆发并继续演进，二十国集团峰会的焦点迅速转移到如何救助欧洲。中国在 2011 年戛纳峰会和 2012 年洛斯卡沃斯峰会上面临的主要问题也变为如何应对这场新的危机。

根据首尔峰会的承诺，二十国集团财政部部长和央行行长会议分别于 2011 年 2 月和 4 月在法国巴黎和美国华盛顿举行，聚焦如何制定出一套指标体系来加快所需的政策调整，处理二十国集团成员国之间存在的不平衡问题。当时，即将主办当年 G20 峰会的法国总统萨科齐坚持，在当年的 2 月到 4 月二十国集团财政部部长和央行行长会议前，在中国举办一次关于国际货币政策的研讨会，以迫使中国在汇率问题上进行让步。

中国对来自法国和美国的压力进行了抵制，最终 2011 年巴黎 G20 财政部部长和央行行长会议最后公报没有具体提及中国，而只是一般性地强调新兴市场经济体要"提高其汇率弹性"。[①] 对于外部不平衡的问题，所有决定都将"适当考虑汇率、财政、货币和其他方面的政策"。IMF 总裁拉加德事后评论说"适当考虑"的措辞是精心挑选的，以避免指责中国。[②] 从中国国内来看，中国对人民币汇率压力的抵制反映了政府内部对出口行业所面临压力的强调，这种声音盖过了来自央行主张推进人民币汇率市场化改革的声音。最终，戛纳峰会最后的公报文本没有为经常项目设定一个具体的指标数值，相反，只是制定出一套在国际

---

① Communiqué of G20 Meeting of Finance Ministers and Central Bank Governors in Paris, February 18 – 19, 2011, www. g20. utoronto. ca/2011/2011-finance-110219-en. html.

② 陈统奎：《G20 舞池，法中若即若离》，《南风窗》2011 年第 10 期。

货币基金组织工作人员报告支持下的、建立在结构和经济分析基础上的"指标性指引"，来检测评估和不平衡问题。这些指标性指引构成了二十国集团相互评估程序（MAP）的支柱。该程序的目标是促进二十国集团成员国所承诺政策执行的透明度以及问责情况，是二十国集团的首要政策协调机制。

与此同时，中国也传递出将进一步推动人民币汇率形成机制改革的信号。2011 年 1 月，中国国家主席胡锦涛访问了美国并签署了两国共同声明，其中包括增加人民币汇率弹性的内容。两国也承诺将支持二十国集团在全球经济和金融治理方面发挥重要作用，并承诺将努力推进达成戛纳峰会取得政策协调的目标。戛纳峰会开始前一个月发布的公报草案再次强调新兴经济体需要增加其汇率政策弹性，但也避免了直接点中国的名。中国财政部副部长朱光耀认为最后公报的用语是"全面和平衡的"。[1] 中国赞成公报关于汇率问题的用语："加快推行市场导向性汇率体系的承诺，加强汇率弹性，反映经济基本面的情况。"尽管承诺加快推进汇率市场化改革，但公报中谨慎选择的用语避免了直接指责中国，仍然给中国提供了很大的空间来按照自己的节奏推进人民币汇率市场化改革。假如某种措施强硬的指责出现的话，那将是对中国的一种不尊重，而且还可能将中国推离二十国集团和其他全球经济治理机制。

自多伦多峰会以来，二十国集团对全球不平衡问题的关注基于这样一种假设，即它对实现强劲的、可持续的全球经济恢复形成了严重的阻碍。[2] 然而，随着 2011 年中国国际收支盈余的快速下降，以及产油国对外盈余的上升，这种全球不平衡的模式发生了显著的变化。[3] 更为重要的是，随着 2011 年欧洲债务危机的爆发，二十国集团的首要焦点问

---

① Victoria Ruan, " China's Zhu Says G-20 Statement on Currencies Is ' Balanced '", *Bloomberg News*, October 15, 2011. www. businessweek. com/news/2011 – 10 – 15/china-s-zhu-says-g-20-statement-on-currencies-is-balanced-. html.

② Jean Pisani-Ferry, "Macroeconomic Coordination: What Has the G-20 Achieved?" *Bruegel*, 2012. www. bruegel. org/publications/publication-detail/publication/726-macroeconomic-coordination-what-has-the-g-20-achieved/.

③ Ibid.

题从全球不平衡转移到欧洲债务危机上。

这使得中国逐渐从全球不平衡的压力中解脱出来，谨慎应对欧债危机，开始将其作为一个进一步参与国际经济治理，增加自身能力，并像负责任大国一样行事的机会。但中国国内的金融专家和公众都认为中国作为一个并不富裕的发展中国家，在援助欧洲问题上应该谨慎从事，避免做出超出自身能力的承诺。[①] 这种观点推动着中国在援助欧洲问题上采取了谨慎的态度，而国际货币基金组织则迅速成为为欧元区提供金融援助的最好的途径。

中国在戛纳峰会上采取了"等等看"的态度。中国领导人一方面表示愿意与国际社会一道参与解决欧债危机，同时也表示相信欧洲完全有能力解决自身的问题，维持经济稳定和发展。[②] 根据多家西方媒体的报道，许多中国官员和学者都反对通过购买欧元债券的方式来援助欧洲，高级官员们更多强调了中国作为一个发展中国家自身面临的困难和问题。[③] 国内一些专家进一步认为，在是否援助欧洲的问题上，判断的最高标准应该是评估中国由此可能带来的收益和所冒的风险，并对二者进行权衡的结果。尽管中国认识到援助欧洲将符合中国的长远利益，但中国也应该等到欧盟委员会提出一份详细和合理的恢复计划之后才能承诺进行援助。[④]

进入 2012 年，随着欧债危机的进一步深入，中国对欧洲出口显著下降。[⑤] 这使得中国开始改变对救助欧债危机的态度。一个可能的援助

---

① Jiao Wu and Li Xiaokun, "President Hu confident in Europe", *China Daily*, November 1, 2011, http://usa.chinadaily.com.cn/china/2011 – 11/01/content_ 14012188.htm; "China Can't Use Reserves to 'Rescue' European Countries, Minister Fu Says", *Bloomberg News*, December 3, 2011, www.bloomberg.com/news/2011 – 12 – 02/china-can-t-use-its-reserves-to-rescue-countries-vice-minister-fu-says.html;《中国不愿成为欧洲的"傻钱"来源》，《中国新闻周刊》，2011 年 11 月 3 日，http://newsweek.inewsweek.cn/magazine.php? id = 3262&page = 3。

② Jiao Wu and Li Xiaokun, "President Hu confident in Europe".

③ "China Can't Use Reserves to 'Rescue' European Countries, Minister Fu Says", *Bloomberg News*.

④ 《中国不愿成为欧洲的"傻钱"来源》。

⑤ 根据中国海关总署的统计，2012 年上半年中国对欧盟出口下降了 0.8 个百分点，2012 年全年则比 2011 年同期下降了 6.2%。参见：www1.customs.gov.cn/tabid/49129/Default.aspx。另据中国商务部所引述的欧盟统计局的数据，2012 年 1 月至 9 月欧盟对华进口下降了 9.7%。参见：http://countryreport.mofcom.gov.cn/record/view110209.asp? news_ id = 32682。

欧洲的方式是购买欧元债券，但欧盟不能满足中国提出的两个条件，一是在各种国际经济场合（例如世界贸易组织）承认中国市场经济国家地位，二是放松对华高科技产品出口。另外的一个援助方式是重拾2009 年应对全球金融危机的做法，增资国际货币基金组织。在 2012年 6 月墨西哥洛斯卡沃斯峰会上，中国宣布增资国际货币基金组织430 亿美元。中国学者普遍对政府的做法表示理解，认为比起购买欧元债券，增资国际货币基金组织是一个更为安全的援助欧洲的方式。[①]此举也能够使得中国外汇储备形式多元化，降低中国在美国政府债券上过高的投资比例。而采取增资国际货币基金组织的方式，将有利于增进与后者的合作，有利于人民币国际化，提高中国在国际货币治理体系中的地位。

在援助欧洲问题上，公众舆论成为一个影响政策的重要因素。中国国内公众舆论普遍对援助欧洲不理解。2011 年的时候，一些学者反对援助欧洲，媒体也开始强调中国国内面临的许多经济和社会问题，特别是不平等问题，使得中国公众对政府援助欧洲的做法更加难以接受。[②]央行不得不向公众解释为什么中国这样一个还相对贫穷而且还有成千上万贫困人口的发展中国家，需要援助富裕的欧洲国家。

就在中国宣布向国际货币基金组织增资 430 亿美元的当天，央行在官网上发表文章，向公众解释这 430 亿美元的增资只是一种授信额度，是一种预防性措施，实际使用资金可能远小于承诺额度。例如中国在2009 年对国际货币基金组织增资 500 亿美元的措施就是这样的。当时是通过票据购买的方式，总共 500 亿美元的增资至今实际只被提取了

---

① 参见王丽颖《增资 IMF430 亿"一箭三雕"》，《国际金融报》2012 年 6 月 20 日，第二版，http：//paper. people. com. cn/gjjrb/html/2012–06/20/content_ 1069682. htm.

② Shixue Jiang, "The European Debt Crisis in a Chinese Perspective", *Working Paper Series on European Studies*, Institute of European Studies, CASS 6 (3), 2012. 国内公众舆论对援助欧洲问题的调查数据难取得，但国内众多的微博等社交媒体帖子显示，这个问题在国内确实比较敏感。可参见以下文章：Nick Edwards and Benjamin Kang Lim, "Beijing Risks Public Backlash if It Rescues Europe", *Reuters*, November 3, 2011. www. reuters. com/article/2011/11/03/us-china-europe-newspro-idUSTRE7A236S20111103. "Political Deadlock Derails China's EU Aid Offer", Reuters, November 11, 2011. www. telegraph. co. uk/finance/financialcrisis/8883851/Political-deadlock-derails-Chinas-EU-aid-offer. html。

57 亿美元。向国际货币基金组织增资并不是捐赠，而是国际货币基金组织向中国的借款行为，有很好的利息回报，是一种较为安全的投资行为。而且，增资国际货币基金组织符合中国的利益，与中国的国际地位和责任相称。① 这篇通告文章很快被国内各大新闻媒体转载。

事后来看，央行似乎对这种增资国际货币基金组织从而显示自己愿意为国际经济稳定作出贡献的方式还不是特别熟稔。有学者在 2013 年时总结认为，中国应该向其他发达国家例如日本学习如何使用国际金融机构来显示自己为全球经济稳定作出贡献的诚意，并同时获得国内舆论的支持。② 日本在 2008 年金融危机刚刚爆发之际就迅速承诺对国际货币基金组织提供价值 1000 亿美元的援助，就是一个非常好的例子。日本的这一举动使其在国际货币基金组织获取了良好的政治影响力，也获得了实际上的经济回报。因为这 1000 亿美元代表着对国际货币基金组织作为一个整体的援助，而不是针对具体的国家或国家集团。其信贷风险几乎为零，基本等同于购买美国政府债券。③ 其实中国当初也可以在戛纳峰会上就宣布增资国际货币基金组织的承诺。当然，这种决定是不可能的，如前所述，中国当时需要首先解决的是协调国内不同部门在此问题上的不同看法。

2013—2016 年峰会：中国与二十国集团的新开始

到 2013 年，中国的经常项目顺差已经大大降低，人民币汇率和全球不平衡的问题已经不再是备受关注的敏感问题。各国对于全球不平衡问题的形成都有不同的影响，需要从一个更为广阔的视角来重新考虑这个问题。④ 中国也开始重新在二十国集团发挥积极作用，继续主张广泛

---

① 中国人民银行：《中国宣布参与国际货币基金组织增资》，2012 年 6 月 19 日，http://www.pbc.gov.cn/publish/goutongjiaoliu/524/2012/20120619173315157373732/2012061917 3315157373732_.html。

② 黄薇、龚俸、郭凯：《第三章：中国的 G20 议题策略》，载金中夏主持《基于 G20 视角的我国国际经济战略问题研究》报告，中国金融四十人论坛，2013 年 9 月。

③ 同上。

④ Moreno Bertoldi, Heinz Scherrer and Guergana Stanoeva, "The G20@5: Is It Still Delivering?" *European Commission Economic Brief* 27, (November), 2010. http://ec.europa.eu/economy_finance/publications/economic_briefs/2013/pdf/eb27_en.pdf.

的国际货币体系改革，反对将全球不平衡问题归咎于个别国家或国家集团。习近平主席在 2013 年圣彼得堡峰会上提出中国推动二十国集团峰会继续向前发展的目标：推动全球宏观经济协调，共同维护和发展开放型世界经济，继续推动国际金融体系改革，落实国际货币基金组织份额和治理改革方案，增加新兴经济体的份额和投票权，推动人民币进入特别提款权（SDR）货币篮子。

中国承诺将在国内推动结构改革，实现经济持续和高质量的健康增长。[①] 这需要继续推动经济从对出口和投资的过度依赖转型到以消费拉动为主。[②] 习近平的讲话内容，与圣彼得堡峰会最后公报中强调顺差国家增加国内需求推动增长，逆差国家采取更为灵活的汇率政策，增加储蓄，提高竞争力的精神是一致的。[③] 圣彼得堡峰会强调国内需求拉动的经济增长，也与中国强调国内经济增长为全球经济增长做贡献的做法是相通的，这已经在中共十八大的报告中得到体现。

2014—2016 年：二十国集团峰会进入中国时间

2014 年澳大利亚布里斯班峰会提出了"布里斯班行动计划"，承诺促进成员经济持续稳定增长，提供更好的生活标准和高质量的就业，到 2018 年之前实现在现有政策水平上使得二十国集团成员总的 GDP 额外增长 2% 的目标，推动 G20 峰会继续从危机处理机制向全球经济指导委员会转变。中国在峰会上提出了创新发展方式，建设开放型世界经济，完善全球经济治理的三大建议。其中通过基础设施建设以及"互联互通"创新发展方式的概念是新的提法，并提出通过"一带一路"、亚投行以及丝路基金来推动基础设施建设与互联互通，支持澳大利亚方面在峰会上提出的"全球基础设施"的倡议。本届峰会上中国最大的收获

---

① Xi Jingping, "Speech in the First Session of the Eighth Summit of the G20 in St. Petersburg." Xinhua News, September 6, http：//news. xinhuanet. com/politics/2013 － 09/06/c ＿ 117249618. htm.

② 习近平主席在 2013 年亚太经合组织（APEC）工商领导人峰会上的讲话提到了这一点。习近平的讲话可参见：http：//news. xinhuanet. com/world/2013 － 10/08/c ＿ 125490697. htm.

③ 二十国集团圣彼得堡峰会公报的内容参见：www. g20. utoronto. ca/2013/2013-0906-declaration. html。

是主办方澳大利亚宣布了中国将举办 2016 年 G20 峰会，这为中国在 G20 舞台上进一步发挥积极作用乃至领导作用奠定了基础，对于 G20 今后的发展有着重要意义。

乏力且不平衡的全球经济增长，动荡的全球金融市场和持续下跌的大宗商品市场，使得全球经济潜藏着很大的风险。这表明世界经济仍然没有走出 2008 年全球金融危机的影响，仍然经历着深刻的调整。2015 年土耳其安塔利亚峰会就是在这样一种背景下召开的。安塔利亚峰会承诺推动过去二十国集团峰会的关键性决定，将继续努力实现布里斯班峰会提出的，到 2018 年将二十国集团各成员国的 GDP 总和额外增长 2% 的目标。安塔利亚峰会也承诺要促进投资和包容性增长，使全球共享增长红利。中国在此次峰会上提出了四个建议，其中落实 2030 年可持续发展议程，为公平、包容的发展注入强劲动力是此次峰会中新提出的建议。其他三个建议是近几次峰会上中国一贯主张的，包括加强宏观经济政策沟通和协调，形成政策和行动合力；推动改革创新，增强世界经济中长期增长潜力；构建开放型世界经济，激发国际贸易和投资活力。在此次峰会上，中国已经开始准备下一届将由中国主办的二十国集团杭州峰会。习近平提出了杭州峰会的主题为"构建创新、活力、联动、包容的世界经济"，并将从四个重点领域进行峰会筹备工作：创新增长方式、完善全球经济金融治理、促进国际贸易和投资、推动包容联动方式发展。这基本上遵循了中国在安塔利亚峰会上提出的四个建议。

自从 2014 年布里斯班峰会宣布中国将主办 2016 年的二十国集团峰会后，中国正逐渐步入这个全球经济治理首要论坛的中心位置。中国逐步提出并完善了 2016 年杭州峰会关于全球经济治理的主要观念。在杭州峰会主题下，中国确定的四个重点领域分别有着自己的特定含义。第一，创新增长方式，打造世界经济新的增长点。这包括了科技创新、新工业革命、数字经济，以及发展观念和机制的创新，也包括商业模式创新和结构改革。第二，完善全球经济金融治理。这包括继续推动增加发展中国家和新兴经济体的代表性和话语权，加强宏观经济政策协调，这也是中国在历次二十国集团峰会上一直强调的主题。第三，促进国际贸易和投资，构建开放型世界经济，增强全球增长活力，这也是自 2013

年圣彼得堡峰会以来中国一直主张的建议之一。第四，推动包容联动方式发展，落实2030年可持续发展议程，为世界经济增长注入活力。而这个议题符合中国的国内发展方向，真正体现了中国主办的二十国集团峰会的特色。"包容联动"的增长方式也是中国"一带一路"倡议的核心所在，它将把中国和"一带一路"沿线国家从经济上紧密联系起来，同时造福沿线国家和中国自己。

中国在二十国集团峰会上的议程和建议与其国内经济发展紧密相关。杭州峰会确定的主题以及四个重点领域与中国国民经济和社会发展第十三个五年规划的建议高度一致。该规划建议为中国勾画了一个创新、协调、绿色、开放和共享的发展蓝图。其中，创新是经济增长的最主要推动力，而包容联动的增长模式居于中心地位，它们既反映了中国在国内发展规划的核心思想，也代表了中国参与国际经济合作以及全球经济治理的主要观念和做法。

表1.1　　　　　二十国集团峰会：议程、主要成就和中国的评估

峰会	议程	主要成就或挫折	中国的评估
2008年11月 美国 华盛顿峰会	协调应对全球金融危机的措施，稳定国际金融体系。	协调推行全球宏观经济刺激计划，避免1929年大萧条式经济危机的重现。	中国对世界经济的恢复作出了重要贡献；中国也在国内和国际上获得了很多利益和成就：加入了金融稳定委员会、巴塞尔银行监管委员会（BCBS）以及国际清算银行（BIS）；二十国集团领导人承诺将国际货币基金组织5%的份额和世界银行3%的投票权转移至发展中国家；进入了全球经济治理的核心舞台；被接受为系统重要性国家和负责任大国。
2009年4月 英国 伦敦峰会		增资国际货币基金组织，加强全球金融防火墙，重构金融稳定论坛（FSF）为金融稳定委员会（FSB）作为二十国集团金融监管的主要机制。	
2009年9月 美国 匹兹堡峰会		发起了强劲、可持续和平衡增长框架；创立了相互评估程序（MAP）；承诺将国际货币基金组织5%的份额和世界银行3%的投票权转移至发展中国家；确定二十国集团为首要国际经济合作论坛。	

续表

峰会	议程	主要成就或挫折	中国的评估
2010 年 6 月 加拿大 多伦多峰会	全球经济的恢复和新的开始；强劲、可持续和平衡增长框架；金融部门改革；国际金融体系改革；反对保护主义。	峰会被各发达国家之间关于财政政策、外部不平衡问题，以及其他宏观经济政策以促进可持续和平衡增长的意见和争吵所主导。	中国的建议被忽略，更像是一个旁观者，而且还在人民币汇率问题上面临来自发达国家越来越大的压力。
2010 年 11 月 韩国 首尔峰会	汇率政策；加强全球金融安全网；国际金融体系改革；发展议题。	各国在全球不平衡问题的原因及如何应对上陷入更大分歧；国际货币基金组织治理改革方案达成；发展议题得到很大的关注。	此届峰会成为向中国在人民币汇率和全球不平衡问题上施压的平台；中国捍卫了自己的立场和政策，并做出了适当调整；国际货币基金组织治理改革方案达成，中国的投票权将增加到 6.07%，这是中国一大成就。
2011 年 11 月 法国 戛纳峰会	欧元区危机；增长和就业；国际货币体系改革；改革国际金融体系；大宗商品价格波动；发展议题；全球治理。	批准了关于全球不平衡问题的指标性指引；国际货币体系改革取得进展；增加大宗商品市场透明度；在救助欧元区危机问题上没有达成协议。	对欧洲债务危机采取了"等等看"的态度；避免了对中国汇率政策可能的指责性文字写入峰会公报，同时承诺进一步提高汇率弹性；宣布了特别提款权货币篮子构成的改革路线图。
2012 年 6 月 墨西哥 洛斯卡莫斯峰会	推动增长和就业；国际金融构架问题；改革金融部门，推动普惠金融；粮食安全；发展议题；包容性绿色增长。	进一步增资国际货币基金组织4600亿美元以应对可能的系统性风险；欧元区二十国集团成员承诺采取一切必需的政策措施，维护欧元区的团结和稳定。	承诺对国际货币基金组织增资430亿美元，以救助欧洲，并认为此举也符合中国利益，同时也显示了中国作为负责任大国的做派。
2013 年 9 月 俄罗斯 圣彼得堡峰会	创造高质量就业促进增长；促进投资融资；金融监管；打击避税；能源问题。	承诺处理美国和其他国家量化宽松货币政策的不良溢出效应问题；在确保财政可持续性问题上达成谅解；强调各国内部平衡问题对应对全球不平衡问题的重要性。	提出构建一个开放的全球市场并建议各国实行负责任的宏观经济政策。在摆脱全球不平衡和汇率问题上的压力后，中国重新寻求在峰会上发挥积极的作用。

峰会	议程	主要成就或挫折	中国的评估
2014 年 11 月澳大利亚布里斯班峰会	促进增长，创造就业；增加并促进投资；采取便利措施促进贸易增长；改革全球金融体系；提高国际税收体系公平性。	设定到 2018 年二十国集团成员国总 GDP 额外增长 2% 的目标；提出为期四年的全球基础设施倡议；敦促实现 2010 年国际货币基金组织份额和治理改革；承诺推动多哈回合谈判重回轨道。	确定中国将举办 2016 年的二十国集团峰会是中国在此次峰会上的最大成就，中国将可能在二十国集团一系列重要议题上发挥领导作用；支持峰会上提出的基础设施计划，中国将通过"一带一路"倡议予以支持。
2015 年 11 月土耳其安塔利亚峰会	通过推动投资、就业和贸易促进包容性的、有活力的增长；加强全球金融体系；支持可持续发展	承诺推动实现上届峰会提出的到 2018 年二十国集团成员国总 GDP 额外增长 2% 的目标；发起二十国集团贸易部长会议；完成了二十国集团/经合组织税基侵蚀和利润转移（BEPS）计划制订；主权债务重组问题取得一定进展。	开始准备下一届中国主办的二十国集团峰会，习近平提出了杭州峰会的主题为"构建创新、活力、联动、包容的世界经济"，并在土耳其峰会"落实、投资和包容性增长"三个支持基础上确定了中国峰会的四大重点领域。

资料来源：作者整理。部分数据来源于多伦多大学蒙克国际事务学院二十国集团信息中心网站，参见：www. g20. utoronto. ca/。

中国的对外经济决策及其对中国参与二十国集团的影响

　　中国在二十国集团峰会上的表现，包括议程设置、宏观经济政策协调，以及在人民币汇率问题上应对来自美国和其他大国的压力，不仅取决于由金融领域内所掌握的资源或者专业知识以及外交成就，也与其内部决策机制的有效协调能力有很大关系，因为其对外经济决策不可避免地涉及不同政府部门之间的协调。了解中国对外经济政策中这种不同部门对决策的不同影响力以及彼此之间有效沟通不足的情况，将有助于我们理解中国在二十国集团上的经济外交决策情况。

20 世纪 90 年代以来的中国对外经济决策

　　随着 90 年代中国展开的加入世界贸易组织的谈判，经济外交的重要性也逐渐为人们所认识。自此，中国加入了很多国际经济组织，让经济外交的重要性进一步加强。部分缘于经济外交较强的专业性，中国外交中的经济外交主要由政府的相关核心部门来掌控。例如，商务部负责商业外交，金融外交则由央行来领导。商务部有多个部门负责不同的地区事务，例如亚洲司、欧洲司、美洲大洋洲司、西亚非洲司等。依托中国对外使领馆，商务部还在世界各地建有很多经济商务参赞处并设有商务经济外交专职人员。而在 90 年代后期，财政部所属的世界银行司更名为国际司，其职责也相应扩展到处理更为广泛的国际金融事务。类似地，央行所属的国际金融组织司也改名为国际司，并建立了一个全新的货币政策司，专门管理人民币汇率事务。商务部、财政部以及央行都各自有一位或两位副部长负责管理国际事务，此举显然是为了提高所属国际司在各自部门中的重要性。①

这种由不同的部门负责经济外交的情况必然会导致很大的问题，政府部门之间的协调不足，缺乏一个整体的经济外交战略。为克服这些困难，在实际政策执行中，会有一位副总理负责监督和管理所有经济外交事务。2003—2008 年是当时的副总理吴仪，2008—2013 年是副总理王岐山，2013 年以来则由现任副总理汪洋负责，作为领导和协调经济外交事务的最高官员。② 当然，国家主席和国务院总理保持着对经济外交更大的影响力。一般来说，国务院总理负责经济和金融事务，比起国家主席来讲，对经济有着更大的影响力。

从 20 世纪 90 年代以来，中国经济决策可以称为是一种集体决策模式，体现在分散—集中③的政府管理模式。在这种决策模式下，参与的各部门均具有自己的政策影响力，特别是在自己管理的领域之内

---

① 例如，财政部副部长朱光耀是该部负责金融外交的主要官员。另一位财政部副部长史耀斌自 2013 年以来开始掌管国际司，他也负责财政部的国际金融事务。央行行长易纲以及胡晓炼是负责央行国际事务的主要官员。更多信息请参见财政部和央行官方网页。www. mof. gov. cn；www. pbc. gov. cn；8080/publish/english/963/index. html。

② 李巍：《金融外交在中国的兴起》，《世界经济与政治》2013 年第 2 期。

③ 分散—集中模式指的是分权和集权两种决策模式的结合。大部分的决策都是在部门一级完成的，而部门之间的协调则一般来说较为不足，而重大的有很大影响力的决策则需要由更高的内阁一级（国务院）经过协调部门之间意见后来完成，最后的决定则由最高领导层经过集体决策来拍板。

更是当仁不让。各部门作出决策之时一般都是基于自己部门的判断，通常反映了各自部门及其利益攸关方的利益所在。部门之间差别很大，大部分情况下，各部门作出的决策主要都只影响到本部门所管辖的领域，并不需要更多的部门间协调。这构成了这种政策决策模式"分散"的部分。重大的经济和金融政策例如利率的调整，应对通胀的政策或者是实行经济刺激政策，人民币汇率形成机制改革，资本账户开放，利率市场化改革等，需要国务院层次来进行讨论和辩论，由政治局最高领导人来进行最后决策。① 而这构成了这种政策决策模式的"集中"部分。

中国政府的这种决策特点与西方民主国家的决策相似，但重要的差别表现在中国的政府部门对决策程序的影响上。其中最为重要的一个差别体现在，不同于对等的美国联邦储备委员会或者是欧洲中央银行，中国的央行只是在货币政策和汇率政策影响力上争夺的众多部门中的一个。央行当然能够基于其专业性提出政策建议，但最终决策还是需要国务院通过全体会议或者是常务会议讨论和决定。重大的、对中国未来经济和社会发展方向有着至关重要影响的经济政策，例如人民币汇率形成机制改革，资本账户开放和利率市场化，需要由七人组成的最高决策机构——中共中央政治局常委会来作最后决策。虽说国家主席和国务院总理在其中拥有最大的决策影响力，但决策通常是通过达成共识的方式来集体决策的，无论是在国务院还是在政治局常委会里。②

在实际操作中，中共中央政治局的常设经济事务咨询机构，即中国共产党中央委员会财经工作领导小组，是中国经济政策决策中最高一级的协调机构。财经工作领导小组在中国被广泛视为核心的经济决策部门。它所处的位置和所起的作用，据一位国外观察家看来，类似

---

① 根据《国务院工作规则》第五章第 22 条，"国民经济和社会发展计划及国家预算，重大规划，宏观调控和改革开放的重大政策措施，国家和社会管理重要事务、法律议案和行政法规等，由国务院全体会议或国务院常务会议讨论和决定"。参见《国务院关于印发〈国务院工作规则〉的通知》，中国政府网，2013 年 3 月 28 日，http://www.gov.cn/zwgk/2013 - 03/28/content_ 2364572. htm。

② 胡鞍纲：《中国集体领导体制》，中国人民大学出版社 2013 年版，第 136—137 页。

于美国白宫"国家经济委员会"，通过为领导人提供政策的选择，来影响决策。[①] 财经工作领导小组的委员会成员包括政治局中主管经济事务的领导、国务院领导，以及各主要主管经济的政府部门的部长。具体来说，财经工作领导小组由国务院总理或是国家主席担任组长，[②] 其成员包括主管经济和金融事务的副总理，主管经济的国务委员，以及各主要经济部门的部长，如发改委主任、商务部部长、财政部部长和央行行长。

中央财经工作领导小组是常设机构，有自己的办公室（中财办）。现任办公室主任刘鹤被认为是习近平主席的首席经济顾问。[③] 中财办的主要职责是负责起草每年的中央经济工作会议的报告，这使得中财办对中国的经济和金融政策有着重大的影响力。传统上，中财办的主任也同时担任发改委副主任，这也会增强发改委在中国经济和金融事务决策中的影响力。2014 年 4 月，央行副行长易纲被任命为中财办副主任，身兼两职。这个任命被广泛视为是央行在中国金融政策中的决策权力得到了提升，也表明中国最高领导希望推动金融部门进一步改革的愿望。[④]

所有的部委都有自己的渠道和途径来游说最高决策者，包括国务院、主管经济和金融的副总理以及中央政治局常委会的其他成员等。例

① Bob Davis and Lingling Wei, "Meet Liu He, Xi Jinping's Choice to Fix a Faltering Chinese Economy", *The Wall Street Journal*, October 6, 2013, http://online.wsj.com/news/articles/SB10001424052702304906704579111442566524958.

② 现有的中文文献对究竟是国家主席还是国务院总理担任财经工作领导小组组长有不同看法。大家普遍认同的看法是国家主席江泽民自 1992 年起担任财经工作领导小组组长，朱镕基总理自 1998 年担任此职务，温家宝总理在其十年任期内（2003—2013）一直担任此职务，2013 年以后，究竟是李克强总理还是国家主席习近平担任此职务并不清楚，中国官方也从未澄清过究竟是谁担任此职务。直到 2014 年 6 月 13 日，新华社报道了国家主席习近平作为财经工作领导小组组长主持了该小组会议的消息。

③ Bob Davis and Lingling Wei, 2013.

④ 杨柳晗：《易纲已履职中财办副主任，决策层或在给金改加油》，《第一财经日报》2014 年 4 月 29 日，http://finance.sina.com.cn/china/20140429/022118952096.shtml；刘远举：《海归易纲进核心决策层阐释新"学而优则仕"》，《新京报》2014 年 4 月 29 日，http://finance.sina.com.cn/review/hgds/20140429/023918952504.shtml；Lingling Wei and Bob Davis, "China's Central Bank Prevails in Policy Battles Over Economic Future", *The Wall Street Journal*, June 8, 2014, http://online.wsj.com/articles/chinas-central-bank-prevails-in-policy-battles-over-economic-future-1402270855。

如，央行行长周小川曾于 2011 年时游说中央政治局常委和国务院领导采取从紧的货币政策。① 其他在经济和金融政策方面有影响力的部委例如商务部也在汇率和货币政策上有着很大的影响力。最终决策来自国务院还是中央政治局，具体取决于该项决策的重要程度。当某项决策需要中央政治局介入时，中央财经工作领导小组就会启动决策程序，采取所谓的"集体领导，共同负责"的决策模式，形成领导小组的决策。中央财经工作领导小组组长，国务院总理或者是国家主席将是最终的决策人，但他通常会将其他成员的意见考虑进去，很少会采取和小组所达成共识相反的决策。中央财经工作领导小组的最后决策通常会被送到中央政治局或政治局常委会进行最后的"拍板"。中央政治局或中央政治局常委会也会通过类似的讨论和决策程序进行最后的决策。国家主席或者是国务院总理通常会主持讨论，协调成员或成员联盟不同的立场分歧，最终达成共识。②

中国在二十国集团峰会的决策过程

中国在二十国集团这个首要的全球经济治理平台上的决策由几个负责经济的相关部委加上外交部来负责，并由国务院副总理来协调。2013 年之前是王岐山副总理，2013 年以来是汪洋副总理。在某些情况下，重要的决策则需要国务院总理或者是国家主席来决定。2013 年之前是国务院总理温家宝和国家主席胡锦涛，2013 年开始是国家主席习近平和国务院总理李克强。中国所有的负责经济事务以及外交事务的高级官员通常都会陪同国家主席出席二十国集团峰会，包括负责经济和金融事务的副总理，四个重要的负责经济事务的部委领导：央行行长、财政部部长、发改委主任、商务部部长，以及三位负责外交事务的高级官员：国务委员、外交部部长以及作为中国二十国集团协调人（Sherpa）的外交部副部长。例如，在 2012 年墨西哥洛斯卡莫斯峰会上，陪同的官员包括副总理汪洋，国务委员戴秉国，外交部部长杨洁篪，央行行长周小

---

① Bob Davis, "Political Overlords Shackle China's Monetary Mandarins", *The Wall Street Journal*, April 15, 2011, http://online. wsj. com/news/articles/SB1000142405274870341060457 6217553508821290.

② 胡鞍纲：《中国集体领导体制》，第 136—137 页。

川，财政部部长谢旭人，发改委主任张平，商务部部长陈德铭以及作为时任中国二十国集团协调人的外交部副部长崔天凯。

比起央行和财政部，在大部分的政策领域，发改委和商务部由于被赋予了更大的职权范围从而在中国经济决策中的作用要大得多。然而，央行和财政部由于其在金融领域的专业知识和二十国集团峰会主要由各国央行和财政部参与的结构，在参与二十国集团峰会的决策过程中发挥着更大的作用。特别是这两个部委负责处理几乎所有关于金融监管、国际货币基金组织和世界银行治理改革、宏观经济协调等事务。当然，商务部负责其中与贸易相关的事务，发改委负责其中的发展、能源和气候变化事务，外交部则负责与其他二十国集团成员国领导人之间的双边外交事务，以及各种多边会晤，例如通常在二十国集团峰会外围进行的金砖国家领导人会晤。

由于缺乏经济和金融领域的专业知识，其内部也没有一个专职负责国际经济事务的部门，进入21世纪以来，传统上主要负责政治和安全事务的外交部在经济外交领域逐渐被央行和财政部所边缘化。经过多年酝酿，外交部于2012年10月成立了国际经济司，以增强自身在国际经济方面的专业知识，加强外交部在国际经济事务中的作用。二十国集团峰会是一个重要的外交舞台，外交部当然是协调参与高级官员外交活动的负责部门。随着国际经济司的成立，以及中国自2008年以来参与二十国集团领导人峰会，外交部更多地卷入了对外经济事务的决策。与其他二十国集团成员国如加拿大类似，外交部一位副部长被指定为中国二十国集团协调人。

在中国各部委分散化的经济决策程序中，协调各部委之间的政策分歧变得非常重要。通常来说，在出席二十国集团峰会或是其他国际经济会议之前，所有相关部委都参与准备会，协调各个部委之间的政策和立场。有些情况下，准备会颇有成效。例如，二十国集团多伦多峰会之前一周，央行宣布重启人民币汇率形成机制改革，而财政部以及国家税务总局联合宣布了取消460多个种类的商品出口退税。这两个举动都是为了减轻中国在多伦多峰会上在人民币汇率问题上可能面临的压力。这两个有力的政策调整帮助缓和了人民币汇率政策面临的外部压力。

尽管有上面这种有效协调的例子，但就参与二十国集团峰会以及其他国际经济论坛的中国各部委间的政策调整来说，还有很多需要改进的地方。事实上，不同部门间缺乏有效的政策沟通是中国参与国际谈判、维护国家利益方面的一大障碍。① 造成这种缺乏有效沟通的主要原因是部门利益保护以及信息沟通不畅。中国需要改善参与二十国集团峰会过程中的会前协调和会后评估机制，其中值得注意的几个问题包括：

第一，目前决策结构下，中国的二十国集团协调人轨道和财金轨道之间缺乏及时的信息交流和沟通协调。协调人轨道负责制定和协调中国每一届峰会的政治参与，包括议程设置和最后峰会公报的最后拟定等重要的工作。协调人轨道也负责中国参与所有非金融事务，如发展议题、能源议题以及贸易议题等的政策设计和执行。而财金轨道则负责二十国集团的核心议题如国际金融货币体系监管与改革，宏观经济政策协调等。两个轨道平行举行各自的准备会议，最后两个轨道会进行联席会议，在峰会召开之前敲定领导人在峰会的最终发言稿。目前存在的问题是，协调人轨道与财金轨道的其他官员之间缺乏足够的沟通，财金轨道的官员对于协调人轨道会议的情况和细节经常并不清楚，这对中国在二十国峰会上的表现是一种掣肘。② 中国需要加强协调人轨道和财金轨道之间及时、充分的交流、沟通和协作。

第二，另外一些部委没有全面参与到二十国集团议题的相关讨论中。发改委和另外一些非主要相关部门也应该更多参与到二十国集团事务中。有些学者认为由于被排除在核心议程之外，这些部门可能会感到沮丧，由此对二十国集团所达成共识的落实也没有那么热心。③

第三，国务院以及中央委员会一级的高层次、跨部门的协调机制并没有起到它们应该起到的作用。这两个协调机制更多是从相关部门收集信息，而没有对主要的政策建议进行分析并作出关键性的决策。尽管这种机制性的安排对减少部门间的冲突有帮助，但付出的代价却是战略性决策的缺失。这方面最有力的例子就是 2010 年首尔峰会时中国应对美国财长盖特纳提出的建议时决策的进退失据。各个强势部委立场和利益

---

① 何帆：《中国是否要加入七国集团》，《国际经济评论》2004 年第 5 期，第 13—16 页。

② 郭学军：《第一章：导言》。

③ 郭学军：《第一章：导言》；金中夏：《中国参与 G20 的战略选择》，《21 世纪经济报道》2013 年 8 月 26 日，参见：http：//www.cf40.org.cn/plus/view.php？aid=7855。

的强烈冲突，加之缺乏有效的协调机制导致了这一结局。这不利于中国在峰会上在全球不平衡和汇率问题上为自己辩护，也最终使得中国在首尔峰会上难以避免遭到美国为首的外部更大的批评和压力。①

结论　中国参与二十国集团峰会的成就和存在的问题

首先也是最为重要的是，通过参与二十国集团峰会，中国进入了全球经济治理的中心舞台。事实证明，二十国集团领导人峰会是中国参与全球经济治理并向国际社会表明自己是一个负责任大国的非常好的平台。中国抓住了全球金融危机带来的这个难得的机会，进入了全球经济治理体系的核心位置，而此前中国是被一直排除在此之外的。对于中国政府以及其政治精英来说，这是一个重大的成就。

在2008—2009年的全球金融危机期间，中国采取了非常积极和合作的态度，加入了美国和国际货币基金组织呼吁和协调二十国集团成员参与的全球经济刺激计划。这代表着中国参与国际经济事务并在其中发挥作用的最高峰。而在2010—2011年，随着金融危机的退潮，二十国集团的关注重点转向寻求世界经济面临的深层次的结构性问题，即巨大的国内和国际宏观经济不平衡问题。中国很快发现自己面临着来自美国为首的其他一些二十国集团成员国的压力，要求中国在人民币汇率问题上采取更大的市场化改革步伐，并采取措施提高消费在中国GDP中所占的比重。中国往往在二十国集团峰会到来之前采取一些及时的改革措施，展现出引人注目的敏锐和聪明，以缓和美国为首的其他西方国家对其相关经济政策的持续批评。从2011年到2012年，中国谨慎应对并小心翼翼地对欧洲债务危机作出自己的回应。中国最终决定增资国际货币基金组织，增加其额外的危机应对能力，成为各国为国际货币基金组织增资4600亿美元中的一部分，这使得中国在国际货币体系中的作用明显增强。值得注意的是，美国这个金融大国以及加拿大并没有承诺参与这次全球增资国际货币基金组织，这预示着全球金融领导权可能的一种

---

① 金中夏：《中国参与 G20 的战略选择》。

演进。在二十国集团峰会上，中国继续提出自己一贯的建议，以促进"强劲、可持续的平衡增长"，并继续呼吁推动国际金融体系改革，增加发展中国家在国际货币基金组织和世界银行的份额和投票权。总的来看，通过参与二十国集团峰会，中国在多个方面取得了成就。

第二，通过二十国集团这个平台，中国作为主要的经济大国的地位得到了承认和重视。套用中国外交中常用的话语来说，就是中国的国际地位得到了很大的提升。[①] 例如，胡锦涛主席在 2008 年华盛顿峰会上对于改革国际金融体系的建议中，包括"完善国际监管体系""建立评级机构行为准则"等都在该届峰会公报中得到了体现。这在中国的政治精英看来，是中国影响力得到提升的具体体现。国际社会的认可和承认对于他们来说非常重要，因为这是中国作为国际社会中一个负责任和受尊敬的大国，构成中国政府统治合法性的一个重要来源。对于其政府执政的功效和表现，中国领导人对来自"人民的评价"较为敏感，其在国际上取得的成就往往能够在国内构建非常有利的公众舆论评价。[②]

第三，中国大大增加了自身在全球经济治理中的体制性影响力。中国加入了几个国际金融标准制定机构，中国公民也开始在国际货币基金组织和世界银行担任高级别官员。尽管奥巴马政府在推动美国国会通过 2010 年国际货币基金组织治理改革方面一直无所作为，中国仍然将此项改革视为一项重要的成就，也一直非常努力持续推动此项改革的实现，延续着中国自加入二十国集团以来努力增加发展中国家在国际经济治理中的份额和话语权的目标。[③]

---

① Yong Deng, "Better Than Power: 'International Status' in Chinese Foreign Policy", In *China Rising: Power and Motivation in Chinese Foreign Policy*, edited by Yong Deng and Fei-Ling Wang, Maryland: The Rowman & Littlefield Publishing Group, Inc. 2005.

② 例如，习近平主席在 2013 年 6 月举行的党的群众路线教育实践活动工作会议上讲道："人心向背关系党的生死存亡"。参见：http://news.xinhuanet.com/politics/2013 - 06/18/c_116194026.htm；也可参见：SimonDenyer, "In China, Communist Party Takes Unprecedented Step: It is Listening." *The Washington Post*, August 2, 2013. www.washingtonpost.com/world/in-china-government-mines-public-opinion/2013/08/02/33358026-f2b5-11e2-ae43-b31dc363c3bf_ story.html。

③ 李本：《中国 IMF 份额缘何能跃居全球第三》，《瞭望东方周刊》2010 年第 46 期，参见：http://news.sina.com.cn/c/sd/2010 - 11 - 15/182821475086.shtml。

　　许多中国学者认为，中国在二十国集团峰会上的主要不足在于，中国对这个首要的全球经济治理论坛的议程设置的影响力不足，而且也缺乏一个与其他二十国集团成员国交往的战略框架。在二十国集团舞台上，中国给人的印象是一直在跟随并对发达国家的议程倡议作出被动反应，而不是主动推动自己希望的议程。① 尽管中国在二十国集团峰会上也取得了些引人注目的成就，但自从 2010 年首尔峰会以来，中国就一直未能将议程从全球外部不平衡上转移开，而在这个中心议程上饱受批评。中国官员在 2010 年的两次峰会上也未能"发号施令"，引导议程，而是采取了"等等看"的态度。② 2013 年的圣彼得堡峰会再次证明发达国家还是有能力在主要议程设置方面占据主动。对于中国来说，该次峰会上一个积极的变化是再次开始采取一些主动的做法，提出并倡导构建一个开放的全球市场，以及采取负责任的国内经济政策的建议。中国也摆脱了长久以来外部对其在全球不平衡问题上的批评，这使得中国能够较为谨慎地开始在二十国集团采取更为进取的态度。

　　中国学者认为西方国家在应对全球经济治理问题的话语权上占据主导地位，通常来说西方国家的经济学家和财金官员也更为熟悉全球经济金融体制的规则和运作，也通常具备更多的专业才能和知识。这两个因素决定了中国在全球经济治理议程设置方面的表现不如西方国家。此外，美国为首的西方国家的金融实力仍然比中国强大很多，在国际金融规则制定和国际金融机构中也占据更多重要的位置，在许多金融问题上他们的官员和学者也掌握更多话语权，其看法也更具权威性。③ 更糟糕的是，中国对其在全球金融治理中的作用缺乏一个战略观，在二十国集团较多地表现为过于关注短期内中国所获取的成就和利益，为中国的政策辩护。中国二十国集团峰会上一直清楚而且持续地表达自己的看法和建议的唯一议题就是布雷顿森林体系的治理改革。这充分显示，中国参与二十国集团的指导方针就是只关注对其

---

① 郭学军：《第一章：导言》。

② Mark Mackinnon, "What China Wants from the G20", *The Global and Mail*, June 7, 2010. www. theglobeandmail. com/news/world/what-china-wants-from-the-g20/article1372874/.

③ 黎杰生、洪小芝：《新型全球治理模式下的中国选择》；李巍：《中国金融崛起的国际环境与战略应对》。

国家利益至关重要的议题。中国学者经常谈论要提高中国在国际经济治理中的议程设置能力，这需要中国在全球治理中真正持有一种全球观念，努力将中国自身的利益与其他国家的利益结合到一起，构建利益共同体，而不能只关注本国的利益。① 总之，如果缺乏主动设置国际经济治理议程的能力，那么中国将在全球经济治理中只能是处于被动位置的大国，而不是领导者。

中国政府内部不同部门之间，以及财金轨道和协调人轨道之间沟通和协调的欠缺，是中国参与二十国集团峰会的最大不足。一个可能的解决途径是创立由国务院或者中央委员会直接领导下的跨部门、高级别而且是有效率的和专门的协调机制。这将有助于各部门明确各自的主要职责和所能起到的作用。此外，还应该创建中国参与二十国集团的评估机制。对于中国在参与二十国集团峰会需要有一个战略性的中期评估，明确中国的国家利益所在，确保各部门利益不至于影响到国家利益的总体目标。每年还应该进行年度评估，总结主要成就和找出主要不足之处。通过制定并执行这样一些措施，中国应该能够提高其参与二十国集团的成效，确保所承诺的政策与其国家战略中长期目标能够统一。

2014 年 11 月在澳大利亚举行的二十国集团布里斯班峰会宣布中国将主办 2016 年的峰会。此举反映了国际上对中国这个世界第二大经济体在全球经济治理中发挥更大作用的期待，以及国内对中国主办二十国集团峰会的愿望。自 2013 年习近平担任国家主席以来，中国开始执行更为进取的外交政策，也更为活跃地参与到国际经济合作中来，这为中国更加积极地参与并主办二十国集团峰会提供了非常有利的政策环境。在 2008 年全球金融危机爆发几年之后，全球经济增长仍然乏力，国际金融市场充满了不确定性，在这样一种环境下，中国被寄予更大的期待，通过主办二十国集团峰会来加强全球经济治理，促进全球经济增长。

中国对参与和主办二十国集团峰会的理念和实践与其国内的经济发

---

① 苏长河：《中国与全球治理——进程，行为，结构与知识》，《国际政治研究》2011 年第 1 期；蔡拓：《中国如何参与全球治理》，《国际观察》2014 年第 1 期；陈伟光：《全球治理与全球经济治理：若干问题的思考》，《教学与研究》2014 年第 2 期。

展议程亦紧密相关。对中国来说，二十国集团杭州峰会将是推行中国在全球经济治理方面的理念和建议的最好机会和最佳平台，并将由此推动全球经济增长。这样看来，中国领导人表现出了对当今高度融合的全球经济的理解。中国作为其中的一个不可分割的组成部分，其经济增长以及全球治理的建议和理念将对全球经济治理和全球经济增长作出贡献，也将从全球经济治理和经济增长中获得好处。

第二章　中国在二十国集团的目标：
期望、战略与议程

导　言

中国在二十国集团的目标与期望

作为目前中国能够作为主要参与大国发挥作用的唯一一个全球性的经济治理舞台，G20 为中国提供了提高在国际机制中的威信和提升在全球经济治理中影响力的良好机会。G20 也将为中国与其他大国发展良好合作关系提供便利，使中国能够更好地利用国际市场的力量推动国内的经济发展。[①] G20 也为国内主张进一步市场化改革的精英们提供一个可资利用的重要外部压力来源，推动国内改革议程。此外，G20 是提供给中国各精英阶层进行合作的一个有价值的机制，因为中国的精英和领导都非常重视提升中国在国际舞台上的地位。通过积极参与国际经济治理，中国能够发挥一个负责任大国的作用。

中国将继续支持 G20 作为首要的国际经济合作论坛的地位。在 2010 年至 2011 年的几次峰会上，为了应对来自外部的压力和困难，中国展现出了敏锐的外交腾挪能力。虽然中国在人民币汇率政策上坚持自己的改革节奏和路线的做法被某些西方政策观察家视为"固执"，[②] 但中国将会继续坚持自己在全球不平衡问题和宏观经济政策协调上的看法，同时继续推动国际货币基金组织和世界银行的治理改革。

---

① 郭学军，《第一章：导言》。

② Munk School of Global Affairs，"The G20 in Paris：Une Petite Reussite"，February 22，2011. http：//munkschool. utoronto. ca/blindspot/the-g20-in-paris-une-petite-reussite/.

关于全球金融危机以及全球不平衡问题的根源，中国分析家们有自己的看法和共识，他们将其更多地归结于国际货币体系中根深蒂固的权力不平衡问题，① 来自中国的分析家们普遍认为，以美元为基础的国际货币体系和西方国家主导的国际货币基金组织是导致全球不稳定的更重要的原因。他们主张对现存体系进行温和的，但更实际的改革，强调全球化带来的经济相互依存的重要性。在全球经济不平衡问题上，他们坚持认为中国应该进行自身的结构调整，改变过度依赖出口和国外直接投资推动的增长模式。有学者认为，这些政策建议虽为中国的决策者认真考虑，但要真正落实则需要克服很多的来自于政治上的困难和挑战。②

中国共产党第十八次代表大会报告表明了中国对于 G20 舞台的重视。该报告于 2012 年 11 月 8 日发布，提出中国要通过 G20 等平台积极参与全球治理。报告具体措辞是"以更加积极的姿态参与国际事务，发挥负责任大国作用"，"将积极参与多边事务，支持联合国、二十国集团、上海合作组织、金砖国家等发挥积极作用"。这是中国首次在官方文件中公开表示要积极参与全球治理。③

2013 年的圣彼得堡峰会是习近平主席上任以来首次出席的 G20 峰会。习近平主席在该届峰会上的讲话表明，中国的目标仍然是致力于推动"公平、公正、包容、有序"的国际金融新秩序。抽象来讲，这正是中国参加 G20 一直以来的指导方针；具体来说，中国认为 G20 应该继续专注于全球经济和金融问题的关键领域，而不应该被牵引着去关注安全问题。中国在 G20 峰会上的主张和建议也一直围绕以下几个方面，包括宏观经济政策协调，金融监管改革，国际金融体系货币改革，贸易，发展等，并特别强调增加新兴经济体在国际金融机构中的代表权。④

---

① Yong Wang，"Seeking a Balanced Approach on the Global Economic Rebalancing：China's Answers to International Policy Cooperation"，*Oxford Review of Economic Policy* 28（3）：569－86.

② Ibid.

③ 《中国共产党第十八次代表大会报告全文》（英文），参见：http：//news. xinhuanet. com/english/special/18cpcnc/2012－11/17/c_131981259. htm。

④ 参见《习近平在二十国集团领导人第八次峰会第一阶段会议上的发言》，新华网，2013 年 9 月 6 日，http：//news. xinhuanet. com/politics/2013－09/06/c_117249618. htm；《胡锦涛在二十国集团领导人第七次峰会上的讲话》，新华网，2012 年 6 月 19 日，http：//news. xinhuanet. com/world/2012－06/19/c_112248588. htm。

　　维持 G20 作为全球经济治理的首要论坛符合中国的利益，为此，中国需要确保 G20 在全球经济治理中的重要性，而不是演变成为一个多边外交的"清谈馆"。而且，中国主张安全和政治议题应该留给联合国来处理。有中国学者因此建议，G20 应该与联合国分工负责，中国可以推动 G20 作为全球经济事务的永久机制，而联合国负责全球安全和政治事务。① 中国领导人也从来没有表示过将 G20 扩充到包括安全和政治事务的兴趣，中国官员和媒体也都主张 G20 应该专注于全球经济治理，而不包括政治和安全事务。② 例如，2012 年洛斯卡莫斯峰会前一周，时任外交部副部长的崔天凯曾经表示：G20 峰会不是讨论叙利亚问题的合适场合，因为"G20 是全球经济治理的平台，到目前为止我们没有看到政治和安全议题出现在峰会的议程上"。③ 总之，中国反对在 G20 讨论例如像叙利亚危机之类的政治和安全议题，担心如果 G20 的核心议题被冲淡或者其主题完全被政治和安全议题主导的话，该机制会失去其应该有的效能，变得更没效率。

　　在 G20 中，中国需要努力参与，成为重要的、平等的和受人尊重的合作伙伴，而不是去寻求作为该机制的领导者。这符合中国在国际社会中的定位以及当前的地位。美国和其他西方国家仍然占据着大多数的系统重要性金融机构，中国应该根据这一现实情况来制定相应的政策。然而，中国在 G20 中平等而受人尊重的这一中心战略目标，正在受到来自越来越多的国内和国外挑战。

中国应该在二十国集团扮演领导角色吗？

　　到 2013 年底，中国已经参加了之前举办的全部八次 G20 领导人峰会，对自己在 G20 扮演的角色需要有一个更为清晰的定位。很大程

---

　　① 中国 2020 课题组：《2020：中国在世界的定位》，《国际经济评论》2013 年第 3 期。

　　② Associated Press, "Syria Should Not Be on Agenda at G20, Says Chinese Official", *The Independent*, June 11, 2012. www. independent. co. uk/news/world/politics/syria-should-not-be-on-agenda-at-g20-says--chinese-official-7835550. html；金旼旼、谢鹏、韩墨：《G20 圣彼得堡峰会的正轨》，新华网，2013 年 9 月 6 日，http://news. xinhuanet. com/world/2013 – 09/06/c _ 117258879. htm。

　　③ Teddy Ng, "'Financial Crisis, Not Syria' on G20 Agenda", *South China Morning Post*, June 12, 2012. www. scmp. com/article/1003686/financial-crisis-not-syria-g20-agenda。

度上，中国处于界定未来如何参与 G20 的十字路口上，这个决策将对未来的中国外交产生持续的影响。一方面，如有些学者所言，中国其实已经在 G20 发挥着关键的作用，扮演着沟通发达国家和发展中国家之间桥梁的角色。例如，分别通过中美战略与经济对话和金砖国家会议，在美国和金砖国家之间保持着良好沟通。① 另一方面，确实有更多声音表示，中国本身面临着很多内部问题，中国还不应该在 G20 扮演领导角色，而且，中国对于在 G20 舞台上扮演这种角色抱有很强的戒备之心。

自 2011 年以来，有部分国外学者认为中国应该在 G20 发挥领导作用。来自印度、韩国、墨西哥、土耳其、法国以及俄罗斯的学者在 2011 年的一次关于 G20 学术会议上建议中国应该代表新兴经济体发声。② 加拿大学者巴里·卡林（Barry Carin）认为，如果没有中国的领导，G20 将走向边缘化。因为美国由于国内政治僵局已经失去推动 G20 发展的能力，欧洲则由于债务危机而自顾不暇，G20 的发展已经失去势头，G20 的重要性成疑。③ 在考虑中国是否能够在 G20 发挥领导作用的问题时，有一个特点必须要注意，那就是国内外分析者对于这个问题的看法有着很大差别。自 2008 年以来，中国专家更强调中国内部面临的问题，而这些问题限制着中国在 G20 发挥更大的作用。

第一，这些学者认为，尽管中国经济发展迅速，已经是世界第二大经济体，但并没有改变中国仍然是一个低收入的发展中国家的事实。中国领导人和公众也都认为中国还没有准备好在国际舞台上发挥领导作用。因为比起发达国家来，中国无论在技术、金融还是管理上都存在很多弱点。中国经济飞速发展的同时，伴随而来的是很多的社会问题以及

---

① 《金中夏、陈凤英解读二十国集团领导人第八次峰会亮点》，人民网聊天实录，http：//live. people. com. cn/bbs/note. php？ id = 57130904124705_ ctdzb_ 062。

② 《国际智库建议中国在 G20 发挥领导作用》，环球网，2013 年 9 月 3 日，http：//worl d. huanqiu. com/exclusive/2013 – 09/4317903. html。

③ Barry Carin, "China and the G20", In *China and the G20：The Interplay Between an Emerging Power and an Emerging Institution*, edited by Catrina Schlager and Dongxiao Chen, 3 – 17. Shanghai：Shanghai People's Publishing House, 2014. http：//library. fes. de/pdf-files/bueros/china/11434. pdf.

经济发展不平衡和贫富差距等问题。① 中国很自豪自己是一个贸易大国，但同时也明确了解自身在国际金融领域处于一个相对较弱的位置。对于国际金融机构的治理等问题仍然并不熟悉，还不足以引导全球治理走出一条新的路径。中国自身也还对其在 G20 上发挥领导作用不是非常自信。直到 2014 年，中国还在试图降低一则关于中国实力报道的影响。该报道称，根据世界银行的预测，按照购买力平价计算，到 2014年底，中国已经超过美国成为世界第一大经济体。②

第二，担心在 G20 平台上的承诺会损害国内经济政策的自主性，也是中国对于在此舞台上扮演领导角色不太积极的一个原因。中国的担忧体现在 2009 年对待 G20 相互评估程序（MAP）的态度。当时中国认为这个机制应该是一个协商性质的，但其他国家认为这应该是含有强制力的机制，以便能够进行更好的政策协调。③ 鉴于过去多年来中国在国际经济组织中履行承诺的较好纪录，中国对待自己作出的承诺还是看得比较重，一旦承诺，将全力去履行。④ 因此，可以理解中国在 G20 相互评估程序上的谨慎态度。

第三，中国国内有很强的声音，包括一些高级官员和资深评论员的声音，认为中国不应该去承担超出自身能力之外的责任和义务，以免承担过高的代价和风险。他们对美国和其他西方国家的意图表示怀疑，认为西方国家希望中国在 G20 承担领导作用背后可能是不怀好意的。例如，在改革国际金融体系的问题上，部分中国学者和官员认为，西方国家当初作出的承诺是因为全球金融危机带来了压力，而此后改革的拖延则是因为危机最困难的阶段已经过去，它们

---

① Wang, Yong, "China in the G20: A Balancer and a Responsible Contributor", *East Asia Forum*, October 31, 2011. www. eastasiaforum. org/2011/10/31/ china-in-the-g20-a-balancer-and-a-responsiblecontributor/.

② Jamil Anderlini and David Pilling, "China Tried to Undermine Economic Report Showing its Ascendancy", *Financial Times*, May 1, 2014. www. ft. com/intl/cms/s/0/c9b971a2 – d111 – 11e3 – 9f90 – 00144feabdc0. html? siteedition = intl#axzz30OejFMIX.

③ Dongxiao Chen, "China's Perspective on Global Governance and G20", *China-US Focus*, February 16, 2011. www. chinausfocus. com/political-socialdevelopment/china% E2% 80% 99s-perspective-onglobal-governance-and-g20/.

④ Alastair Iain Johnston, "Is China a Status Quo Power?" *International Security*. 27 (4): 5 – 56. 2003.

有砝码不去兑现这些承诺。这些说法通常都建立在阴谋论的基础之上。近些年来，"中国责任论"在国内学术圈中颇为流行。这种理论认为，美国为首的西方国家希望中国承担过多、过重的责任，从而达到阻碍中国崛起的目的。同理，西方国家希望中国在 G20 上发挥领导作用多半也是出自同样目的，利用这种美好的前景来诱惑中国承担更多的责任。

根据中国学者的阐释和媒体的报道，这些责任包括敦促中国开放资本账户，实行完全市场化的汇率制度，减少大规模的贸易顺差，减少碳排放，将经济增长方式从投资和出口为主转向主要依靠国内消费推动，降低储蓄率，等等。① 尽管其实这些"责任"长期来看，都是符合中国利益的发展目标，但在现阶段，它们大部分还是在中国国内被认为是西方试图用国际规范来增加中国发展成本进而遏制中国发展的做法。这种理论的一个合理的推导是，中国应该对此保持警惕，不应该去承担过多潜在的责任。② 当然，也有学者，例如来自清华大学的孙哲教授和中国人民大学的金灿荣教授，对"中国责任论"持有更为温和的看法并作出了不同的解释。他们认为西方国家的外交政策并不是由于某些不良动机所推动进行的，而只是试图按照它们自身的形象来塑造中国，力图劝说中国遵循战后建立起来的国际经济规则行事。③ 这些学者认为，从积极的方面看，中国责任论至少表明，美国和其他西方国家展现出试图寻求与中国合作的意愿。④ 然而，一些现任或是前任高级政府官员的表态则表明，"中国责任论"在国内确实还是有着很大的市场和影响的。商务部国际贸易经济合作研究院的负责人曾警告对于中国可能承担的"过多的责任"需要保持警惕。他认为"中国责任论"其实是在"捧

---

① 张明之：《从"中国威胁论"到"中国责任论"：西方冷战思维定式下的中国发展安全》，《中国外交》2012 年第 3 期。周小苑：《中国挑不动全球复苏"千斤担"》，《人民日报海外版》2013 年 7 月 20 日，http://paper.people.com.cn/rmrbhwb/html/2013 - 07/20/content_1271116.htm。

② 龚雯：《警惕"中国经济责任论"——访商务部国际贸易经济合作研究院院长霍建国》，《人民日报》，2010 年 7 月 27 日，http://finance.people.com.cn/GB/12255645.html。

③ 周小苑：《中国挑不动全球复苏"千斤担"》。

④ 金灿荣：《从"中国威胁论"到"中国责任论"中国如何应对》，中国网，2019 年 8 月 23 日，www.china.com.cn/military/txt/2010 - 08/23/content_20767934.htm。

杀"中国。① 现任中国驻美大使崔天凯曾经回应了这种说法。在 G20 洛斯卡莫斯峰会上他曾对中国媒体谈到，中国不应该承担超出自己能力范围之外过多的国际责任。②

第四，有些中国学者认为中国在国际事务中还是缺乏一种"全球观"。③ 中国一向坚持独立自主的外交政策原则。中国还处在熟悉在国际上进行多边外交的阶段，在多边舞台上处理外交事务时，还是更容易从更为狭隘的国家利益视角去考虑问题，而对全球治理体系中其他成员的利益和关切考虑不够。虽然自 2008 年加入 G20 领导人峰会以来，中国已经作出很大改变去适应多边外交的需求。例如，在 2011 年的戛纳峰会上，面临外部的巨大压力，中国作出了将进一步推动市场化的汇率改革，建立弹性的汇率体系的承诺。但实际上，这个举动更多的是来自国内经济发展方面的考虑。中国不可能因为外部的压力就推行某项不符合其国家利益的政策。换句话说，中国在是否推动进一步改革以建立更具弹性的汇率制时，更多考虑的是国内的经济状况而不是国际责任。中国认为自己的决策是有合理根据的，即便这些政策并没有与所谓的保持全球经济平衡的利益相协调。那么，中国应该如何在 G20 舞台上平衡追求国家利益和履行国际责任两项诉求，特别是在两者存在冲突之时？如果中国希望在 G20 上采取更为积极的态度，发挥领导者的作用，中国需要更多的外交艺术来处理国际货币相关的棘手事务。同样重要的是，中国需要发展出一种观念，即采取多边外交手段能够管控风险，能够推动经济全球化带给国际社会的巨大益处得到实现。

从过去十几年中国对外经济政策的风格和特征来看，中国不大可能很快进行大的外交转型、在 G20 等国际舞台上采取更为进取的立场，承担领导角色，而是会保持现有的立场——继续积极参与全球事务，但

---

① 龚雯：《警惕"中国经济责任论"——访商务部国际贸易经济合作研究院院长霍建国》。

② Deutsche Presse-Agentur, "China Hesitant about Greater Global Role", *Qatar Tribune*, June 19, 2012. www. qatar-tribune. com/data/20120619/content. asp? section = Business3_ 1.

③ Minjiang Li, "Rising from Within: China's Search for a Multilateral World and Its Implications for Sino-U. S. Relations", RSIS Working Paper, March 25, 2011. www. rsis. edu. sg/publications/WorkingPapers/ WP225. pdf.

避免去承担超出中国作为一个发展中国家能力之外的责任，避免采取一些可能会伤害中国国家利益的倡议和计划，但同时会追求作为一个负责任大国的形象。① 这与十八大报告主张的"中国将会积极参与二十国集团和其他国际机制"的精神是一致的。

简单来说，中国依然聚焦于解决国内的经济发展问题，并不想因为加入 G20 而使自己在政策上的选择空间受到约束。对于在 G20 发挥领导作用仍然持有一种较为警觉的态度，担心因此不得不承担超出中国能力范围之外的责任，从而陷入西方国家设下的"陷阱"。鉴于中国参与多边外交的历史也还比较短暂，比起美国等西方发达国家，其在设置国际经济议程的能力和意愿，创造利益共同体以及在国际经济金融机构中发挥领导作用等方面，差距还是比较大的。

然而，国内学术圈也有更多积极的声音表示，中国在国际经济事务中发挥领导作用已经是不可避免的了。他们认为，全球金融危机以及欧元区危机为中国提供了一个在全球经济治理中发挥更为积极作用的历史性机会。② 有学者认为，其实从许多方面来讲，中国已经在发挥一种建设性的大国作用，并在 G20 提出了创造性的建议。③ 还有的学者认为，领导权对一国在全球经济治理中的地位至关重要，中国的经济实力决定中国应该在国际经济治理中发挥领导作用。他们认为西方国家对金融危机应对不力，中国应该抓住机会，利用主办 2016 年 G20 峰会的机会，在国际经济事务中发挥领导作用。④

另外一些学者则认为，随着中国经济发展，到 2020 年其 GDP 即将超过美国，届时全球第一的经济体已经无法再逃避其在全球经济中承担起更大的责任，扮演领导角色。从保护快速增长的海外利益的角度出发，中国也必须要在全球经济事务中发挥更为积极的作用。他们进一步认为，中国应该推动 G20 成为一个正式的国际经济治理机构，管理世

① Minjiang Li, "Rising from Within: China's Search for a Multilateral World and Its Implications for Sino-U. S. Relations", RSIS Working Paper, March 25, 2011. www. rsis. edu. sg/publications/WorkingPapers/ WP225. pdf.

② 庞中英、王瑞平：《全球治理：中国的战略应对》，《国际问题研究》2013 年第 4 期。

③ 《金中夏、陈凤英解读二十国集团领导人第八次峰会亮点》，人民网聊天实录。

④ 庞中英、王瑞平：《全球治理：中国的战略应对》。

界经济事务，而不是目前的论坛性质的平台。① 目前 G20 处在决定其改革方向的十字路口，这为中国提供了一个黄金机会来领导这个全球治理机制。未来中国更加积极地参与 G20 并发挥领导作用，将会促使中国在全球范围内更加重视多边外交，投入更多资源。中国主办 2016 年 G20 峰会将是对中国国际经济领导作用的一个很大的促进。

最终，中国是否能够在 G20 平台上扮演起全球经济管理的领导角色，取决于国内对中国未来在国际上定位的辩论。自从 20 世纪 70 年代末期实行改革开放政策以来，中国对外政策的最高目标就一直是为国内经济和社会发展塑造一个良好的国际环境。最近几年，这个提法发展成为"保护国家核心利益"以及"中华民族的伟大复兴"的概念，并坚持可持续发展是中国根本的利益所在。② 因此，中国对 G20 的参与程度就取决于这个论坛是否能够为作为一个发展中国家的中国的国家利益提供最好的服务。中国还将会坚持自己发展中国家的定位，这是毫无疑问的。但是，积极参与全球经济治理也在国内逐渐发展成为一种共识。这种共识要求中国在全球经济治理中发挥一种积极、活跃的作用，而不是采取被动应对的态度。当然，中国未来在 G20 的领导作用也将取决于其采取的战略，特别是怎么理解和处理在此问题上与美国的关系。

中国的二十国集团战略

中国共产党的十八大报告提出中国要积极参与 G20，但并没有具体阐释中国将要在这个论坛上发挥领导作用。通过多年参加 G20 积累的外交经验和教训，中国从中总结出几个参与 G20 的策略和战略。通过对中国政府官员发表的公开文件和学者相关学术作品的回顾和评估，本章总结了 2014 年布里斯班宣布中国将主办 G20 峰会之前中国在 G20 的主要战略，包括以下五个方面。

---

① 中国 2020 课题组：《2020：中国在世界的定位》。

② Information Office of the State Council, People's Republic of China, "China's Peaceful Development", September 6, 2011. http：//news. xinhuanet. com/english2010/china/2011 – 09/06/c＿131102329. htm.

积极参与，但避免挑战美国

中国共产党第十八次代表大会为中国定下了"积极参与多边事务"的基本调子。根据此精神，央行将其 2014 年参与国际金融合作的战略描述为"深入参与国际经济金融政策协调和规则制定，增强我国的国际地位和话语权"。①

那么在 G20，十八大报告提出的"积极参与多边事务"意味着什么呢？根据习近平主席在 2013 年 G20 圣彼得堡峰会上的发言，可以理解为中国要努力发挥一种适度的领导作用。习近平在 2013 年 G20 的讲话重点突出了中国构建一个开放的世界经济的主张；各国采取负责任的宏观经济政策，加强政策沟通与协调；反对各种形式的保护主义，维护自由、开放、非歧视的多边贸易体制。② "开放的世界经济"是此届峰会中国提出的新主张，预示着中国重新开始在 G20 峰会上持一种积极进取的态度。这个建议声明明显是针对 2013 年以来全球经济持续疲软导致的新一轮贸易保护主义。中国与世界上其他发展中国家一道，共同谴责了贸易保护主义政策，也使得中国能够占据道德高点。

G20 为中国与美国及其他大国以避免直接对抗的方式就双边关系进行协调、谈判和合作，提供了一个极好的舞台。中国从 G20 这个论坛获益不少，它是一个审慎的论坛，寻求大国间的合作而不是对抗，符合中国外交中关于推进大国合作、增进友好关系的原则。而且，中国的目标并不是寻求全面改革国际金融体系，而是希望能够成为其中平等的一员并进一步融入其中。中国推动 IMF 份额和治理改革以及人民币进入 SDR 的浓厚兴趣，表明中国并不寻求构建一个新的全球治理体系，而是全面参与现存的体系。③

---

① 中国人民银行：《深入贯彻落实党的十八届三中全会精神奋力开创中央银行工作新局面——2014 年人民银行工作会议在京召开》，2014 年 1 月 10 日，http：//www. pbc. gov. cn/goutongjiaoliu/113456/113469/2804960/index. html。

② 《习近平主席在 2013 年 G20 圣彼得堡峰会上的发言》，英文版参见：http：//www. fmprc. gov. cn/mfa_ eng/wjdt_ 665385/zyjh_ 665391/t1074372. shtml；中文版参见：ht-tp：//news. xinhuanet. com/world/2013 – 09/06/c_ 117249662. htm。

③ 庞中英：《全球治理的"新型"最为重要：新的全球治理如何可能》，《国际安全研究》2013 年第 1 期。

总体来讲，中国是目前美国领导的世界经济秩序的受益者。中国的目标是成为当前世界经济秩序的一位重要参与者，而不是寻求另起炉灶。中国对国际货币基金组织和世界银行份额和治理改革的重视，清楚地表明了这一点。而且，在 IMF 和世界银行的治理份额改革过程中，是欧洲而不是美国让出最多的份额，反对的主要力量来自欧洲国家。因此，对于 G20 中的中美关系，中国并不寻求去挑战美国的地位，而是努力寻找中美关系的"最大公约数"。① 只要能够避免在重要的议题上被孤立，避免被视为单独挑战美国的地位，特别是在美国主导的金融领域，中国积极参与 G20 就将会给中国带来很大利益。与西方普遍的看法相反，中国在 G20 的积极参与的态度并不是寻求挑战美元的霸权地位。中国积极参与 G20 事务，但也努力避免提出被认为是直接挑战美国政策的建议。一个绝好的例子是 2009 年伦敦峰会前关于中国建议用特别提款权（SDR）来取代美元作为主要的国际储备货币。

在伦敦峰会前，央行行长周小川用中英双语发表了关于用 SDR 取代美元的文章，震动了国际社会。这篇文章被解读为要求结束美元霸权地位的檄文。但就在文章发表后不久，中国外交部副部长何亚非很快出来解释称，这篇文章谈到的用 SDR 替代美元只是学术探讨，试图寻求全球金融危机的根源和解决之道，不代表中国政府的立场。② 此外，中国社会科学院世界经济与政治研究所所长、著名经济学家张宇燕也表示，用 SDR 作为国际储备货币只是一种理想情况，在中短期内实现的可能性非常小。周小川的文章只是表明中国对于美元在国际货币体系中以及应对全球金融危机中的表现不满，并非是寻求挑战美元的实际步骤。③

公平来讲，周小川的文章主要确实还是"试图寻求全球金融危机的根源和解决之道"。因为文章发表之后中国政府或央行也没有进一步的跟进行动和措施来实施此建议。而且大部分中国学者也都基本上认为周行长的建议在短期或者中期来讲都不具操作性，它瞄准的是远期目标。因此将其定义为"学术讨论"倒也合乎实际情况。中国外交部的

---

① 中国 2020 课题组：《2020：中国在世界的定位》。

② "China Reassures on Dollar Debate before G8", *China Daily*, July 6, 2009.

③ 谭喆：《张宇燕：G20 是世界与中国的转折点》，《中国社会科学院报》2009 年 4 月 16 日。

高级官员很快出来澄清中国政府在此问题上的主张也表明中国政府确实并不想其立场被误解。周小川的文章表明了中国对美元主导的国际货币体系日益增长的不满，特别是当前体系下频繁发生的金融危机的背景下，但并不能因此理解成为中国正在采取实际步骤来挑战美元霸权。

自从改革开放以来，维护中美关系的稳定一直是中国外交的首要目标。直到今天，多边外交仍然并不是中国外交政策中的首要重点目标，中美关系才是。尽管参与以 G20 为代表的全球治理是十八大报告中规定的中国外交的重要目标之一，但比起其他目标来，当发生冲突时，G20 以及其他多边机制中的外交目标还是要让位于中国外交一直以来的主要目标：维护中美关系的稳定。这也可以解释为什么中国学者不建议中国挑战美元霸权以及不寻求在 G20 发挥一种积极的领导作用。[①] 中国当然希望能够在 G20 舞台上发挥日益重要的作用，但取得这种地位的最好方式应该是加强与美国的合作。

构建中美新型大国关系，塑造以合作和友好竞争为基调的两国关系的前景，将在很大程度上决定 G20 未来的发展。不同于在安全领域对奥巴马政府的"重返亚洲（亚洲再平衡）政策"强烈的颇具攻击性的反应态度，中国在全球经济治理方面表现出一种温和但稳定的态度。中国正在积极参与到多边外交中来，逐步构建对多边外交的理解和实践，同时也拒绝承担不合理的国际责任，避免与西方发达国家发生直接的冲突。在 2010 年的 G20 多伦多峰会和首尔峰会上，以及 2011 年戛纳峰会上，中国坚决维护其汇率政策，但同时也妥协和软化其立场，同意作出进一步推动"市场为基础的汇率体系"的承诺，并在多伦多峰会和首尔峰会前都采取适当措施，推动人民币升值，以避免来自美国和西方国家措辞强硬的批评。中国合作、温和的态度和政策立场表明，中美之间在 G20 建立良好的合作关系是具有很大潜力的。由中国和美国的思想库共同进行的"中美 G20 改革研究小组"在这方面作出了重要的贡献。[②] 此外，也有学者建议推动 G20"三驾马车"机制，使其演变成为

---

① 庞中英：《全球治理的"新型"最为重要：新的全球治理如何可能》；中国 2020 课题组：《2020：中国在世界的定位》。

② US-China Study Group on G20 Reform：Final Report，2012. www.stanleyfoundation.org/publications/report/USChinaGroupReport1212.pdf.

一个固定的 G20"办事处"，该处成员由部分 G20 成员国的协调人（Sherpa）组成。其中，中美两国协调人则是该处的永久成员，以期从现实政治的角度，获取两大国的支持。①

当然，维持中美关系的稳定是中国外交的首要目标并不意味着两国之间就没有冲突，相反，中国需要采取坚决但又灵活的对美政策。中国在 G20 处理与美国等大国关系的这种做法，可以用"斗而不破"来形容。事实证明，只有这样，才能处理好与美国及其他大国的关系同时又维护自身的利益。中国积极参与 G20，灵活处理多边外交，在拒绝对自己不合理的要求的同时，又能够避免直接冲突。中国在多伦多、首尔以及戛纳峰会上关于人民币汇率政策的辩护和妥协完美表现了中国的这种"斗而不破"的策略。再以中国挑战美元霸权这个例子来看，虽然没有挑战美元霸权，但中国方面还是对美元在国际货币体系中所起的作用持保留态度——要求美国采取负责任的财政和货币政策，认识到其政策给世界其他国家，特别是发展中国家带来的负面影响，采取措施推动贸易发展，反对贸易保护主义。中国的官方媒体以及评论员对美国联邦储备委员会采取的第二轮和第三轮的量化宽松政策进行的批评就是这方面的实例。例如，中国将 2010 年 11 月和 2012 年 9 月美国联邦储备委员会分别宣布的第二轮和第三轮量化宽松政策描述为"以邻为壑"和"损人不利己"，认为美国作为世界上主要的储备货币的发行者，在作出决策的时候应该采取更负责任的态度。② 中国分析家们普遍认为，正是量化宽松这项非常规的货币政策导致了全球经济发展的不稳定。③

---

① Thomas A. Bernes, "G20 Troika or L'Agencia?" Think-20 Mexico Participant Notes. 2012. www. cigionline. org/sites/default/files/shared/Think-20-Participant-Notes-March-2012-v2. pdf.

② 新华网：《美国量化宽松新政：以邻为壑的货币贬值政策》，2010 年 11 月 29 日，原载《人民日报》海外版：http://news. xinhuanet. com/fortune/2010 – 11/29/c_ 12828940. htm；《"货币民族主义"损人不利己》，《人民日报》2013 年 2 月 17 日，http：//world. people. cn/n/ 2013/0216/c1002 – 20491363. html。

③ 2010 年 11 月《人民日报海外版》曾有一个系列访谈"美国量化宽松政策害人害己"，采访了几位中国经济学家。参见田丽《滥发票子救不了美国经济（权威访谈）——专访央行货币政策委员会委员夏斌》，2010 年 11 月 25 日，第 5 版；谢天：《美元泛滥将引发全球经济风险（权威访谈）——专访银河证券首席经济学家左小蕾》，2010 年 11 月 26 日，第 5 版；田丽：《美"量化宽松"新政是以邻为壑（权威访谈）——专访中国光大集团董事长唐双宁》，2010 年 11 月 29 日，第 5 版。田丽：《美元泛滥造成大宗商品波动（权威访谈）——专访中国社科院经济研究所所长裴长洪》，2010 年 11 月 30 日，第 5 版。

与金砖国家的合作是中国参与二十国集团的基础

与发展中国家的关系一向是中国外交的基础，这个特点深刻影响着中国在 G20 的战略。中国作为最大的发展中国家，能够运用其影响力推动新兴经济体之间的合作，特别是金砖国家之间的合作，以增加发展中国家在全球经济治理中的影响力。正如习近平主席在 2013 年接受金砖国家媒体联合采访时所说，"全球经济治理体系必须反映世界经济格局的深刻变化，增加新兴市场国家和发展中国家的代表性和发言权"。①

在中国看来，2008 年全球金融危机的影响以及新兴经济体崛起使得美国和其他西方国家不得不让渡一些全球经济治理体制中的权力，但西方国家仍然在全球经济治理中占有主要地位。虽然新兴经济体影响力的上升将使得这种权力正逐渐向发展中国家转移，但这种权力的转移在短期内很难发生。如果发展中国家能够以一个声音说话，代表其共同利益，那么这种权力转移的步伐会加速。而中国与其他金砖国家之间的合作将是推动这种权力转移的重要一环。

在多样化的国家间塑造政治共识是在像 G20 这样的国际机制中制定规则的关键所在。② 中国能够在其中发挥积极作用，团结金砖国家，塑造共识。这样的话，新兴经济体能够在与美国为首的发达国家的交往中获得更大的优势和主动性，正如国际货币基金组织和世界银行治理份额改革所显示的那样。美国和其他西方发达国家已经意识到，处理国际经济治理问题需要包括新兴经济体在内的各方参与，已经无法将新兴经济体排除在外。正如全球金融危机和欧洲债务危机所显示的那样，应对全球经济中的挑战离不开新兴经济体的参与。

金砖国家间合作战略的最大障碍是这五个国家之间较大的利益分歧。现有的主要沟通交流机制主要是金砖国家峰会，以及金砖国家财长央行行长会议。前者仍然是一个论坛性质的峰会，主要是给五国间的合

---

① Ministry of Foreign Affairs of the People's Republic of China, "President Xi Jinping Gives Joint Interview to Media from BRICS Countries", March 19, 2013. www. fmprc. gov. cn/mfa_ eng/wjdt_ 665385/zyjh_ 665391/t1023070. shtml.

② Joel Wuthnow, Xin Li and Lingling Qi, "Diverse Multilateralism: Four Strategies in China's Multilateral Diplomacy", *Journal of Chinese Political Science*, July 20, 2012.

作创造共识；后者一般是在 G20 财长和央行行长会议期间举行，由金砖五国参与，并非事先精心组织的专门会议，只能算是半机制化的安排。事实上，目前金砖国家之间并没有机制化的协调机构。有中国学者建议通过日常沟通和协调，推动金砖国家机制化，推动自由贸易及投资倡议，来协调各国间的利益分歧。① 金砖银行支持下进行基础设施投资和建设就是这种共同利益的一个例子。随着金砖银行的成立并准备投入运营，以及金砖国家应急储备安排正式启动，金砖国家合作的机制化建设正在取得进展。

扮演发达国家和新兴经济体沟通的桥梁

在前两个战略维持中美关系的稳定以及发展金砖国家合作的基础上，中国在 G20 还需要第三个战略，即在 G20 的发达国家和发展中国家之间扮演沟通交流的桥梁角色。② 中国需要协调"中美关系优先"与"构建金砖国家合作基础"两个战略。

总体来看，中国仍然坚持作为一个发展中国家的定位，但同时又因为其巨大的经济规模具备发达国家经济体的某些特征，使得中国处于沟通这两类国家的合适位置。而 G20 正是中国能够发挥这种沟通作用的最好平台。正如习近平主席在 2013 年 9 月的圣彼得堡峰会上所说，"二十国集团是发达国家和发展中国家就国际经济事务进行充分协商的重要平台"。③ 中国要做的就是在其中发挥牵线搭桥的作用。这同时也呼应了中国当初选择加入 G20 而没有加入八国集团（现在是七国集团）的原因。在中国看来，七国集团是富国俱乐部，在全球范围内正日益变得缺乏足够的合法性进行全球治理事务。又因为中国对于自身发展中国家的定位，加入七国集团显然是不太合适的。中国也担心如果加入七国集团可能会受到不公平对待，被要求承担过多的责任。④ 而在 G20 的全部二十个成

---

① 庞中英、王瑞平：《全球治理：中国的战略应对》。
② 部分中国学者曾经讨论过这一点。参见《金中夏、陈凤英解读二十国集团领导人第八次峰会亮点》，人民网聊天实录。
③ 习近平主席在 2013 年 G20 圣彼得堡峰会上的发言。
④ Yongding Yu, "The G20 and China: A Chinese Perspective", *Working paper for the G20 Architecture in 2020: Securing a Legitimate Role for the G20 project*, 2004.

员国中，有十一个新兴经济体，这使得 G20 在合适的时间成为中国加入全球经济治理并在其中发挥积极作用的合适舞台。而对于仍是发展中国家的中国来说，在政治上、经济上和外交上都能够带来很多好处。

总之，担当这种沟通桥梁作用是一个由两部分组成的战略。中国需要通过熟练的外交技巧，在保持发展中国家定位和在全球事务中发挥一定的领导作用之间保持精妙的平衡。作为最大的发展中国家，中国既具备了发展中国家的特点，也拥有发达国家的某些特征，这意味着中国需要同时照顾到不同类型国家的利益，同时这也会使得中国存在自我身份认定上的一些冲突，有时候会导致在某些问题上面临较为困难的局面。但另外一方面，这种平衡的战略又能够让中国处在一个能够理解不同的利益和关切的位置，承担这种桥梁的角色。

二十国集团作为推动国内议程的工具

近些年来，中国的改革精英们时常通过运用国际压力这个工具，来实现国内的改革目标。例如朱镕基总理利用中国加入世界贸易组织的历史机遇，大大推动了国内的改革，否则这些改革在政治上都是不可能的。许多中国精英人士认为，2009 年国务院关于到 2020 年建成上海国际金融中心的决定的初衷，是利用上海的国际化地位作为一个有利媒介，进一步推动中国金融现代化改革。[①] 同样，2013 年李克强总理努力推动建立上海自由贸易区的举动，也被解释为一个进一步推动中国金融市场化改革的手段。随着全球治理正在模糊国内议题和国际问题的边界，中国的精英人士也开始认为，全球治理机制也可以用来推动国内的变革。目前 G20 的一些机制和程序，例如相互评估程序、金融稳定委员会的评估、金融部门评估规划（FSAP）以及 G20 峰会的主席声明，都可以为国内的相关改革带来一些有益的压力和动力。

这方面的一个合适的例子就是人民币加入特别提款权（SDR）货币篮子的问题。2011 年 1 月胡锦涛主席访问美国，与奥巴马总统发表了联合声明。声明第 33 条提到："中美双方认同纳入特别提款权的货币

---

① Hongying Wang and James N. Rosenau，"China and Global Governance"，*Asian Perspective* 33（3）：5 – 39. 2009.

应仅为在国际贸易和国际金融交易中广泛使用的货币。鉴此，美方支持中方逐步推动将人民币纳入特别提款权的努力。"① 这个声明所蕴含的远大目标——使得人民币成为国际贸易和金融交易中广泛使用的货币，即人民币的国际化，成为国内改革人士推动人民币市场化改革，推动资本项目开放的政治依据，因为人民币国际化只有在资本项目开放的前提下才能获得真正发展。

自 2011 年以来，国内对于人民币加入 SDR 有着不同的看法。以李稻葵以及时任央行货币政策委员会成员夏斌等经济学家为代表的主流看法是，反对将人民币在资本项目下可兑换作为人民币进入 SDR 的前提条件，但这是国际货币基金组织的规定。② 有的学者认为中国应该努力去改变 IMF 的这个规定，以便人民币能够在保持资本项目下不可兑换的同时加入 SDR。③ 余永定等其他经济学家则认为应该谨慎推动人民币汇率市场化改革，以及资本项目下可兑换的改革这两个人民币加入 SDR 的条件，等到渐进式的改革完成，时机成熟时人民币再加入 SDR。④ 余永定还表达了对人民币汇率市场化改革和资本项目可兑换改革可能带来风险的担忧，认为可能导致中国遭受类似日本在 20 世纪 80 年代末期所遇到的危机。⑤

此后，习近平主席在 2013 年圣彼得堡峰会期间两次公开提到了人民币加入 SDR 的问题，⑥ 再次使得此议题和相关的资本项目开放问题在

---

① The White House, Office of Press Secretary, "U. S. -China Joint Statement", January 19, 2011. www. whitehouse. gov/the-press-office/2011/01/19/us-china-joint-statement.

② 李稻葵和夏斌的观点参见：《夏斌、李稻葵：人民币自由兑换不应成进入 SDR 条件》，《证券时报》2011 年 4 月 1 日，http://finance. jrj. com. cn/people/2011/04/0103429624982. shtml。

③ 左小蕾：《改变规则：人民币加入 IMF 特别提款权的切入口》，《上海证券报》2013 年 9 月 9 日。

④ 余永定的观点参见：《G20："国际货币体系更需要人民币"》，《财经国家周刊》2011 年 4 月 18 日，http://finance. jrj. com. cn/2011/04/1816439761262. shtml。

⑤ 余永定的观点参见龙金光《G20 南京研讨会力邀人民币加入 SDR》，《南方都市报》2011 年 4 月 1 日，http://finance. sina. com. cn/roll/20110401/05439628799. shtml。

⑥ 习近平主席在 2013 年 G20 圣彼得堡峰会上的发言。也可参见中国政府网：《习近平在圣彼得堡出席金砖国家领导人非正式会晤》，2013 年 9 月 6 日，http://www. gov. cn/ldhd/2013 -09/06/content_ 2482275. htm。习近平在出席峰会发表正式讲话之前出席了此次金砖国家领导人会议并提到了 SDR 问题。

国内形成激烈讨论。争论的主要问题包括：习近平主席讲话的主要动机是什么？中国是否需要去推动国际货币基金组织改革规则？或者这是进一步推动人民币资本项目下可兑换改革的一个信号？争议的双方都将习近平的讲话作为证据来论证自己的观点。①

2013 年习近平主席 G20 圣彼得堡峰会的讲话也可以被用来推动一些困难的国内改革。中国目前过于依赖出口和投资拉动经济增长的模式，而这个模式使得中国在过去的几十年经济保持增长，社会保持稳定。因此，如何处理在经济转型过程中可能出现的政治和社会不稳定，是与保持经济增长同样重要的问题。这正是国内经济转型的困难所在。习近平主席在该次峰会上强调结构改革，推动国内经济增长的讲话，与峰会最后的公报中强调顺差国家通过强劲的国内需求、逆差国增加储蓄和提高竞争力来推动增长的内容相呼应。这样的呼应，意味着中国可以通过参与全球经济治理，推动国内经济改革和发展，促进中国和全球经济的增长。

中国的一些高级官员也在努力推动这个事关全局的重大政治经济改革。中央财经工作领导小组办公室主任刘鹤被外界广泛认为是十八届三中全会上通过的中国经济改革计划的主要设计者之一。在金融市场化改革的议题上，央行行长周小川是其重要的盟友。② 而此前一年，时任中国证券监管委员会主席的郭树清曾经发表一个影响很大的讲话，推动国内金融市场化改革。该讲话题为《不改善金融结构中国经济将没有出路》。③ 许多国内学者和官员认为金融市场化改革是推动国内经济向消费拉动转型的关键所在。此外，许多人也认为，中国需要改变目前的融资方式，即国有企业虽然资金利用效率很低但还是容易获得银行融资，而私营部门则很难获得贷款和融资。改革的目标是让私营部门能够得到

---

① 参见于乎《借 "SDR" 倒逼人民币汇率改革》，《金融时报》中文网，2011 年 4 月 1 日，作者认为可以通过 SDR 问题来推动中国的汇率改革，http://www.ftchinese.com/story/001037867。

② Bob Davis and Wei Lingling, "Meet Liu He, Xi Jinping's Choice to Fix a Faltering Chinese Economy"。

③ 郭树清：《不改善金融结构中国经济将没有出路》，《国际经济评论》2012 年第 4 期，第 9—16 页。

足够的金融支持，以创造更多的就业机会，最终为中国社会创造更多的财富。

当然，考虑到 G20 并非以条约为基础的国际机制，其通过的声明没有约束力，G20 及其相互评估程序等带来的改革压力，与当年中国加入世界贸易组织带来的压力不可同日而语。但中国改革者仍然可以用它来推动国内改革的布局。中国很重视 G20 这个国际经济治理讲坛，中国也正通过这一舞台充分展示自己负责任大国的形象。事实上，新中国从第一代以毛泽东为首的领导人到现在的第五代领导人，都对在国际舞台上塑造中国的国家形象给予极大的关注。① 最近几年不时出现在纽约时报广场巨型广告牌上的中国国家形象广告，以及中国政府推动的遍布全球的孔子学院，就是中国政府重视塑造和推广中国国家形象两个很好的例证。中国政府不希望在 G20 这样重要的国际经济论坛中被点名批评或者被单独列出，担心其名声受到损失。也正因如此，国内的改革者能够将 G20 作为一个杠杆，通过巧妙运用来推动国内改革议程。

打造利益共同体

美国学者鲁比尼（Nouriel Roubini）曾将当前世界体系描述为一个"G 零"的时代，没有哪一个国家或是国家集团有实力或者有政治意愿来倡导一个真正的全球议程。② 这种全球权力真空使得即便像 G20 这样颇具合法性的国际机制也难以在全球诸多问题，例如宏观经济协调、金融监管改革、贸易政策以及气候变化上提供有效的全球治理。③

唯一可以勉强改变这一现状的途径是共同努力，逐步打造共识。然而，只有在全球系统性危机达到巅峰时，才可能在最为核心的问题上形成足够的激励力量并真正取得进步，例如 G20 在 2008 年和 2009年较好协调了全球应对金融危机就是一个例子。提出"中国和平发

---

① 金正昆、余庆超：《国家形象的塑造：中国外交新课题》，《中国人民大学学报》2010年第 2 期，第 119—127 页；"Xi: China to Promote Cultural Soft Power", Xinhuanet, January 1, 2014, http://news.xinhuanet.com/english/china/2014 – 01/01/c_ 125941955.htm。

② Ian Bremmer and Nouriel Roubini, "A G-Zero World: The New Economic Club Will Produce Conflict, Not Cooperation", *Foreign Affairs*, March/April. 2011.

③ Ibid.

展"理论的郑必坚先生于 2013 年提出，中国外交战略上，要实现和平崛起，需要全方位地与各方逐步构建"利益汇合点"和"利益共同体"。[①] 中国在 G20 成员中没有基于共同利益的强大盟友，2015 年 6 月前也没有与其中的任何一国签署自由贸易协定，唯一的例外是印度尼西亚。作为东盟的成员国，印尼包括在中国与东盟自由贸易区协定内。[②] 除此之外，除了通过世界贸易组织之外，中国与 G20 大部分成员国之间的贸易关系并没有正式机制化。因此，中国要在 G20 中发挥更为积极的作用，需要通过签署自由贸易协定等方式，构建基于共同利益的朋友。或者是通过推动或参与围绕具体问题形成的正式或者非正式的国家集团，构建基于共同利益或是共同价值观的朋友。[③] 围绕这些问题领域形成的集团或者联盟并不一定限于发展中国家。同时，中国也应该通过在发达国家和发展中国家之间继续扮演桥梁角色，努力维护 G20 的团结。

自从参加 G20 领导人峰会以来，尽管其他战略也要兼顾，但中国的参与战略中体现出始终将中美关系放在首要地位的特点。开始阶段，中国的决策者们将 G20 作为更好推动与美国关系的一个良好平台，这使得中国在 G20 积极发挥领导作用的想法难以提上台面。随着 2014 年布里斯班峰会上中国确定将举办 2016 年 G20 峰会，同时中国的外交重心进行了适当的调整，强调发展周边国家和其他新兴经济体大国关系，而不仅仅是中美关系以及中国同其他发达大国的关系。这样，中国将有可能在 G20 舞台上采取更为进取的战略，中美关系挂帅的 G20 参与战略可以适当修改了。这种变化是否能够最终发生，对中国的长远国家利益将带来什么样的益处，将取决于中国领导人制定战略的智慧和外交艺术。最终，这也将决定未来的 G20 发展向何处去，是否能够发展成为全球经济治理真正重要的平台。

---

① 郑必坚：《21 世纪第二个十年的中国和平发展之路》，《国际研究研究》2013 年第 3 期。

② 中韩自由贸易协定于 2015 年 6 月 1 日签署，12 月底实施生效；中国与澳大利亚于 2014 年 11 月宣布双方完成了自由贸易谈判，2015 年 6 月 17 日签署协定，于 12 月 20 日最终生效。

③ 这些议题包括促进出口、国际金融机构改革、主权财富基金相关议题的合作治理。

中国的二十国集团议程

中国理解 G20 的核心议题在于金融和经济领域。全球宏观经济政策协调、国际货币体系改革、全球金融监管改革是其中最为核心的议题。中国在 G20 的主要目标和期望也基本上与这些核心议题一致。然而，对于中国这个最大的贸易国和最大的发展中国家来说，贸易和发展作为中国有着重大利益的两个方面，也将会是中国在 G20 议程上的重要议题。作为一个能源消费大国，中国对国际能源市场有着很大的影响力，因此能源也将是中国关注的重点议题之一。同时，中国也会将推动 G20 进一步机制化的议题，置于其 G20 议程上一个较高的位置。在即将举办的 G20 杭州峰会上，中国将能够在以上这些重点议程上发挥领导作用。

宏观经济政策协调：二十国集团相互评估程序（MAP）

相互评估程序在 2009 年匹兹堡峰会上启动，作为峰会通过的半官方文件《G20 强劲、可持续和平衡增长框架》的一部分。它是一个基于同行评议的机制，目的是推动和支持 G20 成员就宏观经济政策进行协调。在首尔峰会上，相互评估程序得到加强。当时由加拿大和印度主持的框架工作组牵头制定了 G20 各国一致同意的协议，约定将通过一套指标体系，确定对于全球宏观经济不平衡有着系统重要性的国家。

中国对相互评估程序的态度前后发生了一些变化。中国曾经和德国一道，在 2011 年的戛纳峰会上反对就经常项目赤字水平用具体数字来进行量化评估。[①] 在美联储和欧洲央行推进量化宽松政策的背景下，中国和其他发展中国家曾经质疑相互评估程序以及相关的国际货币基金组织工作人员报告的独立性。[②] 而且，中国坚信美联储于 2012 年的第三

---

① 2010 年的首尔峰会前，美国财长盖特纳建议各国将经常项目占该国 GDP 比值控制在正负 4% 以内。

② Chin, Gregory, "What Next for China in the G20? — Reorienting the Core Agenda", CIGI Commentary, November 9, 2011. www.cigionline.org/publications/whatnext-china-g20-reorienting-core-agenda.

轮量化宽松政策、日本 2013 年的非常规货币政策（安倍经济学的组成部分）以及欧洲央行的量化宽松政策都是"以邻为壑"的政策，使得基于同行评议压力的相互评估程序信誉受到影响。而且，相互评估程序并没有太关注包括中国在内的发展中国家认为的发达国家的经济政策不负责任的观点，再加上要求顺差的新兴经济体增加国内需求和推行更多的汇率市场化改革，使得中国精英们质疑相互评估程序是否是遏制新兴经济体发展的一个工具。

随着全球金融危机之后中国经常项目顺差的下降，中国不再因此问题在 G20 受到批评。而且，相互评估程序开始转向要求促进国内增长，这与中国的国内经济发展目标一致，中国开始逐步改变对相互评估程序的态度。中国尽管仍然要求发达国家收紧其货币政策，[①] 但同时也采取进一步措施，推动国内需要的增长，这与相互评估程序以及国际货币基金组织工作人员报告的目标是一致的，也符合中国共产党第十八届三中全会关于推动经济增长方式向更多依靠消费推动转变的目标。中国之所以对于相互评估程序相当重视，是因为它提供了一个基本上去政治化的机制，对各 G20 成员国的政策选择形成压力。中国希望自己在相互评估程序中表现良好，不想因为表现不好而遭受美国和其他西方发达国家的批评。中国强烈反对用具体的数字指标来量化各国的经济项目赤字水平，反映的就是这种忧虑。比较而言，自从 2013 年以后，中国比较容易接受相互评估程序，因为它针对的是各国国内经济发展状况，这与中国自身促进国内需求发展目标是一致的。

中国学者进一步提出，建议在 G20 下建立一个全面框架，来监管国际资本流动，确保金融稳定以及资本的有效配置。[②] 具体来说，中国学者建议在国际协调基础上建立一个全球危机预防和反应机制，对主要储备货币国的宏观经济政策进行监督，与国际货币基金组织和 G20 各

① 习近平主席在 2013 年 G20 圣彼得堡峰会上的发言；中国政府网：《习近平在圣彼得堡出席金砖国家领导人非正式会晤》。

② 李世财：《全球治理视野下的 G20 研究》，上海社会科学院博士学位论文，2011 年。何帆、冯维江、徐进：《全球治理面临的挑战及中国的对策》，《世界经济与政治》2013 年第 4 期。

成员国央行合作，防止将来不受限制的资本规模流动的相关问题。① 这个建议的中心目标是应对发达经济体宽松的货币政策带来的溢出效应。正是由于这种宽松的货币政策，导致美元汇率大幅波动，并带来短期资本的大量流动，这使得中国人民币汇率市场化改革举措无法达到既定目标。再者，中国学者认为，中国的汇率制度改革应该与其国内利率调整步调一致，以避免金融市场产生混乱。为此，在资本项目开放的同时，应该采取一系列的审慎措施对短期资本流动进行监督，例如，可以使用各类短期流动性管理工具。

自从全球金融危机和欧债危机以来，中国领导人关注的另一个主要问题是主权债务的可持续性。有些中国学者提出了应该在 G20 框架下对主权债务管理进行讨论。他们认为发达国家财政政策的不可持续性不仅威胁到并且还将继续威胁中国的经济增长，危害全球宏观经济和金融稳定。② 他们建议对在圣彼得堡峰会上达成的国际货币基金组织/世界银行公共债务管理指引③进行修改和改善，建立一个正式框架，以监督和评估所有 G20 国家的公共财政的可持续性，并为当前主权债务的重建提供更好的选择。④

中国学者认为，此类建议可能会得到其他顺差国如日本、新加坡以及资源大国如沙特阿拉伯、巴西、俄罗斯的支持，因为它们也都持有大量的美国和欧洲债券，也会担心其国外资产的安全性。它们也相信，这些国家与中国一样也担心发生在当今国际货币体系核心部分的主权债务危机。⑤ 另一方面，尽管这些国家的支持将对推动 G20 讨论主权债务问题有帮助，但与美国在此问题以及其他涉及 G20 宏观经济政策协调的

---

① 徐洪才：《二十国集团框架下的国际货币体系改革》，《全球化》2011 年第 2 期；黄薇、龚倳、郭凯：《第三章：中国的 G20 议题策略》，载金中夏主持《基于 G20 视角的我国国际经济战略战略问题研究》报告，《中国金融四十人论坛》2013 年 9 月；陈雨露：《中国可积极申办 2016 年 G20 峰会》，《环球时报》2014 年 4 月 8 日。

② 《金中夏、陈凤英解读二十国集团领导人第八次峰会亮点》，人民网聊天实录；陈雨露：《中国可积极申办 2016 年 G20 峰会》。

③ 参见 www.imf.org/external/np/mae/pdebt/2000/eng/Index.htm。

④ 金中夏：《基于 G20 视角的我国国际经济金融战略问题研究》，中国金融四十人论坛，2013 年 9 月。

⑤ 金中夏：《基于 G20 视角的我国国际经济金融战略问题研究》，中国金融四十人论坛，2013 年 9 月。

问题上，比如制定各国如何使用流动性管理工具的非正式规则进行沟通，将会大大有利于这一问题取得进展。如此，中国的建议也将更有可能被置于 G20 会议的议程上。

推动国际金融和货币体系改革

在国际金融和货币体系的改革问题上，中国有两个核心目标：一是继续推动 2010 年首尔峰会 IMF 份额和治理改革方案实现，二是推动人民币进入国际货币基金组织 SDR 货币篮子。中国认识到，比起 IMF 来，G20 是推动这些目标的更好平台。因为 G20 成员少得多，协调工作相对要简单，而且在 G20 取得共识的政策可以用来推动在 IMF 的改革。中国国家主席习近平在 2013 年 9 月出席圣彼得堡峰会 G20 第八次领导人峰会时指出："要继续改革国际金融机构，推动建立公正包容的国际金融体系，增加发展中国家在全球经济治理中的代表性和发言权。"[1] 这个声明反映了中国在 G20 的核心目标。

国际货币基金组织份额和治理改革方案是中国金融外交取得的重要成果。它如果实现，该组织以份额为基础的资金总额将会翻番，达到 7200 亿美元，其中 6% 的份额将会转移到发展中国家，使得中国成为国际货币基金组织第三大份额国，欧洲国家的份额将会显著下降。然而，美国作为在国际货币基金组织拥有唯一否决权的国家未能批准该方案，使得该方案一直未能落实。2014 年 3 月 25 日，美国相关行政部门再次努力又没有结果。中国连同 G20 的其他成员国（美国除外）一直在此问题上批评美国，通过国际货币基金组织会议声明表达失望之情。[2] 尽管在财政部的领导下，奥巴马政府已经对国会展开积极游说，试图通过国际货币基金组织份额和治理改革方案。但在中国国内，由于这项对中

---

① Ministry of Foreign Affairs of the People's Republic of China, "Wang Yi Talks about Xi Jinping Attending the Eighth G20 Leaders'Summit in St. Petersburg", September 7, 2013. www. fmprc. gov. cn/mfa_ eng/wjb_ 663304/wjbz_ 663308/activities_ 663312/t10764 82. shtml.

② "China Urges IMF to Give More Power to Emerging Markets", *Reuters*, January 15, 2014. www. reuters. com/article/2014/01/15/us-china-imf-idUSBREA0E1PT20140115.

国来讲意义重大的改革①一再被美国国会阻止，因此被解释成为是美国试图阻止新兴经济体在全球经济治理中的地位上升。

中国政府认为这种拖延将损害国际货币基金组织的合法性和声望，以及美国在该机构的信誉。② 对于中国来说，现有的一个政策选择，是继续从新兴经济体中争取支持，对美国施加更大的压力。然而，鉴于美国国内政治僵局毫无结束的迹象，美国很快通过该方案的希望并不大。在美国国内的政治极化的背景下，美国国会共和党人坚决反对民主党人和奥巴马政府支持的这项改革，认为它将大大增加联邦政府的开支，尽管这个看法是错误的。保守派思想库传统基金会也坚决反对通过国际货币基金组织份额和治理改革方案，认为它将损害美国在国际货币基金组织的影响力。③ 这给予了国会共和党人很大的支持。

法国在戛纳峰会上提出的让人民币进入 SDR 货币篮子的建议得到中国和其他发展中国家的大力支持。国际货币基金组织于 2010 年对加入 SDR 的标准进行了最新一次修改，新标准规定能否进入 SDR 主要取决于以该货币计价的货币和服务出口的价值以及国际货币基金组织成员国持有的以该货币计价的储备量。④ 中国的目标是争取在 2015 年国际货币基金组织的 SDR 评估时推动人民币加入其中。

但目前，国际货币基金组织成员国持有的以人民币计价的外汇储备量大大落后于所要求的标准，增加人民币在国际贸易和金融交易中的使用量成为当务之急。如果人民币要达到加入 SDR 的标准，中国必须加快人民币国际化以及资本账户开放的步伐。但由于这两项改革既是对外经济政策问题也是国内经济发展问题，人民币加入 SDR 的前景将很大程度上取决于国内改革的进展情况。换句话说，将取决于中国改革的决

① 参见谢世清、曲秋颖《世界银行投票权改革评析》，《宏观经济研究》2010 年第 8 期；余丰慧：《中国在世行投票权提高仅是第一步》，中国网，2010 年 4 月 28 日，http://news. china. com. cn/comment/2010 - 04/28/content_ 19922335. htm.

② "China Urges IMF to Give More Power to Emerging Markets".

③ James Roberts, "Congress Should Block the Morally Hazardous IMF 'Reform' Package", *Heritage Foundation Issue Brief*, January 14, 2014. www. heritage. org/research/reports/2014/01/us-congress-should-block-the-hazardous-imf-reform-package.

④ IMF, "Factsheet：Special Drawing Rights (SDRs)", March 25, 2014. www. imf. org/external/np/exr/facts/sdr. htm.

心，以及与金融和银行领域的利益集团、国内各类金融和政治保守集团斗争的结果。

国际金融监管：金融稳定委员会（FSB）

金融稳定委员会于 2009 年在伦敦峰会上创立，取代了此前的金融稳定论坛（FSF），意在推动金融稳定的监管。此后金融稳定委员会演变成为 G20 在金融监管问题上的政策执行机构，连同 IMF 的金融部门评估规划（FSAP）一道，共同为 G20 提供监管其成员国金融政策的最低限度的约束力。[①] 换句话说，金融稳定委员会现在就是全球金融部门的核心治理机构，负责为 G20 成员国制定它们（理论上）必须要遵守的标准。

中国学者承认美国是全球金融标准制定和执行的主要推动力量，他们将金融稳定委员会的成立视作美国用来维持其在全球金融体系中支配地位的一个手段。[②] 他们进一步认为，2010 年 G20 首尔峰会上旨在加强银行资本和流动性标准的巴塞尔协议 III 的制定和实施，尽管成功地创建了一个新的银行监管的全面框架，但也使得美国实现了其对外经济政策的一个重要目标。在全球金融标准的其他领域，美国也继续成为推动其发展和执行的主要力量。[③] 在这方面，中国承认现实，并不打算去挑战美国在全球金融监管中的支配地位，而是积极参与其中，学习相关知识，加深自身对国际金融监管的理解，这也是"与国际接轨"的表现。中国积极参与了金融稳定委员会的活动，参与了相关标准的制定。这使得中国有机会学习和吸收国际先进经验，提高自身的金融监管水平，为推动国内金融部门的改革创造了一个重要的机会。

最近与金融稳定委员会活动相关的国内金融改革包括以下几个方面：根据巴塞尔协议 III 的要求，中国银行业增加足以应对金融风险的高质量资本，减少顺周期资本监管；设立系统重要性金融机构的跨境处置

[①] Daniel E. Nolle, "Global Financial System: The Dodd-Frank Act and the G20 Agenda", *Journal of Financial Economic Policy* 4（2）: 160 – 97. 2012.

[②] 中国社会科学院金融研究所课题组：《纵论全球金融监管：中国金融创新不能因噎废食》，《中国证券报》2009 年 20 月 20 日。

[③] 李巍：《霸权护持：奥巴马政府的国际经济战略》。

安排，加强危机管控机制；完善宏观审慎管理组织框架和工具；认识并维持宏观审慎管理和微观审慎监管的平衡。① 作为金融监管议题上资历较浅的合作伙伴，中国在金融部门评估规划中的表现体现了其谦虚的态度和学习的意愿。中国要改变在金融稳定委员会目前的这种地位，需要一定的时间，如果中国能够将上海建成一个真正的国际金融中心的话，这种变化就可能发生。

根据中国在 2008 年 G20 华盛顿峰会上和 2009 年伦敦峰会上的承诺，中国于 2009 年 8 月进行了第一次金融部门评估规划。② 国际货币基金组织和世界银行于三年后发表了评估结果。央行对此评估结果的自我评价是"此次 FSAP 是中国金融体系首次接受国际组织进行的独立评估，实际上是从国际视角对我国金融体系和制度框架进行了一次全面的稳健性'体检'"。③ 中国接受了此次评估的基本结论，认为是对中国金融稳定自评估的重要补充。通过进行金融部门评估规划，中国也向世界表明，自己愿意履行对国际社会的承诺，提高中国金融体系的透明度。

贸易

2001 年中国加入世界贸易组织（WTO）大大促进了中国的经济增长。作为曾经的国际贸易体系的挑战者，中国已经演变为该体系的维护者，成为经济全球化中的最大受益者之一。以贸易量来计算，中国是世界最大的贸易国，这得益于一个开放和稳定的全球市场。因此，向全世界证明，一个开放的多边贸易体系安排将会普遍惠及全球各国，是中国的利益所在。习近平主席在 2013 年圣彼得堡峰会上呼吁 G20 各国努力"构建和维护一个开放的世界经济"，④ 反映了中国对于全球经济中日益

---

① PBoC：*China Financial Stability Report 2013*，Financial Stability Analysis Group of the People's Bank of China. Beijing：China Financial Publishing House.

② 中国人民银行：《中国金融稳定报告（2009）》，http：//www.pbc.gov.cn/eportal/fileDir/image_ public/UserFiles/jinrongwendingju/upload/File/2.pdf。

③ 中国人民银行：《中国首次金融部门评估规划工作总结座谈会召开》，2012 年 8 月 24 日，http：//www.pbc.gov.cn/goutongjiaoliu/113456/113469/1020146/index.html。

④ 习近平主席在 2013 年 G20 圣彼得堡峰会上的发言。

增长的保护主义倾向的担忧。

中国目前在国际贸易方面最大的担心来自美国正在努力推动的两个高标准的地区自由贸易协定：跨太平洋伙伴关系协定（TPP）和跨大西洋投资贸易伙伴关系协定（TRIP）。由于其在知识产权保护、劳工以及环境方面的高标准，可能实际上将中国和大部分新兴经济体排除在外。面对这个挑战，一些中国学者建议有必要进一步在 G20 框架下推动 WTO 多哈回合谈判达成一个全面协议。①

相对于 IMF 和世界银行，WTO 在 G20 舞台上参与全球治理的活动明显很少。中国需要推动 WTO 在 21 世纪更加强劲和进取，强调在贸易和投资方面的新发展，例如投资保护和竞争中立原则。② 更多参与全球经济治理的议题和规则制定，将能够推动 WTO 走出相对"光荣孤立"的状态，避免在全球经济治理中被边缘化，有助于 WTO 维持自己在全球贸易协定中的权威性和有效性。

虽然在反对贸易保护主义方面中美有着共同利益，但两国间的相互指责远远多于合作。或许在未来 G20 可以作为一个两国交流和沟通的平台，推动中美在贸易问题上，包括 TPP 问题上的沟通和合作。

发展

中国对自己的定位是最大的发展中国家，发展议题自然是中国在 G20 应该努力推动的，这符合中国利益。2010 年首尔峰会创立了《首尔发展共识》，正式将发展列为 G20 的一个重要议题。这也是 G20 从应急反应机制向全球常态治理机制转变的标志之一。推动发展问题需要动员和协调大量的资金支持，中国需要认真评估推动发展融资的风险。

---

① Yong Wang, "The G20's Role in Addressing the WTO's Predicament: Seeking Political Compromise and Strengthening the Multilateral Trading System", In *Think*20 *Papers* 2014: *Policy Recommendations for the Brisbane G*20 *Summit*. Lowy Institute for International Policy. December 5, 2013；黄薇、龚俸、郭凯：《第三章：中国的 G20 议题策略》，载金中夏主持《基于 G20 视角的我国国际经济战略问题研究》报告。

② "竞争中立"这个术语来源于澳大利亚财政部于 2004 年发布的公有部门企业指导原则。该竞争中立原则是为了确保公有部门企业不会"仅仅因为其公有的特点而享有对私营部门竞争对手的竞争优势"。就 G20 来讲，竞争中立原则主要涉及国有企业的相关经营活动。参见：www. finance. gov. au/publications/finance-circulars/2004/01. html。

《首尔发展共识》九个支柱①中的第一个是基础设施建设，这个正是适合中国进行投资或者进行多边融资的领域。

在2012年的洛斯卡莫斯峰会上，部分G20新兴市场国家提出了基础设施融资的问题。基础设施投资不仅对于发展中国家来说，对发达国家来说也是一个重要的议题。对于中国来说，在G20领导创立某些形式的基础设施投资和融资倡议不仅可以推进中国的实际利益，例如为中国大量的外汇储备和过剩产能提供一个机会，同时也能提高中国的国际形象。具体来说，这将从三个方面使得中国受益。

首先，这将为如何处置中国大量的外汇储备提供另外一种选择，而不是单一地购买美国国债而不时遭受损失。中国可以使用其外汇储备在国际上进行投资。此外，如果能够使用人民币进行海外投资，这将会进一步推动人民币国际化的进程。其次，这将带动中国设备、劳工以及建筑材料的出口，为相关产业提供机会。再次，基础设施投资作为对外援助的一种形式，也会促进中国国际形象的提高，有助于保障海外资源和能源供应安全，加强与所在国的经济和政治联系。②

在后金融危机时期，如何获得发展资金是发展中国家面临的一个巨大的问题。多边发展银行作为最为重要的发展援助资金的提供者，由于危机应对过程中过多大规模的承诺，缺乏发展援助的能力。更糟糕的是，由于成员间的不同意见，缺乏机制性的力量以及G20发展工作组（由"三驾马车"国家外加一个发展中国家共同主持）的工作不被重视，在多边发展融资问题上缺乏建设性的讨论。③ 这样的话，G20发展工作组的活动限于进行一些没有意义的讨论，试图对什么是"好的实

---

① 这九个支柱分别为：基础设施、私人投资和创造就业、人力资源发展、贸易、金融包容性、弹性增长、粮食安全、国内资源动员以及知识共享。参见：www. g20dwg. org/。

② 金中夏：《中国的"马歇尔计划"——探讨中国对外基础设施投资计划》，《国际经济评论》2012年第6期；安文波：《国际金融格局调整及中国对策研究》，中共中央党校博士学位论文，2013年。

③ Ian Brodie, "Is the G20's Development Working Group on the Right Track?" *The School of Public Policy* (blog), September 4, 2013. www. policyschool. ucalgary. ca/? q = content/g20s-devel-opment-working-group-right-track; Nils-Sjard Schulz. 2011. "The G20 — Driving Development Behind Closed Doors", *FRIDE Policy Brief*, No. 107. December. www. fride. org/download/PB_ 107_ G20_ development. pdf.

践"进行讨论，达成共识。① 如果中国能够对全球基础设施投资进行单个国家大规模的贡献，将可能带动发达国家通过公共和私营部门进行额外的融资。对于中国来说，这是一个明确自己作为发展中国家领导者地位难得的机会。中国在全球治理中的地位也将会得到很大提升。或者通过多边发展机构来利用资源，也能够发挥重要的作用。②

能源

G20 成员国中包括了多个世界主要的能源、粮食和其他大宗商品生产和消费大国，在全球能源和资源治理方面理应发挥自己的作用。2013年圣彼得堡峰会将维护国际能源市场的稳定作为一项重要议程，承诺通过 G20 平台加强联合石油数据（JODI）机制。当然，目前阶段，能源领域还是缺乏正式的合作机制，在 G20 中受到的关注还较小。如果能在 G20 达成一个能源合作的共识，那将会为成立一个包括联合国和其他能源组织在内的全面能源合作机制奠定基础。

中国是最大的能源消费国之一。鉴于中国经济的增速，中国的能源消费在未来还将会持续上升。2012 年 4 月，温家宝总理在第五届世界能源大会上倡议在 G20 框架下建立全球能源治理机制，由 G20 主要能源生产国和消费国组成，建立一个公平、合理和有约束力的国际规则。通过协商和对话，发展早期预警机制、价格协调、金融监督以及紧急机制。这样一个治理机制可以在既有的多边机制的基础上促进与主要能源大国之间的合作。例如可通过上海合作组织促进与俄罗斯的合作，通过金砖峰会促进与金砖国家合作，通过 G20 促进与美国和其他欧洲国家合作。③ 中美之间通过 G20 的能源机制进行合作将促进两国的利益。中国需要重新评估其海外能源供应安全战略，考虑与美国共同参与维护全球能源供应安全的可能性，包括参与维护主要的海上石油运输线路的

---

① Barry Carin, "Development in the G20: White Elephant or Cornerstone?" CIGI Commentary, July 17, 2013. www.cigionline.org/publications/2013/7/development-g20-white-elephant-or-cornerstone.
② 黄薇、龚俸、郭凯：《第三章：中国的 G20 议题策略》，载金中夏主持《基于 G20 视角的我国国际经济战略问题研究》报告。
③ 黄薇、龚俸、郭凯：《第三章：中国的 G20 议题策略》。

安全。

二十国集团的机制化

有些中国学者建议 G20 应该机制化，设立永久秘书处，这样才能够取得更大的合法性和增强执行能力，也有利于新兴经济体国家发挥更大的影响力。[①] 另外一些学者则持相反观点，认为 G20 的主要影响力是因为它能够塑造政治共识，正是 G20 这种非正式的特点和作为不同国际机制之间的协调者的角色成就了这一点。他们强调 G20 的作用不在于去执行，而是推动其他的国际组织如 IMF、世界银行和 WTO，让这些组织去执行。[②]

后一种观点似乎在国内得到更多的支持。虽然中国官方并没有就 G20 机制化问题有过表态，但中国人民银行国际部的主任何健雄曾经提过，中国领导人可能会更适应 G20 机制的这种非正式特点，特别是 G20 能够推动主要的国际组织以及参与这些国际组织的国家领导人就相关重要议题进行讨论和合作。如果没有 G20 这个最高的政治平台的推动，这种讨论和合作是难以进行的。[③]

结　论

中国领导人将会继续重视 G20 领导人峰会平台，也将会继续在此平台上为全球经济治理作出自己的贡献。作为 2016 年 G20 峰会的主办国，中国将继续推动 G20 作为全球经济治理的首要平台，可能将运用其议程设置上的责任和优势，寻求在宏观经济协调、贸易、能源、发展以及 G20 机制化议题上发挥领导作用。

然而，中国要在 G20 传统的首要议题如全球金融和货币体系治理、

---

① 王颖、李计广：《G20 与中国》，《现代国际关系》2012 年第 6 期；Chen, Jia, "Think Tank Seeks G20 Secretariat", *China Daily*, September 7, 2013. www.chinadaily.com.cn/china/2013xivisitcenterasia/2013 – 09/07/content_ 16950939. htm.

② 朱杰进：《复合机制模式与 G20 机制化建设》，《国际观察》2013 年第 3 期。

③ 何健雄的评论可参见廉薇《G20 框架下我国的国际经济金融战略》，《21 世纪经济报道》2013 年 8 月 24 日。

国际金融监管上发挥领导作用，仍然有很长的路要走。尽管如此，中国仍然会在 2016 年的 G20 峰会到来之前继续推动 2010 年通过的 IMF 份额与治理改革方案取得进展，争取在 2015 年努力推动人民币加入 SDR 货币篮子。① 当然，中国在是否应该作为 G20 领导国家的问题上会继续保持谨慎态度，中国认为美国和西方国家仍然在国际金融体系中居于支配地位。

在可见的将来，中国将继续通过 G20 对全球经济治理贡献并可能在以上提及的几个重要问题上发挥领导作用。从最近中国发起的几个倡议包括亚洲基础设施投资银行（亚投行，AIIB），金砖国家开发银行以及"一带一路"战略来看，中国将继续重视发展双边关系和地区融合，有效提高自己在贸易、能源和发展相关议题上的治理水平。因此，看起来中国在全球治理层面正在采取的是一种"双轨"战略。中国如何将这些新的倡议和战略与自己在 G20 平台上就某些议题发挥领导作用的能力和意愿结合起来，还有待观察。一个重要看点是中国在亚投行和金砖国家开发银行的支持下，如何将自己的基础设施投资倡议与 2014 年 G20 布里斯班峰会上提出的全球基础设施倡议协调。

---

① 国际货币基金组织执行董事会于 2015 年 11 月 30 日批准人民币加入 SDR，新的货币篮子将于 2016 年 10 月 1 日生效。

第三章　中国与全球货币体系：人民币国际化及其国内因素

导　言

　　人民币国际化本身是一个重要目标，同时在实践中演变成为中国人民银行（央行）推动实现其国内金融改革最高目标的一个推进器。这些最高目标包括资本项目开放、汇率和利率的市场化改革。人民币国际化在资本项目和汇率管制同时存在的情况下推进，这一独特的国际化路线使其演变为国内金融市场化改革的一个工具。自从 2009 年 7 月跨境贸易结算计划启动以来，多个人民币离岸市场得以建立，多个货币互换安排协议得以签署，而且这个趋势还在继续。无论是中国还是其他国家的理论和实践经验研究，都强调推动人民币国际化进程的经济和政治推动力的结合。这种经济和政治因素的结合研究引出了几个问题：如何评估经济和政治因素分别在其中扮演了什么样的角色？这两类决定性因素如何互相影响最终的政策结果？在人民币国际化的进程中，究竟是市场还是政府的战略发挥了主导作用？如果是政府战略的话，人民币国际化遵循了或者正在遵循一个什么样的次序，或者说什么样的一个路线图？它是遵循传统政治经济学理论，[①] 还是所谓的人民币倒逼金融市场化改革的路线？[②]

---

　　① 这里的传统政治经济学理论指的是首先进行利率自由化和汇率市场化改革，允许资本项目开放，人民币国际化能够自然实现。

　　② 倒逼路线指的是人民币国际化通过跨境贸易结算，建立离岸人民币市场和签署央行间的货币互换协议来推动人民币国际化，由此产生的相关压力将推动人民币利率、汇率和资本项目的市场化改革。

本章将通过一个政治经济学的分析，对人民币国际化进程背后的动机，以及人民币国际化的路线进行阐释，以回答以上问题。本章认为，人民币国际化的想法最早起源于中国打造现代金融体制，在国际货币体系中崛起的观念和政策。中国领导人在 2008 年全球金融危机中对中国对美元的过分依赖产生的很大忧虑直接推动了人民币国际化的开启。在实践中，这种忧虑演变为推动国内金融市场化改革的动力，从而推动资本项目开放及利率和汇率的市场化改革。

本章首先对货币国际化的概念、影响货币国际化的经济和政治因素，以及人民币国际化的动机进行了文献回顾和分析，接下来探讨了人民币国际化与中国在国际金融市场中的崛起的关联性，然后对人民币国际化实际进程中体现出来的政治和经济因素进行了分析，其中包括了国内金融市场化改革在中国经济发展模式由出口和投资拉动向内需驱动转型过程中所起的作用，以及改革反对者和支持者在其中的诉求。

货币国际化的动机分析

国际化货币的概念

国际化货币指的是一国发行并在境外通用的货币。这种货币的全部或部分职能，特别是货币的三种传统职能，计价单位、交易媒介和价值储藏都能在国际层面上得到实现。这种关于货币职能的概念最早由科恩（Benjamin J. Cohen）进行了定义，[1] 并由凯南（Peter Kenen）重新界定为六种职能的结合，分别由国际货币在政府部门和私营部门的三种职能组成（见表3.1）。[2] 在货币的三种传统职能中，价值储藏在国际上的实现代表着货币国际化的最高水平。

---

[1] Benjamin J. Cohen, *The Future of Sterling as an International Currency*, London: Macmillan. 1971.

[2] Peter Kenen, "The Role of the Dollar as an International Currency", Group of Thirty Occasional Papers, No. 13, 1983.

表 3.1   国际货币的职能

货币职能	政府部门	私营部门
计价单位	定锚货币	贸易和金融交易计价
交易媒介	外汇干预中使用的货币	贸易和金融交易结算
价值储藏	外汇储备	金融资产

资料来源：Peter Kenen，"The Role of the Dollar as an International Currency"；Jeffrey Frankel，"Historical Precedents for the Internationalization of the RMB"，Paper for the workshop organized by the Council on Foreign Relations and the China Development Research Foundation，Beijing，November 1，2011.

苏珊·斯特兰奇（Susan Strange）研究了国际货币演变过程中的政治因素，在她关于英镑的研究中将国际货币划分为四种类型：宗主国货币、顶层货币、协商货币和中性货币。[①] 埃里克·赫莱纳（Eric Helleiner）对国际政治货币分类的政治经济学进行了新的研究，归纳了影响国际货币的政治经济因素。他的研究主要集中在顶层货币和协商货币上。[②]

宗主国货币指的是处于霸主地位或帝国地位的国家在其控制的体系国家内推行的货币，例如英镑区中的英镑，以及法郎区的法国法郎；中性货币指的是没有成为国际货币雄心的货币如瑞士法郎和德国马克。以上两种货币都有其局限，并不具有普遍意义，只是存在于特定的历史时期和区域。[③] 比较而言，顶层货币指的是由于其经济优势而在众多货币用途中最受世界市场青睐的货币，例如20世纪50年代的美元；协商货币指的是货币发行国通过讨价还价以及政治谈判的方式，与其他国家达成协议，使得这些国家同意使用其发行的货币，发行国通常需要提供诸如军事或外交支持，或者是经济利益等优厚条件鼓励其他国家使用其货币，例如二战后的英镑和20世纪60年代的美元。这两种货币都在现代

[①] Susan Strange，*Sterling and British Policy：A Political Study of an International Currency in Decline*，Oxford：Oxford University Press，1971.

[②] Eric Helleiner，"Political Determinations of International Currencies：What Future for the US Dollar?" *Review of International Political Economy* 15（3）：354 – 78，August，2008.

[③] Susan Strange，*Sterling and British Policy：A Political Study of an International Currency in Decline*.

世界中具体存在。在某种程度上，今天的美元仍然可以看作是顶层货币，而今天的人民币如果从中国政府推动其国际化的方式和途径来看，则可以视作是协商货币的一个合适例子。赫莱纳指出，协商货币也可以指那种处于上升期的货币，例如人民币，并不一定是那种已经或正在失去政治支配地位的货币如宗主国货币，或者是已经或正在失去经济影响力的顶层货币。①

影响货币国际化的经济和政治因素

经济和政治因素共同界定了国际货币的概念。相应地，对国际货币的研究也应当涉及经济和政治这两个不可分割的方面。经济学家对货币国际化问题中的经济因素给予广泛的关注和研究，比较而言，影响国际货币的政治因素则并没有得到太多关注和认同，但两者值得同等对待。在这一问题上，政治经济学领域已经提供了一些进一步研究的分析框架，但仍有待展开更多讨论。学者们总结指出，影响一种货币国际地位的根本因素包括其经济规模，对该种货币的信心以及货币发行国金融市场的深度。②赫莱纳将众多影响国际货币的主要经济制约因素从广泛意义上归纳为三类：信心、流动性和交易网络，而它们都受到政治经济学因素的极大影响。③

最近的研究则表明，经济规模和交易网络（网络外部性）对于国际货币的影响实际上并不显著。保罗·克鲁格曼，陈庚辛（Menzie Chinn）和杰弗里·弗兰克尔（Jeffrey Frankel）指出，某种货币的国际

① Eric Helleiner, "Political Determinations of International Currencies: What Future for the US Dollar?"

② Jeffrey Frankel, "On the Dollar", In *The New Palgrave Dictionary of Money and Finance*. London: MacMillan Press Reference Books, 1992; Jeffrey Frankel, "Historical Precedents for the Internationalization of the RMB"; Barry Eichengreen and Jeffrey Frankel, "The SDR, Reserve Currencies, and the Future of the International Monetary System", In *The Future of the SDR in Light of Changes in the International Financial System*, edited by Michael Mussa, James Boughton and Peter Isard. Washington, DC: IMF, 1996; Menzie Chinn and Jeffrey Frankel, "Why the Euro Will Rival the Dollar", *International Finance* 11 (1), 2008: 49 – 73.

③ Eric Helleiner, "Political Determinations of International Currencies: What Future for the US Dollar?"

化使用程度与发行国的经济规模只有一种非线性的联系。① 艾肯格林
（Barry Eichengreen）以及弗兰德鲁（Marc Flandreau）则认为，网络外
部性与一种货币的储藏价值只有较弱的联系，尽管可能与其作为交易媒
介的职能有某种较强的联系。他们还指出，信息技术的进步已经使得使
用多种国际货币的交易成本充分降低。②

　　另外两个因素，流动性（也可指金融市场的深度）和信心，对货
币国际化的影响程度则较少受到质疑。从经济方面讲，对某种货币的信
心受到多种因素的影响，包括财政和货币政策，以及货币发行国的经常
项目和净债务头寸状况。③ 或者如赫莱纳所阐述，外国投资者对某种货
币的信心，特别是对这种货币作为价值储藏和计价单位的职能而言，受
到货币发行国经济持续稳定性的很大鼓励，而这种经济的持续稳定通过
与该国良好的宏观经济基本面有关。④ 然而，对某种货币的信心不仅与
货币发行国的经济基本面有关，广义上还与该国在国际安全领域内的权
势有关。⑤ 它也受到该国国内政治和机制运行的深刻影响。安德鲁·沃
尔特（Andrew Walter）提出，英镑由于其稳定的价值而享有很高的海
外信誉，这与英国国内政治结构中有限政府、较小范围的选举权以及英

---

① Paul Krugman, "The International Role of the Dollar: Theory and Prospect", In *Exchange Rate Theory and Practice*, edited by John Bilson and Richard Marston, 261 – 78, Chicago: University of Chicago Press, 1984; Menzie Chinn and Jeffrey Frankel, "Will the Euro Eventually Surpass the Dollar as Leading International Reserve Currency?" In *G7 Current Account Imbalances: Sustainability and Adjustment*, edited by Richard Clarida, 283 – 338, Chicago, IL: University of Chicago Press, 2007.

② Barry Eichengreen, "Sterling's Past, Dollar's Future: Historical Perspectives on Reserve Currency Competition", NBER Working Paper, No. 11336, May, 2005; Barry Eichengreen, *Exorbitant Privilege: The Rise and Fall of the Dollar and the Future of the International Monetary System*, London: Oxford University Press 2011; Barry Eichengreen and Marc Flandreau, "The Federal Reserve, the Bank of England and the Rise of the Dollar as an International Currency, 1914 – 39", Prepared for the BIS Annual Research Conference, Lucerne, June, 2010, 24 – 25.

③ George S. Tavlas and Yuzuru Ozeki, "The Internationalization of Currencies: An Appraisal of the Japanese Yen", IMF Occasional Paper, No. 90, 1992.

④ Eric Helleiner, "Political Determinations of International Currencies: What Future for the US Dollar?"

⑤ Susan Strange, *Sterling and British Policy: A Political Study of an International Currency in Decline*.

格兰银行为首的金融部门的保守倾向有关。[1] 遵循同样的逻辑，一个相反的例子是欧洲各国政治合作存在广泛的不确定性，以及欧洲各国无法以一个整体在国际事务中投放自身力量——不限于财政和货币事务，也包括政治和安全事务——衰弱了对欧元的信心。[2]

经济学家认为，货币发行国发展良好的、开放的金融市场将降低货币交易成本是一种国际货币应该拥有的显著特征之一。[3] 弗兰克尔总结了影响金融市场发展的经济因素，特别是其市场深度、流动性、可靠性和开放度。[4] 例如，1913 年美国联邦储备委员会（美联储）创建之后美国金融市场的全面发展，以及 19 世纪已经得到充分发展的伦敦金融市场，分别为美元和英镑崛起为国际货币奠定了基础。与此相反，日本和德国一直受到严格管制的金融市场通常被认为是日元和德国马克在崛起为国际货币过程中面临的主要障碍。[5] 政治学家认为，能够推进一种货币取得国际地位存在两个结构性因素：以有限的宪政政府和偏向债权人的法律框架为特征的政治环境，[6] 以及在一国低收入阶层眼中具备合法性的国内金融秩序。[7] 赫莱纳重申，政治机构能够在支撑国际货币领

[1] Andrew Walter, "Domestic Sources of International Monetary Leadership", In *International Monetary Power*, edited by David M. Andrews, Ithaca, NY: Cornell University Press, 2006.

[2] Benjamin J. Cohen, *The Future of Money*, Princeton, NJ: Princeton University Press, 2004; Benjamin J. Cohen, "Toward a Leaderless Currency System", Paper presented at Wither the Key Currency? workshop, Cornell University, Ithaca, New York, October 12 – 14, 2007; Randall C. Henning, "Cooperating with Europe's Monetary Union", *Policy Analyses in International Economics* 49, Washington, DC: Institute for International Economics, 1997; Randall C. Henning, "US-EU Relations after the Inception of the Monetary Union: Cooperation or Rivalry?" In *Transatlantic Perspectives on the Euro*, edited by C. Randall Henning and Pier Carlo Padoan, Washington, DC: Brookings Institution Press, 2000; K. McNamara, "A Rivalry in the Making? The Euro and International Monetary Power", *Review of International Political Economy* 15 (3): 439 – 59, 2008.

[3] Ewe-Ghee Lim, "The Euro's Challenge to the Dollar", IMF Working Paper 06/153, 2006.

[4] Jeffrey Frankel, "Historical Precedents for the Internationalization of the RMB".

[5] Robert Z. Aliber, "The Costs and Benefits of the US Role as a Reserve Currency Country", *Quarterly Journal of Economics* 78, 1964: 442 – 56; George S. Tavlas, "On the International Use of Currencies: The Case of the Deutsche Mark", *Essays in International Finance* 181, Princeton, NJ: Princeton University, March, 1991.

[6] David Stasavage, *Political Economy of a Common Currency — The CFA Franc Zone since 1945*, Aldershot: Ashgate Publishers, 2003; Andrew Walter, "Domestic Sources of International Monetary Leadership".

[7] Leonard Seabrooke, *The Social Sources of International Financial Power*, Ithaca, NY: Cornell University Press, 2006.

导权的金融体系结构中发挥重要的作用。他强调了美联储的创建在美元成为国际货币的过程中所发挥的重要作用。[1] 美国的政策制定者创建的联邦储备系统，通过再贴现以及公开市场操作等手段，促进了以美元为基础的纽约金融市场的流动性。

中国为什么推动人民币国际化：文献综述

基于以上讨论，有理由认为，人民币无疑有潜力发展成为一种主要的国际储备货币。这种潜力由于中国作为世界第二大经济体的巨大经济规模，巨额经常账户盈余及与之相伴的人民币升值预期而得到加强。然而，中国所缺乏的是金融市场的全面发展（特别是金融市场的深度、流动性、可靠性和开放度），而这正是货币国际化所必不可少的先决条件。而且，以流动性、金融市场的广度以及开放性标准来衡量，要赶上其他主要货币，中国金融市场仍然有很长的路要走。[2] 人民币国际化的启动和推进是在资本项目没有开放，利率市场化改革仍然没有最后完成，利率市场化形成机制改革也没有完成的前提及条件下进行的。这是一个不同寻常的国际化之路，与传统经济学的逻辑是背离的。通常货币国际化需要满足一个开放的资本项目、完全市场化的汇率形成机制，以及不受管制的利率制度这些条件。

人民币国际化采取了一条同时基于政治和经济考虑的独特路径，该路径无法仅用经济或者货币因素单独给出全面的解释。弗兰克尔提出了关于中国推动人民币国际化动机的三种假设。第一种是中国寻求国际货币地位所带来的各种优势和益处：铸币税，该国公司的便利性以及国际权势。第二种假设认为中国并没有完全意识到同时追求货币国际化和维持其货币进行竞争性定价两个目标之间的紧张关系。第三种假设认为中国政府官员和学者中的少数精英人士想要推动该国经济从出口驱动转向国内需求驱动转型，他们认为金融市场的开放、金融抑制政策的放松，以及人民币升值将有利于这种经济转型的进行。[3] 福尔茨（Ulrich Volz）

---

[1] Eric Helleiner, "Political Determinations of International Currencies: What Future for the US Dollar?"

[2] Jeffrey Frankel, "Historical Precedents for the Internationalization of the RMB".

[3] Ibid.

认为，人民币国际化主要是由于中国国内金融市场改革的需要，以及该国对于美元的过度依赖而进行的防御性反应。① 以上这些考察都是基于一种政治经济学的分析。

中国学者通过政治经济学的分析框架，对人民币国际化的分析也得出了相似的结论。基于他们的研究，中国政府自 2009 年以来推动人民币国际化的原因可归纳为以下几点。

第一，规避中国公司经常面临的汇率风险，通过降低交易成本，推动贸易的发展。② 人民币国际化将引导对外贸易和金融交易更多采用人民币计价和结算，企业将不必对冲汇率风险。具体来说，在 2008 年全球金融危机中，作为全球主要的贸易结算货币，美元汇率的相当幅度波动使得中国及其大部分周边国家和地区面临巨大的风险。正是 2008 年全球金融危机最早推动着中国政府开始启动跨境贸易结算安排，降低中国及其地区贸易伙伴的交易成本，使得中国能够避开主要以美元计价的跨境资本流动所产生的汇率风险。这样一来，中国与其他地区贸易伙伴之间的平稳关系得到了保障和维持。

第二，减轻自 2008 年金融危机以来发达经济体采取量化宽松政策给中国经济所带来的负面影响。美联储所采取的量化宽松政策，加之美国财政部的强力干预使得美国成功稳定了其金融市场，但同时也带来了美联储资产负债的急剧膨胀。③ 美元大幅贬值的可能性使得中国外汇储备面临巨大的风险，将导致巨额资本损失，这成为中国领导人在金融危机之后最大的忧虑。量化宽松政策及随之而来的美元贬值对人民币以及其他新兴市场经济体货币产生了很大的压力，推动着这些货币升值，引

---

① 　Ulrich Volz, "All Politics Is Local: The Renminbi's Prospects as a Future Global Currency", In *Financial Statecraft of Emerging Market Economies*, "*The New Kids on the Block*" *and Global Rebalancing*, edited by Leslie Armijo and Saori Katada, London: Palgrave Macmillan, 2013.

② 　何帆：《人民币国际化的现实选择》，《国际经济评论》2009 年第 7—8 期，第 8—14 页；张明：《人民币国际化：政策、进展、问题与前景》，《金融评论》2013 年第 2 期；Haihong Gao and Yu Yongding, "Internationalization of the Renminbi", In *Currency Internationalization: Lessons from the Global Financial Crisis and Prospects for the Future in Asia and the Pacific*, 105 –24, Bank for International Settlements, 2011; Yukon Huang and Clare Lynch, "Does Internationalizing the RMB Make Sense for China?" *Cato Journal 3*, 2013; Yu Yongding, "How Far Can Renminbi Internationalization Go?" ADBI Working Paper Series, No. 461, February 2014.

③ 　Yongding Yu, "How Far Can Renminbi Internationalization Go?"

发全球流动性过剩，导致短期资本大量涌入包括中国在内的新兴经济体，推动着这些国家产生通货膨胀和资产价格飙升。货币升值到一定水平将给中国以及其他新兴经济体的出口和经济增长带来负面影响。有些分析家因此得出结论，人民币国际化反映了中国在全球金融危机以来发达国家宽松的货币政策所带来的不利环境下参与全球货币竞争的战略。[①] 长期来看，人民币在贸易结算中，或者作为储备货币更为广泛地运用，将有助于防止类似的由美联储"不负责任"的政策所带来的负面溢出效应，例如最近这些年连续三轮的量化宽松政策。

第三，人民币国际化将增加中国的国际经济和政治影响力。而且，人民币国际化将能够使中国货币当局从世界其他地区收取铸币税。随着人民币国际影响力的扩展，国际贷款和投资将更多通过中国的金融机构来进行，这将会有效地推动上海发展成为一个国际金融中心。[②] 简而言之，成功的人民币国际化将会被中国的领导和精英们视为中国在国际金融领域崛起的一个标志。

第四，人民币国际化是中国金融改革的最新助推器。[③] 人民币要发展成为一种主要的国际货币，将要求人民币汇率和利率的市场化改革。这个不可避免的前提条件意味着利率和汇率的市场化改革将引发中国金融市场的改革和开放发生深刻变化，一如中国加入世贸组织所带来的影响。[④] 离岸人民币市场的发展将给汇率和利率改革带来更大的压力。[⑤] 但面临的问题是强大的利益集团阻碍了利率和汇率市场化改革的进行，使得利率和汇率市场化改革成为中国金融体制改革中最难的部分。这一困境使得央行选择以跨境贸易结算、创建人民币离岸市场等方式推动人

---

① Changqing Mao and Qin Peijing, "RMB Internationalization: Steps and Opportunities", Project Entrusted by Sino-US Financial Seminar at Harvard University. Research Department of CITIC Securities, 2013.

② Haihong Gao and Yu Yongding, "Internationalization of the Renminbi".

③ 黄海洲：《新的改革开放推进器》，《国际经济评论》2009 年第 7—8 期，第 5—7 页；王信：《如何看人民币国际化过程中的问题与收益》，中国金融四十人论坛，2011 年 7 月 26 日；何东、马骏：《评对人民币国际化的几个误解》，《中国经济观察》2011 年第 7 期。

④ 张明：《人民币国际化：政策、进展、问题与前景》。

⑤ 何东、马骏：《评对人民币国际化的几个误解》；王信：《如何看人民币国际化过程中的问题与收益》；吴晓灵：《顶层设计和金融体制改革》，《上海证券报》2011 年 8 月 27 日。

民币国际化，以创造渠道，允许人民币回流，增加所需压力，推动人民币资本账户下的可兑换。这就是中国金融改革中所谓的"倒逼机制"模式。

部分学者在对利用人民币国际化推动国内金融改革是否奏效的问题有不同的看法。张斌认为，直到 2011 年，香港离岸人民币市场的结果只是让中国货币当局不得不购买更多的外汇资产，并遭受由于人民币对美元的升值所造成的财务损失。香港人民币离岸市场的进一步发展将会对中国的利率（存款利率）和汇率管制造成很大的冲击。保持人民币汇率在固定区间内的浮动，以及存款利率的管制都会进一步受到更大的压力。然而，人民币国际化产生的压力是否将导致更多的管制或是更多的市场化改革，现在看来仍然不清楚。[①] 余永定认为，人民币离岸市场的发展带来了更多的套汇机会，这将会为中国的宏观经济管理带来新的压力。这种压力是否会转换为国内金融改革的推动力尚不确定。[②]

以上研究从政治经济学的角度为人民币国际化提供了一些洞见。其中，关于人民币国际化的动机，中外学者都较为赞同的观点有二：提升中国的经济和政治影响力；利用人民币国际化推动国内金融市场化改革。中国学者又具体强调了人民币国际化的另外两个直接的推动力：通过人民币跨境贸易结算，规避汇率风险，降低交易成本，推动对外贸易的发展；应对 2008 年金融危机以来美国的量化宽松政策和随之而来的美元贬值导致的人民币升值压力以及中国外汇储备遭受的实际损失。[③]

这些看法反映了人民币国际化背后不同的政治和经济动机。然而，目前的研究并没有从人民币国际化更为广泛的政治经济背景来探寻人民币国际化与中国对美元主导的国际金融体系的看法之间，以及中国领导人对于将中国发展为一个金融强国的观点之间的联系，而这些都与人民

---

① 张斌：《香港离岸人民币市场发展的困惑》，中国社科院世经政所国际金融研究中心讨论稿，2011 年第 69 期。

② 余永定：《应暂停出台人民币国际化新政策》，《第一财经日报》2011 年 12 月 5 日；余永定：《从当前的汇率波动看人民币国际化》，《国际经济评论》2012 年第 1 期，第 18—26 页。

③ 然而在实践中，这并不起作用。相反，人民币国际化，具体来说人民币跨境贸易结算的更多使用反而只是增加了中国外汇储备的积累。本章下一部分将对此作出具体的阐述。

币国际化有着更为广泛的联系。现有研究也没有对影响人民币国际化路线图的政治驱动力进行分析，也没有对利益集团和其他影响人民币国际化的国内政治因素进行阐释。本章将对以上这些问题进行阐述，希望借此更全面和更清晰地理解人民币国际化所显示的政治经济学逻辑。

人民币国际化的缘起：一个广泛的政治经济学视角

中国担心其对美元的过分依赖

与深入人心的"中国是美国的最大债主"以及美国公众中中国作为"美国的银行家"的形象恰好相反，中国的精英阶层关注的是中国对美元的过度依赖（表现为美元计价的资产，包括美元债券和票据）以及可能对中国经济和政治稳定造成冲击的严重后果。中国已经跌入所谓的"美元陷阱"，[①] 2008 年的金融危机将中国持有以美元债券和票据为主的大量外汇储备所面临的真正危险暴露无遗。在金融危机期间，中国被其所持有的大规模外汇储备，尤其是美国政府资助企业的债券逼到巨额亏损的悬崖边缘。[②] 金融危机之后，持有巨额美元资产的危险更显而易见：美联储为应对严重恶化的美国经济，出台了量化宽松政策，以稳定美国金融市场。这导致美元的大幅贬值，使得中国外汇储备价值大幅缩水。

对此的一个应对措施是推动中国的外汇储备多元化。然而，中国在这方面的选择比较有限。中国以每年 4000 亿美元的速度累积外汇储备，这个规模使得世界上没有其他市场组合能和美国债券市场一样，有能力消化如此庞大的资金。[③] 而且，中国在外汇储备管理的三大目标中，更为强调安全性和流动性，而不是收益性。在中国看来，美国政府债券就

---

① 2009 年 4 月，诺贝尔经济学奖获得者、《纽约时报》专栏作家保罗·克鲁格曼把这种情况称作"中国的美元陷阱"。参见：www. nytimes. com/2009/04/03/opinion/03krugman. html。

② Yongding Yu，"How Far Can Renminbi Internationalization Go?"

③ Arthur Kroeber，"The Renminbi: The Political Economy of a Currency"，Shaping the Emerging Global Order Paper Series，Brookings Institution，2011. www. brookings. edu/research/papers/2011/09/07 – renminbi-kroeber.

安全性和收益而言，在国际金融市场所有的投资产品中仍然是最佳选择。[①] 进一步看，如果中国政府停止购买美国政府债券，将会使自己处于更大的风险中。[②] 正如萨默斯（Lawrence Summers）所言，"这是一个很有说服力的事实，考虑到抛售将给他们自己的经济带来的后果，日本和中国迅速抛售美国政府债券的可能性并不是很大"。[③] 这就是萨默斯所称的"金融恐怖平衡"，中国在其中就是无法停止资助美国。或者如克鲁格曼所指出的，"中国现在持美元数额庞大，以至于它无法将其抛售。因为一旦它开始这么做，将引发美元的贬值，导致中国遭受大量的资本损失，而这是它十分担忧的"。[④]

而事实上，中国从来没有战略性地削减其所持有的美国政府债券，反而继续增加。到2013年5月时中国所持有的美国政府债券达到创纪录的1.3万亿美元，到2014年9月时仍然是美国政府债券最大的外国持有者。[⑤] 即便在2008年金融危机之后的两年中，尽管当时新闻标题充斥着"中国抛售美元"的报道，但实际上中国在那段时期所持有的美国政府债券仍然有增无减，从2008年9月的6180亿美元（中国此时首次成为美国政府债券的最大海外持有者），增加到2010年9月的1.15万亿美元。[⑥] 据纽约大学的经济学家鲁比尼（Nouriel Roubini）所计算，如果美元对人民币汇率下跌三分之一，中国可能遭受相当于其国内生产总值10%的损失。[⑦] 仅这一个原因，央行也会继续发行更多人民币，购买美元。弗格森认为，中国将会在相当长的时间内继续资助美国

[①] 于颖、刘东：《郭树清谈结构僵局》，《证券市场周报》2011年第30期。

[②] 易宪容：《外汇储备：不持美国国债持什么?》，中国日报网，2010年2月22日，www. chinadaily. com. cn/zgrbjx/2010 – 02/22/content_ 9481244. htm。

[③] Lawrence Summers, "The United States and the Global Adjustment Process", Speech at the third annual Stavros S. Niarchos Lecture Institute for International Economics, Washington, DC, March 23, 2004.

[④] Paul Krugman, "China's Dollar Trap", *The New York Times*, April 3, 2009. www. nytimes. com/2009/04/03/opinion/03krugman. html? _ r = 0.

[⑤] Department of the Treasury/Fed Board, "Major Foreign Holders of Treasury Securities", September 16, 2014. www. treasury. gov/ticdata/Publish/mfhhis01. txt.

[⑥] Ibid.

[⑦] Cited in Niall Ferguson, "Our Currency, Your Problem", *The New York Times*, March 13, 2005. www. nytimes. com/2005/03/13/magazine/13WWLN. html? _ r = 0.

的这种双赤字状况，比任何唱衰美元的悲观者所期待的时间都要长。[1]
由于缺乏足够的国内支持，推动汇率形成机制完全市场化以避免美元陷阱这条路在中国也走不通。简而言之，可以认为，中国目前任凭美国左右，而不是相反。

　　摆脱对美元的依赖以及"美元陷阱"的一条可行之路是提升人民币的国际地位。国内有些经济学家提出，作为一个长期战略，人民币国际化是消除对美元依赖的正确之路。[2] 尽管这一进程需要数年甚至数十年的时间，而且也将给中国带来很大的经济成本，例如减少出口竞争力，损害中国货币政策独立性等，但这仍然是走出美元陷阱的正确之道。长期来看，人民币国际化能够带来很大的经济和政治优势。

　　其他一些国内经济学家则认为，当前的人民币国际化之路并没有减少中国对美元的过分依赖，反而导致中国积累了更多的美元计价资产，并增加了汇率风险。一方面，在当前市场上人民币单边升值预期之下，国内外的出口商倾向于使用人民币作为结算货币，另一方面，顾及货币升值而失去所赚取的利润，国内外的进口商则不愿意使用人民币作为结算货币。在实践中，由于国内外企业不同的议价能力，最终用来支付进口商品的人民币数量远远高于中国出口商所收到的人民币数量。在人民币单边升值预期之下，海外投资者有意愿继续增持人民币资产。进一步看，为了维持当前的人民币汇率固定的浮动区间，中国货币当局将必须继续买进所增加的外汇储备。[3] 假定后一种观点是正确的，那么如何解释央行为什么还要继续按照当前的途径推动人民币国际化？是不是还有除了消除中国对美元依赖之外的动机？要回答以上问题，需要对更多的

　　① Niall Ferguson, "Our Currency, Your Problem".
　　② 何帆：《人民币国际化的现实选择》；向松祚：《推进人民币国际化走出美债陷阱》，《证券日报》2011 年 8 月 22 日，http://zqrb.ccstock.cn/html/2011－08/22/content_257435.htm；向松祚：《推进人民币国际化减少对美元依赖》，中国证券网，2013 年 10 月 10 日，www.cnstock.com/v_news/sns_jrgc/201310/2777903.htm；曹远征：《汇改和扩大使用减少人民币对美元依赖》，中国金融信息网，http://rmb.xinhua08.com/a/20140331/1308879.shtml。
　　③ 张明：《人民币国际化：基于在岸和离岸的两种视角》，《金融与经济》2011 年第 8 期，第 4—10 页；张斌、余奇渊：《汇率与资本管制下的人民币国际化》，《国际经济评论》2012 年第 4 期，第 63—73 页；Yongding Yu, "How Far Can Renminbi Internationalization Go?"

影响因素加以探讨。人民币国际化的推进必然还有比仅仅是摆脱对美元过度依赖更大的目标。

中国对美元霸权的羡慕与疑虑

中国对过度依赖美元的疑惧基于一个更为广泛的政治和经济背景，涉及中国如何看待美元霸权。对此，中国公众和精英阶层中流行的看法可以归纳为：美元霸权是一种美国维持下的国际秩序，美国在其中能够轻易地从外部世界获取甚至"掠夺"（有些学者如此表述）物质和金融财物。

随着1971年金本位制的结束，美元本位体系开始形成，在国家力量的支持下，美国掌握了金融垄断的权利。美元在这一体系中的国际货币的独特地位使得美国能够通过两种相互关联的途径，从全世界，特别是发展中国家掠夺财富。首先，美国保持着双赤字，即经常项目赤字和财政赤字，这意味着它可以通过输出美元来换取外国的商品，从其他国家攫取物质财富。其次，通过发行美国政府债券以及发展金融衍生产品，使得因经常项目逆差流出的美元又回流美国。这样，美国既获得了实际的进口商品价值，又可以进一步支撑其金融体系。这种美元循环流通机制使得美国产生了滥发美钞的内在动力。一旦这种机制面临破裂的危险，美国可以通过扩大发行美钞来支付债务或减轻美国债务。这样一来，美国实际上通过美元贬值避免了偿还债务的责任或减少了美元债务的总量。量化宽松政策实质上就是债务的货币化，随着量化宽松政策而来的美元贬值导致以美元计价的外国政府外汇储备的大幅损失。最终，外国政府遭受损失而美国则掠夺了它们的财富。[①]

中国学者关于美元霸权的看法呼应了某些西方经济学家例如弗格森的观点。不同于中国学者"财富掠夺"的提法，弗格森使用"进贡"一词。他认为当今的中美经济关系有一种帝国属性：帝国传统上向它的

---

① 李晓、李俊久：《美国霸权地位评估与新兴大国的应对》，《世界经济与政治》2014年第1期，第114—141页；王曦、陈中飞：《美元危机到来还有多远?》，《人民论坛》2011年第21期；张茉楠：《美元滥发等于财富掠夺》，《人民日报》2010年11月11日。

臣民收取贡品。传统帝国收取"血汗财富"作为贡品，今天的美帝国则以低价进口商品和低利率高风险贷款的形式，从中国以及其他东亚经济体收取进贡品。① 正如尼克松政府时期的财政部部长康纳利（John Connally）对欧洲各同行所说的"美元是我们的货币，但却是你们的问题"一样，弗格森认为今天的美国也可以对中国和其他亚洲国家说同样的话。同样，康纳利的这句名言也经常被中国学者引用，来描述美元霸权并证明美国是如何从中国和其他国家掠夺财富的。

有些中国学者则对美元霸权持有更为激进的看法。② 在这种以阴谋论为基调的观点中，美国曾经使用其美元霸权敲打日本经济，使其陷入长达十年的衰退，有效摧毁了日本在 20 世纪 80 年代经济上赶超美国的可能性。③ 他们认为，中国必须对美国阴谋保持高度的警惕，这种阴谋体现在美国对中国施加的各种压力，包括进一步开放金融市场、汇率市场化改革、资本账户开放等。同样，主张金融市场化改革的经济学家甚至是政府官员则经常被批评为美国跨国公司的代理人。他们还进一步解释了美元霸权的循环运作过程：美元霸权为美国在全世界范围内提供了廉价资本，这些资本又被用来资助美国军力发展，而军事霸权反过来又保障了美元的霸权地位。

中国另外一些有声望的经济学家则对美元霸权提供了一种较为中性的看法。④ 以张宇燕的解释为例，他们认为，美元霸权使得美国能够从全世界收取铸币税，因为大部分国家都使用和储备美元。美国之外美元的流通以及其他所有经济体对美元的储备只有通过美国持续和大规模的

---

① Niall Ferguson, "Our Currency, Your Problem".

② 参见丁一凡、纽文新《美元霸权》，四川人民版社 2014 年版；乔良：《美元霸权与另外一种战争》，《中山日报》2007 年 10 月 10 日，第 4650 期 A3 版；乔良：《敲开金融霸权的内核》，为张捷《定价权》一书所写序言，http://blog.sina.com.cn/s/blog_5d98f6740102uz9e.html.

③ 1985 年的《广场协定》在中国被广泛认为是美国阴谋的有力证据，由此开启了日本经济的长期衰退。

④ 何帆：《美元霸权对世界经济的影响》，《学习时报》2004 年 11 月 19 日；张宇燕：《全球化时代的世界格局：现状与展望》，《文汇报》2009 年 8 月 29 日；易宪容：《中国为何还不断增持美债？》，《北京日报》2011 年 8 月 18 日，http://news.xinhuanet.com/fortune/2011-08/18/c_121876597.htm；项卫星、王冠南：《"金融恐怖平衡"视角下的中美金融相互依赖关系分析》，《国际金融研究》2014 年第 1 期。

经常项目赤字，才能够继续。这样一来，美国就能够通过提供美元和美元资产，享受全球的资源和服务。要维持稳定的美元流通，美国必须继续输出美元，并提供足够的金融产品，以满足全球贸易和海外储备的需要。

按照这些中国学者的观点，国际货币体系的根本问题在于美国货币当局只是基于他们对美国国内经济形势的判断来制定货币政策和宏观经济政策。换言之，美国未能考虑其货币政策对其他经济体所产生的负面溢出效应。这解释了中国为什么主张建立一种超主权的储备货币，改革当前的国际货币体系。然而，改革国际货币体系，推动国际货币基金组织特别提款权货币篮子的改革没有美国的支持将举步维艰。中国还有另一种选择，即推动人民币国际化，使得人民币成为具备作为计价单位、交易媒介和价值储藏职能的国际货币，同时继续坚持寻求改革国际货币体系的目标。

中国学者关于美元霸权的中性观点同样呼应了某些美国主流经济学家的看法。艾肯格林在其 2011 年的著作《嚣张的特权》中指出，美元的国际货币地位所带来的一个最大益处就是其他国家需要向美国提供实实在在的资源，以换取美元。大约有 5000 亿美元的货币在美国之外流通，为此其他国家需要向美国提供价值 5000 亿美元的实际商品和服务。[1] 由于美元证券的便利性，外国银行持有大量的美元债券和票据，也愿意为购买它们付出更多。这样，由于美国对外国投资负债的支付与美国对外投资回报之间存在利差，使得美国经济能够在外部赤字基础上运作。这进一步使得美国可以在年复一年的进口多于出口、消费多于产出的情况下而没有对全世界的负债增加太多。

无论是基于阴谋论，还是基于中立的经济分析，都使得中国相信，美国成为一个超级大国的秘密就在于其美元霸权。美元作为世界货币，使得美国能够使用外国补助来支撑美国的生活水平并补贴美国跨国公司。进一步看，没有证据表明这种左派阴谋论的观点（这种观点在畅

---

[1]   Barry Eichengreen, *Exorbitant Privilege: The Rise and Fall of the Dollar and the Future of the International Monetary System*, London: Oxford University Press, 2011.

销书——《货币战争》① 中得到充分体现）对中国领导人关于美元霸权的看法造成了什么影响，但我们仍然可以认为，这种观点以及经济学家们关于美元霸权中性的观点，都表明了在现代世界中，货币权力对于一个主权国家的经济力量和政治权势的重要性。人民币国际化正是中国寻求发展成为一个全球货币体系中金融大国所必需的第一步。

中国的金融崛起：建立现代金融制度

自从 20 世纪 90 年代初中国开始新一轮的经济改革后，中国领导人就开始逐步认识到金融在现代经济中的重要地位。早在 1991 年，邓小平就远见卓识地提出"金融是现代经济的核心"的论断，② 这表明中国领导人已经意识到金融在中国经济现代化过程中的重要性。遵循着邓小平最高指示的精神，中国于 90 年代中期开始了金融市场化改革，开始"与国际接轨"。1994 年开始了人民币汇率形成机制改革，引进有管理的浮动汇率制，人民币进行了大幅贬值。中国开始接受国际货币基金组织第八条款并开始开放资本账户，并制定资本账户开放的路线图。③ 然而，原本一帆风顺的金融市场化改革在 1997 年的亚洲金融危机之后戛然而止。在危机期间，人民币重新与美元挂钩，资本账户开放停止，资本管制得到加强。

尽管自 20 世纪 90 年代以来金融改革仍然得到推进，但由于中国相信自己在很大程度上成功抵御了亚洲金融危机，对其严格管制下的金融体系信心倍增，这反过来阻碍金融市场化改革的进一步推进。当然，与全球金融市场接轨仍然是中国决策者的最高目标。2008 年全球金融危机使得中国对陷入"美元陷阱"从而导致大规模资本损失深深担忧，从而开启了新一轮的金融市场化改革。2012 年中国共产党第十八次全国代表大会报告提出了金融改革的目标："深化金融体制改革，健全促

---

① 《货币战争》是由宋鸿兵编撰的 2007 年出版的畅销书。这部以阴谋论为基调的系列图书宣称西方国家最终都是由一群私人银行家所控制。该书在国内毁誉参半，被视作是经济民族主义兴起的一个重要组成部分。其系列的第二部和第三部分别于 2009 和 2011 年出版。第二部《货币战争二：金权天下》据报道是 2009 年后半年最为畅销的图书之一。

② 《邓小平文选：1982—1992》（英文版），外文出版社 1994 年版。

③ Yongding Yu, "How Far Can Renminbi Internationalization Go?"

进宏观经济稳定、支持实体经济发展的现代金融体系。"① 换言之，中国金融体系的现代化以及建立强有力的金融机构以管理金融体系是工作重点。该报告还呼吁"发展多层次资本市场，稳步推进利率和汇率市场化改革，逐步实现人民币资本项目可兑换"。②

2013年中国共产党十八届中央委员会第三次全体会议通过的全面深化改革纲要强调了三个方面的金融改革，即降低准入门槛，鼓励金融市场竞争；完善人民币汇率形成机制，加快推进利率市场化改革，加快实现人民币资本项目可兑换；完善监管协调机制，管理金融风险，加强金融基础设施建设。总体而言，整个改革的目标是使市场在资源配置中起决定性的作用。2013年8月，就在第十八届三中全会召开之前，李克强总理在大连举行的夏季达沃斯论坛上向国际社会传达了中国金融改革的议程。③ 李克强称中国的金融改革"是盘活中国经济这盘大棋的关键一步"。④

学者们也开始认识到一个全面发展的金融市场对于未来几年中国经济增长的重要性。相较于领导，学者们更多关注中国金融业与全球金融市场的融合，并言辞更为直接地倡导金融业在全球经济中的重要性。他们强调金融在全球经济分工中的杠杆作用，认为一个国家金融业的竞争力在很大程度上决定它在全球经济中的地位。⑤ 从国内来看，他们认为金融市场化改革是整个经济结构转型的核心问题，它能够推动中国的经济增长更为平衡，更依靠国内需求。

金融市场化改革的成功将决定中国经济转型的未来。⑥ 中国金融市场化改革，包括汇率形成机制改革、利率改革、资本账户开放，以及整

---

① 参见《胡锦涛在中国共产党第十八次全国代表大会上的报告》，新华社，2012年11月17日，http://news.xinhuanet.com/18cpcnc/2012-11/17/c_113711665.htm。

② 《胡锦涛在中国共产党第十八次全国代表大会上的报告》。

③ 参见 http://topic.chinadaily.com.cn/index/special/sid/505。

④ 参见 http://usa.chinadaily.com.cn/epaper/2013-11/12/content_17097692.htm。

⑤ 章玉贵：《金融改革决定经济转型成败》，《经济参考报》2013年9月24日。

⑥ 黄益平：《金融改革核心是利率市场化和人民币国际化》，《经济参考报》2014年6月9日；章玉贵：《金融改革决定经济转型成败》；World Bank and Development Research Center of the State Council, *China 2030: Building a Modern, Harmonious, and Creative Society*, Washington, DC: World Bank. 2013, DOI: 10.1596/978-0-8213-9545-5。

个金融体系的现代化，人民币国际化已经成为中国金融全面市场化改革的要害，将发挥关键性的作用。或者如一些学者所言，国内经济和金融的转型，构成了人民币国际化的前提条件。一旦结构转型完成，人民币国际化的条件就将成熟。人民币国际化的成功就能够实现，中国也将最终实现其发展成为金融大国的战略。①

可以说，中国作为世界第二大经济体，理应拥有自己发行的国际化货币。20 世纪 70 年代末改革开放以来中国经济奇迹般增长，正是建立在融入全球经济体系的目标定位及市场化改革基础之上。中国加入世贸组织使得中国制造业融入国际分工体系，大大推动了中国经济的增长。全面参与和融入全球金融市场体系，将不可逆转地把中国的国内金融市场和国际市场联通起来，成为 21 世纪以来中国推动经济进一步发展，融入更为紧密联系在一起的世界经济的另一个关键维度。按照这个逻辑，在当今以信用为基础的全球货币体系中，拥有一种国际化的货币意味着拥有权势。人民币国际化本身正是金融业实现其"中国梦"的核心，能够为"中国梦"的整体实现提供所需要的金融支持。

避免对美元过分依赖，努力取得在全球货币体系中与美元同等地位，建立自己的现代金融体制构成了与人民币国际化相关的更为广泛的政治经济长期目标。当前的人民币国际化路线是间接的、渐进的，希望能够通过国内金融改革，取得人民币国际化的长远目标。尽管当前的人民币国际化在最初几年里只是增加了中国对美元的依赖，但在中国看来，这是一个必要的代价。

人民币国际化的路线图：一种政治经济学解释

间接和可管理的人民币国际化路径

尽管学术界有呼吁人民币国际化、推动汇率和利率市场化改革的共识以及开放资本账户的呼声，中国政府并没有提出一个人民币国际化的

① 夏斌：《人民币国际化是中国金融战略布局的重要一着棋》，《经济参考报》2011 年 10 月 24 日；潘英丽、吴君：《体现国家核心利益的人民币国际化推进路径》，《国际经济评论》2012 年第 3 期，第 99—109 页。

战略，甚至没有对人民币国际进程公开发表过讲话。然而，自 2009 年以来，一种间接、可管控的人民币国际化路径已经开始实施。

2008 年全球金融危机以来，人民币国际化作为避免中国对美元过分依赖的风险的必要措施得以推动。此前学术界要求加快人民币国际化的进程，但中国政府并没有做好准备，金融危机以来，这种要求更为强烈。然而，中国的金融市场化改革远没有完成，利率和汇率改革，以及资本账户的开放进展缓慢。

中央政府认识到有管控的金融体制的优点，主张一种渐进的、可管理的金融市场化改革路径。中国的学者和领导人都认识到金融体制进一步融入国际经济所可能产生的风险，特别是资本账户开放可能对中国经济带来的巨大冲击。因此，间接的、可控的金融市场化改革被视为是一种正确的选择。面对要求人民币国际化的强烈呼声，中国的经济学家以及央行官员研究了在有管制的资本账户和有限的资本项目可兑换条件下推动人民币国际化的中间路线，或称渐进路线，并就人民币国际化可以从人民币跨境贸易结算开始达成了共识。

人民币早在 2008 年全球金融危机前几年就已经在中国与周边国家和地区的边境贸易结算中广泛运用，国内学者也对此进行了系列研究。① 2009 年 7 月，中国人民银行、财政部、商务部、海关总署、税务总局、银监会六部委共同制定的《跨境贸易人民币结算试点管理办法》公布实施，正式开始了人民币跨境贸易结算，标志着人民币国际化进程的加速。

近些年来，人民币国际化在贸易结算、人民币海外居民存款、人民币债券、跨境贷款、人民币海外直接投资、人民币合格境外机构投资者的引进与其他央行的货币互换协议等方面取得快速发展。② 尽管如此，对于人民币国际化进程，中国官方还是保持着一种低调的态度。直到 2011 年初的时候，即人民币国际化加速发展的一年半之后，中国官方才第一次公开提到了人民币国际化这个用语，而且还是在一个几乎被人

---

① 徐奇渊：《人民币国际化：概念、争论与展望》，中国社会科学院世界经济与政治研究所国际金融研究中心讨论稿，2014 年第 9 期。

② 人民币国际化的进展细节可参见：Yongding Yu, "How Far Can Renminbi Internationalization Go?"

忽略的文件中。[①] 中国官员将人民币国际化进程描述为"水到渠成的市场化过程"，[②] 当所有条件成熟的时候，人民币国际化自然会实现。而现实情况是，中国政府通过上述方式和手段，积极推动人民币国际化。看起来，中国政府似乎采取了一种"只做不说"的微妙策略来推动人民币国际化。

这种渐进、可管理的人民币国际化路径遵循着 2005 年汇率形成机制改革的同一模式，后者是中国真正推动金融市场化改革的第一步。中国并没有一次性完全实现汇率市场化改革，而是采取了渐进式放松管制的方法，实行以市场供求为基础、参考一篮子货币进行调节、有管理的浮动汇率制。在接下来的几年里，这种改革路径被证明可以规避风险，对整体经济形势可能带来的负面影响进行了控制。同样，当前的中国政府仍然认为现在并不是推动汇率形成机制完全市场化以及利率市场化改革的时机。根据传统经济学关于货币国际化的次序的理论，利率和汇率的市场化是推动货币国际化的两个前提条件。当前人民币国际化所选择的路径因此必须是间接的，甚至是迂回的。留给改革者最好的选择就是推动人民币跨境贸易结算，建立人民币离岸市场。通过这种方式，人民币国际化的这两个前提条件能够实现。

中国对于外国资本控制其金融市场的担忧，以及相应的由于金融市场化改革可能带来的对中国金融主权的侵蚀，也是中国采取渐进、可管理的路径推动人民币国际化的另一个原因。结合中国领导人对于金融重要性的认识来看，中国对金融权力的紧密控制以及对外国资本控制国内金融市场的担忧，也就可以理解了。中国或许将永远不可能放弃对其金融市场的控制权，也不会让外国资本在其国内金融市场上发挥重要作用。而根据一位美国学者的看法，放松对金融市场的控制，让国际资本发挥重要作用，对于人民币真正成为一种主要的国际储备货币来说是至

---

① 徐奇渊：《人民币国际化：概念、争论与展望》。

② 央行副行长易纲在 2013 年 3 月 1 日接受新华社记者采访时表达过这种观点。参见：http://rmb. xinhua08. com/a/20130301/1130481. shtml；财政部财政科学研究所所长贾康在 2012 年也发表过一篇文章解释这种观点。参见：http://paper. people. com. cn/rmlt/html/2012 - 02/22/content_ 1006917. htm? div = - 1。

关重要的。[①]

总而言之，当前所采取的人民币国际化路径是相当独特的。看起来更为"正常"的货币国际化路径应该是首先推动汇率和利率形成的市场化改革，开放资本账户，人民币国际化将自然实现。而现实情况是，尽管汇率和利率的市场化改革仍未完成，资本账户也仍然在严格的控制之下，中国政府通过跨境贸易结算，建立人民币离岸市场以及签署与其他央行的货币互换协议，低调推行人民币国际化。

在这种间接的和可管理的人民币国际化路径背后，有着更深层次的原因需要挖掘，例如所谓的"倒逼机制"就是一种貌似最为合理的解释。

人民币国际化名义下的资本账户开放

根据余永定的看法，当前人民币国际化路径存在的根本问题是，在目前中国经常账户盈余的情况下，中国无法在不相应增加其对外负债的情况下给世界提供货币流动性。[②] 中国目前的人民币国际化途径——即依赖人民币贸易结算提供离岸市场的人民币流动性——将导致中国持有更多美元计价资产，而这恰恰是推动人民币国际化所要避免的。这样，人民币国际化目标将无法实现。更糟糕的情况是，目前人民币国际化的这种途径可能带来的一个最为严重的后果是套汇和套利活动猖獗。套利成为当前人民币国际化的主要推动力之一，给中国带来严重的福利损失。

这种失败可归咎于汇率管制机制。出于人民币升值的预期，即便在汇率和资本账户双重管制下，当前的人民币国际化路径仍然取得了一些进展。但是，这种进展难以持续。自 2011 年 9 月起，人民币升值预期逆转，人民币国际化进程暂时受到阻碍。此外，全球金融市场的动荡同样导致大量人民币计价资产转换为美元计价。不管怎样，人民币资产持有和人民币跨境贸易结算双双下降的后果证明，在汇率和资本账户管制的情况下，政府引导的货币国际化战略并不稳定。

---

① Arthur Kroeber, "The Renminbi: The Political Economy of a Currency", Shaping the Emerging Global Order Paper Series, Brookings Institution, 2011. www. brookings. edu/research/papers/2011/09/07 - renminbi-kroeber.

② Yongding Yu, "How Far Can Renminbi Internationalization Go?"

2014 年人民币国际化的表现进一步证明了这种不稳定性。该年度是 5 年来人民币对美元首次出现净贬值（按年度计算）。随着美元走强和中国经济增长放缓，市场对人民币的升值预期显著下降。在这种情况下，尽管中国政府采取了积极推进方案，在加拿大和澳大利亚这两个发达经济体建立起人民币离岸中心，并进一步引进其他措施促进资本账户开放，包括增加人民币合格境外机构投资者投资配额，开启"沪港通"股票市场交易互通机制，但人民币国际化进程仍然进一步放缓。2014 年香港人民币离岸存款的增长是 21 个月中最低的，还曾一度跌破年中均值。2014 年 7 月，中国商品贸易中人民币结算份额降至 13.2%，成为自 2013 年 10 月以来的最低点。[①]

即便考虑了这些对人民币国际化的约束条件和阻碍因素，仍然存在以下两个重要问题：当前人民币国际化路径背后的依据是什么？为什么央行在明显缺乏稳定性和可持续性的情况下，仍然继续采取推动当前的人民币国际化方案？

答案就在资本账户开放。按当前的路径，央行实际上是在人民币国际化的名义下推动资本账户开放。开放人民币贸易结算，发展人民币离岸市场，放松资本账户管制。[②] 中国人民银行与他国央行间签署的货币互换协议是打破资本账户管制的另一途径，其做法是借人民币国际化之名，通过提供具有足够流动性的预期，鼓励人民币在海外市场的使用。[③] 这就解释了为什么在 2011 年后，尽管有学者指出当前的人民币国际化路径存在内在缺陷并因此呼吁停止施行，但人民币贸易结算、人民币离岸市场和货币互换协议仍然得到了大力推进。[④] 2014 年 11 月，"沪港通"正式启动，允许中国大陆投资者购买香港股票，国际投资者也可通过香港经纪商进入中国两大股市之一。"沪港通"在不必直接取消中国的资本管制的情况下，进一步推动了资本账户开放。正如香港交

---

① Global Research of Standard Chartered, "Offshore Renminbi — Slow but Steady", September 8, 2014.

② 余永定：《应暂停出台人民币国际化新政策》。

③ 张斌、徐奇渊：《汇率与资本管制下的人民币国际化》。

④ 余永定：《应暂停出台人民币国际化新政策》；张斌、徐奇渊：《汇率与资本管制下的人民币国际化》。

易及结算所有限公司集团行政总裁李小加（Charles Li）认为，该计划的实施是中国大陆资本账户双向开放的转折点。①

资本账户开放的政策目标在中国官方的权威文件中得到支持，央行目前实施的人民币国际化推进路径也因此名正言顺。值得注意的是，尽管央行和其他任何部门均从未在其官方文件或声明中明确提出人民币国际化或人民币国际化与资本账户自由化之间的关系，但作为人民币国际化一个希望得到的结果，资本账户开放在"十二五"规划以及中共十八届三中全会报告等官方权威文件中都被明确列为优先议题之一。

因此，尽管有不少经济学家警示资本账户开放可能对中国经济带来巨大危险，但央行继续坚持其政策，于 2012 年提出资本账户开放的"战略机遇"期，② 并在此后继续推进资本账户开放。在实际操作中，央行并没有打算一步到位推进资本账户开放，其提出的战略机遇期方案，更像是对资本账户开放的重要性和紧迫性的一个宣示。目前的人民币国际化路径实际上已经间接打破了资本账户管制。通过这样的方式，资本账户开放无须与强势利益集团正面交锋，相反能够为当前政治经济背景下国内金融改革提供一条合理可行的路径。

协调可控的中国金融改革路径

央行推动资本账户开放的一个重要补充解释是，它并未寻求通过僵化的手段推行这一政策。根据央行副行长易纲与前货币政策委员会委员余永定最近的一次讨论，央行在以一种"以协同方式"，同时推进利率、汇率市场化改革和资本账户开放。③ 这种看法也在 2012 年 2 月央行政策调研报告中所提到。④ 该报告提出，经典经济学理论中的"不可能三角"（或称为"三角困境"）存在自身局限性，并不适用于中国当

---

① 李小加：《深港通仍在讨论阶段》，中国证券网，2014 年 12 月 2 日，http：//news. cnstock. com/news/sns_ yw/201412/3262534. htm。

② 中国人民银行调查统计司调研组：《协调推进利率汇率改革和资本账户开放》，2012 年 4 月 17 日。

③ 新浪财经：《余永定易纲激辩人民币利率市场化：央行太小心了》，新浪财经，2014 年 4 月 19 日，http：//finance. sina. com. cn/hy/20140419/131918853420. shtml。

④ 中国人民银行调查统计司调研组：《协调推进利率汇率改革和资本账户开放》。

前的实际情况。这一理论主要局限之一是未考虑到"三角"中每一组成部分之间存在的"中间状态"。例如，在固定汇率和完全市场化的汇率体制之间，存在既非完全管制，又非完全自由化的中间状态。这种观点构成了推进中国金融改革协调方案的理论基础。

另外一些具有影响力的中国经济学家，例如夏斌，[①] 支持央行关于实现三大政策目标的协同渐进改革模式。[②] 他认为对中国金融市场改革而言，改革的前后次序不再是问题的关键。因为汇率改革和资本账户开放均已取得一定进展。当前着力推进人民币国际化使形势变得更为复杂，并成为中国金融市场改革新的重要变量。当前阶段下的人民币国际化是在汇率管制和资本账户开放并未完成的条件下推进的，不应遵循抽象的理论。当前人民币国际化的这个案例在西方经济学经典教科书里也从未出现过，中国也没有前人的经验可借鉴。

央行强调，当前加快资本账户开放的条件已经成熟。央行目前正在协同推进汇率和利率市场化改革以及资本账户开放。央行选择以协同方式，同时推进汇率、利率市场化改革和资本账户开放，成熟一个，推进一个。通过这样的方式，不同措施可以相互组合，风险也会相应降低。

基于内部评估以及对当前渐进方案的信心，央行并没有遵从理想的改革次序。从央行官员如副行长易纲和前副行长吴晓灵等的评价来看，央行正在推进人民币作为结算和投资货币的使用，这将为资本账户开放带来巨大的外部压力。只有在资本账户开放实现后，利率和汇率改革才能实现。这就是余永定所称的央行在人民币国际化问题上的"功能性路径"，[③] 或像其他学者所称的"倒逼路径"。与此同时，应其他国家要求，[④] 与外国央行签署货币互换协议是对中国人民银行推进人民币国际

---

① 夏斌是国务院发展研究中心金融研究所所长，曾担任央行货币政策委员会委员。

② 夏斌：《中国金融改革的逻辑》，《上海证券报》2014 年 5 月 23 日。

③ Yongding Yu，"How Far Can Renminbi Internationalization Go?"

④ 2008 年中国人民银行与韩国的货币互换协议，及 2009 年前几个月与其他央行的货币互换协议，均应他国要求签署。参见巴曙松：《2009，人民币国际化的起步之年》，经济观察网，2009 年 5 月 19 日。近年来许多货币互换协议也是在他国央行以不同理由提出要求下签署的，如阿根廷、马来西亚和印度尼西亚作为贸易结算货币的要求，俄罗斯、菲律宾、柬埔寨和白俄罗斯作为储备货币的要求。参见：Yongding Yu，"How Far Can Renminbi Internationalization Go?"

化基本路径的补充。①

就目前看，央行在利率和汇率改革方面的缓慢进展受到不少批评。一些学者分析认为，目前缓慢的汇率改革与推行资本账户开放和人民币国际化的政策组合并不理想，因为它带来了猖獗的套汇和套利活动。② 央行认识到一个更为灵活的汇率政策将能够抵消资本账户进一步开放带来的负面影响，但近年来央行放缓汇率改革，原因在于面临巨大困难。当某些有利条件具备时，汇率市场化改革取得了一些进展，如 2014 年人民币的贬值。2014 年 3 月，央行将人民币汇率交易区间放宽到百分之二，并开始逐步减少对外汇市场的干预。易纲认为，到 2014 年末，人民币汇率的灵活度已得到提高，人民币汇率双向浮动机制开始形成。③

作为深化中国金融改革推进器及重要并行目标的人民币国际化

央行官员显然认识到人民币国际化次序的重要性，并应遵从以下次序：市场化的利率和汇率形成机制，资本账户下人民币的可兑换，最后完全实现人民币国际化。但是，汇率和利率改革面临重重困难，很难打破国有企业，特别是"四大国有商业银行"以及地方政府中强大的利益集团的阻碍。这些利益集团受到现行基于金融抑制的经济发展模型的支持和保护。正如全国人民代表大会财政经济委员会副主任委员吴晓灵在 2011 年所提出的，"在关于如何实行汇率改革的问题上，各方很难达成共识"。④ 央行只能转而改用另一种汇率改革方式：先推行人民币国际化，然后借助人民币国际化带来的压力提高资本账户下人民币的可兑换性，最终实现汇率改革。

---

① 中国人民银行并未积极主动推进与他国签署货币互换协议（源自与徐奇渊的个人交流）。

② 余永定、张斌、张明：《中国应慎对人民币资本账户开放》，《金融时报》中文版，2013 年 6 月 4 日。

③ 易纲：《央行逐步退出常态式外汇市场干预》，新华网，2014 年 12 月 22 日，http://news. xinhuanet. com/house/wh/2014 - 12 - 22/c_ 1113724594. htm。

④ 吴晓灵：《顶层设计和金融体制改革》，《21 世纪经济报道》2011 年 8 月 27 日。

　　这一方案的运行逻辑是：在当前人民币国际化的路径下，跨境贸易结算和人民币离岸市场的建立导致离岸人民币的规模大增。人民币离岸交易中心本身也会为海外人民币回流中国提供渠道，以此确保人民币国际化能够继续推进。反过来，资本流动的规模将会对仍处于管制状态的资本账户和汇率制度带来巨大压力。

　　在实际操作中，正如一些学者所提出的，这一机制并不一定会奏效，却可能通过套汇和套利方式给中国经济造成损失。[①] 然而，这种损失被视为实现人民币国际化和中国金融改革这个更为宏伟的目标所必须付出的代价。目前人民币国际化的推进路径是中国的次优选择。最佳选择是首先实现汇率和利率的自由化，但这在目前情况下是行不通的。此外，随着高层对人民币的预期从升值转为贬值，以及 2014 年央行进一步放松汇率管制，套汇活动的利润空间缩小，为此付出的代价也在减小。但同时面临的困境是，随着这种代价的减少，人民币国际化进程也随之放缓。

　　因此，可以说人民币国际化被用作了国内金融改革的推进器，当然人民币国际化本身也是与金融改革相并行的目标。面对中国困难重重的金融改革，对央行及其支持者而言，倒逼机制似乎是一个可行的选择。

　　人民币国际化作为重要工具，可为中国经济发展实现以下两大关键目标：从全球层面看，人民币国际化将增强中国的国际金融竞争力，逐渐摆脱目前发达国家主导的国际货币体系规制所带来的限制；从国内层面看，人民币国际化将推动金融改革，有效促进中国经济发展。在中国看来，美元霸权及其衍生的政策结果，如在国际货币基金组织事实上的否决权、美国货币政策的负面外部效应及其持续的巨额经常账户和财政赤字，会对中国经济发展带来不利影响。如果人民币能够成为一种主要的储备货币，中国在金融方面的竞争力将不断增强，在国际货币政策协调中也将更有能力采取主动，其国际地位也将得到提升。对国内市场而言，人民币国际化将推动一系列以市场为导向的金融改革，包括汇率、利率、银行业以及资本市场的改革。

　　中国最高领导层对人民币国际化在中国金融改革中的地位有着明确

---

① 张斌：《香港离岸人民币市场发展的困惑》；余永定：《应暂停出台人民币国际化新政策》；余永定：《从当前的汇率波动看人民币国际化》。

的认识。[①] 事实上，中国金融改革的终极目标显然不在人民币国际化本身，而是到 2020 年建成现代化小康社会。吴晓灵强调，央行正将更多注意力集中在如何推进国内金融市场化改革，而不是如何推动人民币成为国际化的货币，人民币的时代尚未到来。[②] 周小川行长同样强调，在人民币国际化问题上，央行重点关注做好自己的"家庭作业"，包括取消不必要的人民币使用限制，如法律法规和业务条例，逐步实现人民币的资本项目可兑换。央行正在为推进人民币更广泛的使用创造条件，不会预先设定速度、节奏和时间节点。[③]

与此同时，人民币国际化本身作为一个并行的目标，从其可能为中国带来的政治经济利益看，意义也同样重大。在既定金融改革目标实现的情况下，这个目标也会实现。这为央行坚持以其独特方式推进人民币国际化进程提供了另一个解释，尽管主要由于潜在的巨大成本和责任，此前没有国家曾尝试主动采取措施，推进其货币的国际化。

人民币国际化渐进路径的逻辑：中国经济结构转型的关键

在金融改革中实行倒逼机制的根本原因在于市场导向的汇率和利率改革面临重重困难，通常而言，汇率和利率市场化改革是实现货币完全国际化的前提条件。这其中，以市场为基础的利率体系在中国现行金融改革中占据核心位置，是真正的市场化的汇率改革和资本账户开放的根本制约条件。

根据利率平价理论，国内利率受到管制时，汇率市场化将导致汇率大幅波动，利率差增大和大量的跨境资本流动，所有这些都会影响国内货币政策。当今中国，受管制的利率将导致汇率扭曲，在现行管制汇率体系中无法设定合理的浮动区间。此外，长期设置存款利率上限和维持低名义利率，将持续推动人民币汇率走高。简而言之，利率市场化是汇

---

① 成思危：《十年左右基本实现人民币国际化》，《上海商报》2014 年 2 月 28 日。成思危是著名经济学家，曾担任全国人民代表大会常务委员会第九届和第十届副委员长。

② 吴晓灵：《人民币的时代还没有到来》，中国新闻网，2014 年 3 月 22 日，www. chinanews. com/gn/2014/03－22/5982181. shtml。

③ 周小川：《人民币国际化要做好"家庭作业"汇率变化关注中期趋势》，新华网，2014 年 3 月 11 日，http：//news. xinhuanet. com/politics/2014－03/11/c＿119712241. htm。

率自由化的前提。

　　自 1996 年启动利率市场化改革以来的 18 年中，其中最重要的存款利率仍未触及，这是目前唯一的管制利率。[①] 国内外学者都认为，金融抑制是中国金融体系的核心，而金融抑制的核心是利率管制。[②] 自改革开放政策 30 多年前开始以来，一直实行金融抑制政策，促使家庭财富向政府和国有企业转移。这构成了当前以投资和出口为主要特征的中国经济增长模型最为重要的基础，它也同样构成了中国共产党对中国经济发挥影响力的关键因素。

　　利率市场化改革被认为是中国金融改革中难度最大的部分。这一改革将改变金融抑制政策，推动中国从当前的经济增长模式——投资和出口驱动模式——向消费驱动增长模式转变。这意味着告别过去 30 多年中最成功的经济增长模式，而在中国，这一转变如果没有顶层决策者的决心并坚定支持，是无法实现的。

　　其中最大的困难来自强大的既得利益集团的阻碍，这些利益集团受惠于现行的金融抑制和增长模式。尽管他们并未直接反对人民币国际化本身，但反对诸如汇率和利率市场化改革等政策变化，而这些政策变化与人民币国际化密切相关。2013 年 3 月，李克强总理在就职记者发布会上，表达了他对这些强大利益集团和推行改革中遇到困难的看法："触动利益往往比触及灵魂还难"。[③]

----

　　① 2015 年 8 月 25 日，央行宣布将对一年期以上的存款开放存款利率，这是利率市场化改革又一重要一步，但央行仍将维持其对一年期存款基准利率的控制。2015 年 10 月 23 日，央行宣布，对商业银行和农村合作金融机构等不再设置存款利率浮动上限，标志着中国的利率管制基本放开，基本实现利率市场化。但央行以后仍可能会对利率水平进行窗口指导，以实现平稳过渡，利率真正完全市场化仍需时日。

　　② 黄益平：《金融改革核心是利率市场化和人民币国际化》；曹彤：《存款利率放开面临两难选择》，新浪财经，2014 年 7 月 7 日，http://finance. sina. com. cn/money/bank/bank_hydt/20140707/081619625197. shtml；Henny Sender, "China Should Give its People Greater Freedom on Investment", *Financial Times*, March 30, 2012; Nicholas Lardy, "Sustaining Economic Growth in China", East Asia Forum, February 5, 2012. www. eastasiaforum. org/2012/02/05/sustaining-economic-growth-in-china/; Hiro Ito and Ulrich Volz, "China and Global Imbalances from a View of Sectorial Reforms." *Review of International Economics* 21（1）：57 – 71. 2013.

　　③ 张旭东：《李克强谈改革挑战：触动利益比触及灵魂还难》，《第一财经日报》2013 年 3 月 18 日，http://finance. sina. com. cn/china/20130318/012514859895. shtml。

人民币国际化的主要制约和支持力量

主要制约力量

大型国有商业银行

通过相互竞争，大型国有商业银行在人民币离岸清算银行中发挥了作用并从中获得利益。尽管如此，大型商业银行积极维护存款利率管制，对人民币国际化而言无疑是一个重大的实际制约力量。

在中国，大型商业银行享受着实际存款负利率带来的大幅补贴。2011 年，平均利息收入占银行总收入的 80%。[1] 央行前副行长吴晓灵称银行的利润收入"不合理"。时任重庆市市长黄奇帆指出，在中国，各银行存贷款净利差要比其他国家高出两个百分点。[2] 北京大学著名经济学家张维迎将国有银行凭借其垄断地位赚"快钱"的获利方式描述成强盗逻辑——1.2% 的存款利率和 5.6% 的贷款利率形成的利率差使傻瓜都能赚钱。[3] 美国学者尼古拉斯·博斯特（Nicholas Borst）的研究回应了张维迎的批评。他的研究描述了自央行规定存款利率上限和贷款利率下限以来，中国的银行是如何舒适地保持 3% 左右的利润率的（Borst 2012）。[4]

目前看来，存款利率管制是中国利率改革中唯一的保留项目。据官方观点，利率改革一向被视为最关键也是最具风险的一步，因而仍未涉及。作为人民币国际化的一大先决条件，利率改革遭到大型商业银行的强烈反对，因为这会导致存贷利率差显著缩减，从而严重影响银行的盈利能力。2011 年，主宰中国银行系统的四大国有银行的平均股本回报率在 25% 左右。[5] 2012 年，面对公众对其"暴利"产生的质

---

[1]　中国银行业监督管理委员会：《2011 年度报告》，2012 年出版。

[2]　苏曼丽、楼赛玲：《银行行长否认"银行暴利"说》，《新京报》2012 年 3 月 12 日。

[3]　张维迎：《市场制度最道德》，《南方周末》2011 年 7 月 16 日。

[4]　Nicholas Borst，"Are Chinese Banks Too Profitable?" Peterson Institute of International Economics. *China Economic Watch*（blog），March 29，2012. www.piie.com/blogs/china/? p = 1191.

[5]　Tom Orlik and David Reilly，"China's Dinosaur Banks Must Evolve"，*The Wall Street Journal*，April 5，2012. http：//online.wsj.com/news/articles/SB10001424052702304072004577332364 2405367110.

问，国有大型银行的一些领导者迅速否认了"暴利说"。[①] 这是存款利率改革可能面临的潜在困难的写照，这些银行的领导者不会轻易屈服的。

国有企业

部分国有企业可能受益于人民币对外贸易结算以及对外直接投资这两大人民币国际化的渠道。然而，作为中国目前金融体系中的主要借款人以及国有银行系统中廉价资金的接收者，国有企业强烈反对金融市场改革，尤其是还仍然存在的存款利率限制。这使它们也成为人民币国际化的实际制约力量之一。即便自 2013 年以来贷款利率一直向市场化方向发展，不受管制的存款利率仍然会相应地导致贷款利率的上升，并将削弱国有企业相对较高的盈利能力。在 2012 年浙江调查之行后，中华全国工商业联合会主席黄孟复指出，相当比例的国有企业利润来自利率的转移支付，因为它们可以从银行获得利率相当低的贷款。小额贷款的平均利率为 20%，远高于大型民营企业能够比较满意接受的 10% 这个利率水平，但国有企业可以以 5.3% 的贷款利率从银行获得贷款。[②] 让国有企业在银行贷款上与私营部门竞争，虽然需以损失国有企业利益为代价，但将提升国家的整体福利。

出口行业

汇率市场化将导致人民币兑美元的大幅升值。[③] 在国家发展和改革委员会（NDRC）和商务部，以及沿海省份（出口企业为其 GDP 和创造就业机会贡献巨大）的大力支持下，中国出口行业形成了一个强大的利益集团，他们反对完全市场化的汇率改革。自 2005 年汇率改革启动以来，改革者一直受到这一松散的利益集团联盟的影响。尽管 2009 年人民币贸易结算正式启动后，一些出口企业从中受益，但由于当前对

---

① 苏曼丽、楼赛玲：《银行行长否认"银行暴利"说》。

② 刘伟：《国企为王》，《南方周末》2013 年 1 月 3 日。

③ 在现行资本账户管制之下，仍然会有更多的资本设法流入中国，推动人民币升值。自 2005 年汇率改革起，人民币已连续升值八年。最近，由于中国经常账户盈余减少，跨境资本流动的不稳定波动，人民币单向升值的预期已经消失。此外，在 2014 年美联储正式停止量化宽松政策后，人民币兑美元可能向贬值方向发展，这将减小中国出口行业的压力，从而为汇率改革提供机遇。

外贸易结构、[1] 中国出口企业议价能力缺乏等诸多制约因素，90% 的中国外贸企业仍选择用美元结算，[2] 并依然强烈反对汇率完全市场化带来的风险。

国家发展和改革委员会

俗称"小国务院"的国家发展和改革委员会作为国务院下属的宏观经济管理机构，是中国金融抑制政策的主要制定者和实施者，在过去十年中确保了以低成本的大量投资来维持中国的经济发展。这一政策以低利率为核心，抑制家庭收入，引发大量投资进入房地产市场，导致中国房地产泡沫的积累。现行的利率机制同样严重扭曲了资本分配，加剧了中国的宏观经济失衡。[3]

地方政府

根据中国社会科学院一位研究人员的估算，中国地方政府背负的巨额债务高达 20 万亿元，而根据中国银行业监督管理委员会 2013 年公布的数据，这一债务是 9.7 万亿元。[4] 中国地方政府背负的巨额债务已成为利率市场化面临的主要障碍之一。利率自由化将拉升存贷款利率，大幅增加政府的借贷成本和债务水平。[5] 地方政府背负的巨额债务将成为引发中国金融市场系统风险的一个因素，因而在开放存款利率之前必须解决这一问题。这个问题也将地方政府变为反对利率改革，特别是放开存款利率管制的主要抵制力量之一。[6]

房地产和建筑行业

自 1998 年市场化住房制度改革启动以来，中国的房地产及相关建筑行业已发展成为经济增长的一大支柱。这些产业的蓬勃发展归功于国

---

① 例如，中国主要贸易伙伴（即美国、欧洲国家等发达经济体）的公司在贸易结算中倾向于不使用人民币，而用美元来结算商品。大宗商品也是用美元结算的。

② 王莹：《九成外贸企业仍无缘人民币结算专家称配套政策有待完善》，《中国企业报》2014 年 7 月 28 日。

③ Nicholas Lardy, "Sustaining Economic Growth in China", East Asia Forum, February 5, 2012. www.eastasiaforum.org/2012/02/05/sustaining-economic-growth-in-china/.

④ Justina Lee, "Local $1.6 Trillion Debt Pile Impedes Rate Freedom: China Credit", *Bloomberg*, November 14, 2013. www.bloomberg.com/news/2013 - 11 - 14/local-1-6-trillion-debt-pile-impedes-rate-freedom-china-credit.html.

⑤ 张斌：《香港离岸人民币市场发展的困惑》。

⑥ 张斌：《香港离岸人民币市场发展的困惑》。

有银行的大量低息贷款，而国有银行也从实际存款负利率中获利。2008年全球金融危机后4万亿元的经济刺激方案推出后，房地产行业重焕生机，并与大量投资其中的银行更为紧密地捆绑在一起。实际存款负利率以及缺少其他投资机会促使大量资金涌入房地产市场，刺激了房地产市场发展进程中的房地产泡沫。由于自身的巨大规模以及对经济增长的支撑作用（加之与提供资金支持的银行和地方政府无论好坏地捆绑在一起），房地产市场的可持续发展使其成为倾向于维护当前有管制的利率体制的强大利益集团。

以上这些集团并没有公开反对人民币国际化，因为人民币国际化被广泛解释和接受为全面实现中国经济民族主义目标的一部分。这一目标意味着一旦人民币按照预期崛起成为国际货币，中国在全球经济体系中的地位将得以提升——或许可与美国相当。因此，这些集团不便和促进中国成为金融大国的政策唱反调。但是，人民币国际化势必带来汇率和利率的市场化改革，并危及这些集团的根本利益。这些利益集团的反对，是人民币国际化进程相比传统货币国际化方式具有独特性和不同寻常的主要原因。

主要支持力量

当前资本账户和汇率双重管制之下的人民币国际化路径，凸显了央行在这一进程中的主导作用。央行获得了高层领导对人民币国际化的支持，这确保了财政部、中国银行业监督管理委员会等其他相关政府机构的合作，这些机构基本上处于一个辅助位置，能够为这一进程提供重要的技术支持。从另一角度来看，人民币国际化所带来的经济民族主义影响，为这一进程的推进营造了有利的舆论氛围。

央行

央行是与诸多反对人民币国际化利益集团相抗衡的为数不多的机构之一。央行推进人民币国际化及相关金融市场改革的能力要么依赖其独立性，要么依赖其从高层领导人那里获得的支持。鉴于央行缺少与西方国家央行类似的独立地位，央行推动人民币国际化的能力将在很大程度上依赖高层领导的支持。

央行虽然拥有制订货币政策的制订权力，但却不像美联储和英格兰银行等西方国家央行那样独立。诸如汇率和利率市场化改革、人民币国际化等重要的政策需要由高层领导人与相关机构和专家协商后，才能决定。这意味着央行必须与其他政府部门（及其背后强大的利益集团）竞争，以获得更大影响力。

央行的最大优势在于其所拥有的金融专业知识。人民币国际化看起来被包装成为提升中国在国际金融市场地位的经济民族主义政策。这样一来就使其被置于一个便于实现的有利地位上。在实践中，恰当的说法是人民币国际化部分依赖于央行以其自身在金融领域的专业知识获得的相对优势，而其他部门和利益集团则缺乏足够的知识和经验。

央行至少在两方面拥有从高层领导人那里获取支持的优势。首先，与邻国地区的跨境贸易结算成为一个"一箭双雕"政策。这是现行人民币国际化的核心政策，将有助于增强与这些邻国之间的经济和政治关系。香港的经济发展就得益于人民币离岸市场的建立，并由此带来日益稳定的政治环境。对中国领导人而言，香港的政治稳定是一个非常重要的考量因素。由于香港作为国际金融中心的地位，也使得香港离岸人民币市场的建立成为人民币国际化进程中的重要一步。中国于2014年秋启动了"沪港通"，进一步体现了中央政府对香港的持续政策支持，表明了香港在人民币国际化进程中的重要地位。

其次，央行政策的首要任务是开放资本账户。这一政策目标契合了中共十八届三中全会中提出的金融改革计划。吴晓灵指出，五年内，中国将能够实现人民币在资本账户下的可兑换。[1] 2012年2月，央行发布报告称，中国正处于资本账户开放的"战略机遇"期，应当加速这一进程。[2] 该报告还试图让持怀疑态度的学者放心，认为中国开放资本账户不会带来太大的风险。正如余永定所指出的，随着时间的推移，央行借人民币国际化之机，推进资本账户自由化的意图愈发显现出来。[3]

最高领导人及其助手

资本账户开放有更重要的动力来源，它得到刘鹤的支持。刘鹤现为中央财经工作领导小组办公室主任，这一机构与美国白宫的国家经济委

---

① 吴晓灵：《顶层设计和金融体制改革》。

② 央行调查统计司调研组：《我国加快资本账户开放的条件基本成熟》，中国人民银行，2012年2月23日。

③ Yongding Yu, "How Far Can Renminbi Internationalization Go?"

员会的职能相当，为国家最高权力决策者建言献策。刘鹤主任心系改革，对中国经济和金融政策制定具有重要的影响力。[1]

从历史经验看，中国近现代改革计划的实现往往需要借助外部力量。其风险在于，改革者寻求外国压力常常会遭到"挟洋自重"的批评，甚至会被保守派视为卖国贼。而改革者的权力和影响力能有效抵御保守派的攻击，从而顺利推进改革，正如前总理朱镕基利用中国于2001年加入世贸组织的压力，推动了中国的经济改革。尽管仍存在强大的阻碍力量，当前的金融市场化改革似乎获得了高层领导人的支持。

借助外部力量推行国内金融改革的理念，与时下央行推行的人民币国际化战略如出一辙。2010年，刘鹤曾提出，"从中国悠久的历史来看，内部动力与外部压力的结合是成功的关键"，"内部动力往往需要外部压力来激活"。[2] 同样道理，人民币国际化被用来推进国内金融改革，尤其是资本账户开放。在金融领域，周小川行长与刘鹤主任共事多年，是其重要合作伙伴，央行金融市场化改革除了得到刘鹤的支持外，还得力于两个重要的人事变动。首先是2014年4月中国人民银行副行长易纲被低调任命为中央财经工作领导小组办公室副主任。多年来，易纲和周小川一直致力于通过让市场在汇率形成和利率改革方面发挥更多作用，为货币进出国门打通便利通道。[3] 其次，周小川行长邀请方星海重新回到中国的金融部门，并于2013年加入中央财经领导小组办公室，负责制定金融市场化改革计划。

积极的公众舆论

央行过去在汇率和利率相关的改革政策方面的影响力往往不及国家发改委和商务部。而如今面对人民币国际化问题，央行显然逆转了此前扮演的不利角色。经济民族主义情结以及随之带来的希望人民币在国际上发挥更大的作用的呼声，将强势助力推进人民币国际化进程。如今在民众中形成了一种共识，即一旦人民币成为国际主要储备货币之一，中

---

[1] 王子约：《智囊刘鹤》，《第一财经日报》2013年10月11日；连中：《刘鹤：你对中国有多重要？》，《廉政瞭望》2013年第11期。

[2] Bob Davis and Lingling Wei. "Meet Liu He, Xi Jinping's Choice to Fix a Faltering Chinese Economy." *The Wall Street Journal*, October 6, 2013.

[3] Ibid.

国将逼近美国在全球货币体系中的地位，并将在全球金融领域实现成功崛起。正如《华尔街日报》记者鲍勃·戴维斯（Bob Davis）所认为的，在有利的条件下，央行必将充分发挥其金融领域内的专业优势，推进金融市场化改革。① 借助这些有利条件，央行在全球金融危机余波中开始启动人民币国际化计划。据一些外国观察者称，中国金融改革将赋予央行对货币政策的无条件管控。② 这为当下宏观经济政策和改革计划定下了基调。③

结　论

随着中国在伦敦、法兰克福、巴黎、卢森堡等欧洲城市以及多伦多等北美城市建立的人民币离岸市场日益增多，人民币国际化进程得到进一步推进。中国继续与发展中国家和新兴经济体签订货币互换协定。这些举措背后的基本逻辑与上文提及的一致，即逐渐扩大人民币的国际化使用。从地理范围上看，其具体的路线图是，首先将目标定位在周边地区，通过货币互换协定逐步将人民币使用范围扩展至金砖国家（巴西、俄罗斯、印度及南非）和其他新兴国家，最终实现完全国际化的目标。从功能上讲，人民币将首先作为一种结算货币，其后是作为投资货币，最终将成为储备货币。④

在这些人民币国际化的举措和发展趋势的背后，央行真正目的在于在未来几年里促进国内金融改革，即资本账户开放、汇率和利率市场化改革。深化改革的最终目标是到 2020 年实现中国的完全现代化。届时，

---

① Lingling Wei and Bob Davis. "China's Central Bank Prevails in Policy Battles Over Economic Future." *The Wall Street Journal*, June 8, 2014.

② Marvin Goodfriend and Eswar Prasad. "Monetary Policy Implementation in China." BIS Papers No. 31. December. 2006.

③ Lingling Wei and Bob Davis. "China's Central Bank Prevails in Policy Battles Over Economic Future."

④ 当然，在实践中，人民币国际化并没有死板地遵照某一过程。在中方努力下，一些国家已将人民币纳入外汇储备的货币选择之中。参见：Saikat Chatterjee and Rachel Armstrong. "REUTERS SUMMIT-China Currency Claims a Bigger Share of Reserve Manager Portfolios." Reuters, October 29, 2014. www. reuters. com/article/2014/10/29/china-summit-reserves-reuters-summit-idUSL4N0SO3VK20141029。

中国将拥有更多机会实现人民币国际化的长远目标——摆脱美元依赖，在全球货币体系中争取获得与美元同等的地位，并建立现代金融体制。

总体说来，人民币国际化的前景及推进国内金融改革目标的实现取决于以下几个方面：高层领导人深化中国增长模式改革的决心；央行合理利用其专业知识的能力；为政策实施献计献策的领导者及学者的政治智慧；改革者面对强大且极为顽固的阻碍时，能够动员起多少反击力量。特别是，目前实施人民币国际化的路径高度依赖人民币升值的预期，这并不具有可持续性。2014 年，人民币相对于美元贬值后，其国际化势头就有所减弱，这一事实就证明了其中的风险。

2014 年美元走强，人民币的升值预期下降。这使中国政策制定者担心出现大规模的资本外逃。其后果是，它将导致资本账户开放政策更为谨慎，人民币离岸市场发展也受到了影响，最终使人民币国际化出现倒退。

另一方面，2014 年出现的双向汇率浮动，除表明汇率形成机制更为灵活外，也有效消除了对人民币持续升值的强烈预期。此外，中国经济在未来几年中仍有望以可持续性的方式继续发展，其绝对经济规模和贸易总量显示出对人民币的巨大需求。尽管未来几年随着美元继续走强，人民币可能将经历双向汇率浮动，但长期来看会继续升值。对于央行而言，不加干预的双向汇率浮动是重要的政策目标，这一目标的实现将增强对人民币的信心，而不是增加潜在的套利机会，从而推动人民币国际化进程，服务于国内金融市场改革。

无论是政府官员还是学者，都已经注意到资本账户开放可能带来的负面影响。尽管央行已决定并在 2012 年宣称中国正处于资本账户开放的"战略机遇"期，这一进程仍十分复杂，其间会出现停滞甚至倒退。这些潜在的可能性可从央行近期在资本账户开放方面的论调中窥见一二。在 2014 年，央行的态度变得更加谨慎，并对其政策进行了相应调整。

就所需时间而言，央行官员和国内经济学家一致认为，人民币国际化是一个长期过程，需要数年甚至数十年时间才能完成。央行在推行利率和汇率市场化改革方面的渐进措施和谨慎态度，以及高层决策者对资本账户开放的犹豫不决，也增大了改革延续数十年的可能性。中国的改革者需要采取一切手段消磨掉反对力量。这也正是渐进式改革的本质所在。

2015 年以来人民币的贬值以及相应的人民币国际化进程放缓，证明了当前人民币国际化路径的脆弱性、长期性和复杂性特征。市场对人民币贬值的预期随着 2015 年以来中国经济放缓、美元走强而持续存在，这很大程度上解释了 2015 年人民币兑美元的贬值原因，并使得人民币国际化失去了势头。特别是伴随着 2015 年 8 月 11 日央行推行的新一轮汇率改革，人民币贬值两个百分点，更进一步推动了人民币贬值的势头。虽然央行的意图是采取措施进一步让市场在人民币定价中发挥重要作用，进而推动汇率形成机制改革，以更好地反映市场供求，但这个重大的政策举措并没有得到国际市场很好的理解，政策沟通上的问题使得本就持忧虑态度的国际投资者对人民币的信心进一步下挫，对中国经济的前景的看法也因此受到很大影响，人民币国际化进一步失去其主要动力。

更为糟糕的是，随着人民币对美元的贬值，以及市场上对人民币贬值的预期持续存在，资本外逃的规模越来越大，央行于 2015 年 12 月重拾人民币参考一篮子货币的做法，同时保持中间价的调整和宽幅交易区间。看起来央行已经在悄悄地采取措施，加紧资本管制。这些市场化改革的倒退措施更进一步阻碍了人民币国际化。

目前，人民币参考一篮子货币以及加强资本控制的措施稳定了人民币汇率，但无论是"爬行盯住"[①] 美元，还是参考一篮子货币都无法完全消除市场上持续存在的人民币贬值预期。然而，人民币自由浮动汇率制，让市场在汇率形成机制中发挥决定性的作用，长期来讲仍然是中国金融市场化改革最为重要的目标。一旦人民币自由浮动汇率或者是基本上自由的浮动汇率得到实现，补充于资本账户的进一步开放，人民币国际化将能够回到正轨。

---

① "爬行盯住"体系中，实行固定汇率的货币将被允许在一定交易区间内上下浮动，该种货币可以盯住另一种货币，或者参考一篮子货币。

第四章 中国与二十国集团框架下的 全球能源治理

导　言

随着 20 世纪 90 年代中期以来中国对海外油气资源的日益依赖，开展国际能源合作，保障中国的能源安全开始成为国内共识。早期中国的国际能源合作主要着眼于双边模式，并支持国有企业"走出去"，同时力图建设海外能源运输通道。"走出去"战略[①]主要在非洲、中东以及拉丁美洲及其他地方得以发展；三条陆上能源运输通道包括东北（中俄）输油管线、西北（中亚）油气管线以及西南（中缅）油气管线建成并向国内输送石油和天然气，作为传统海上油气运输通道的重要补充。2013 年以来提出并正在实施的"一带一路"战略（丝绸之路经济带和 21 世纪海上丝绸之路）到 2014 年发展成为中国新的国家对外战略，其中能源是一个重要组成部分。"一带一路"的线路与中国主要的油气进口通道基本重叠，并将与俄罗斯、中东以及中亚的主要油气生产大国联通。从这个角度看，"一带一路"将是中国传统的国际双边能源合作的加强版，并得到大力推行。

在全球能源治理方面，中国自 20 世纪 90 年代以来加入了其中一些全球和地区的国际能源合作组织，包括国际能源论坛（IEF），清洁能源部长会议（CEM）以及国际可再生能源机构（IRENA）等，但并没

---

① "走出去"战略最初指的是中国国有石油企业在 20 世纪 90 年代向海外寻找石油供应，其主要方式是购买海外石油资产，获取权益油。2000 年 10 月提出的第十个五年计划（2001—2005）正式提出并加强了"走出去"战略，真正成为中国的国家战略。

有加入几个主要的国际能源组织如国际能源署（IEA），石油输出国组织欧佩克（OPEC）以及能源宪章条约（ECT）等，尽管中国与上述主要机构保持着紧密的合作关系。有些国内学者主张中国应更为积极加入国际能源治理，认为积极加入国际能源治理有助于中国取得国际能源定价权，并在国际能源组织中参与规则制订，更好地保障中国能源安全。①

　　本章探讨中国自 1993 年成为石油纯进口国之后，在寻求海外能源供应安全、参与国际能源合作过程中所持有的主要观念和实际做法。本章对中国传统的以双边方式为主的保障海外石油供应的政策和更多参与全球能源治理新的能源供应安全观进行了比较，后者更多的是指通过二十国集团参与全球治理，保障中国的能源安全。本章认为，尽管与现存的主要全球能源治理机构的合作得到了进一步加强，中国目前仍然主要依靠传统的双边和地区合作的方式来保障海外能源供应安全。从能源供应的角度看，2013 年提出的"一带一路"倡议被认为是双边和地区能源合作的加强版。可以认为，中国更为积极地参与全球能源治理的一个重要原因是它符合国内积极治理空气污染的政策方向，也契合中国倡导的积极发展清洁能源和可再生能源，应对气候变化的做法，这也将使得中国能够对全球能源治理做出贡献。国内学术界构成了倡导中国更加积极地参与全球能源治理的主要力量。本章还认为，二十国集团为各大国进行协调并管理国际能源市场和应对全球气候变化提供了至关重要的机制安排。鉴于中国在二十国集团中越来越重要的地位和作用，该机制应可以成为中国在全球能源治理体系中扮演更为积极角色的合适平台。

　　在对国际能源治理进行文献综述的基础上，本章提出，基于当前的国际能源治理面临的问题和困难，全球能源治理应该着眼于有限的目标，例如改善国际油气数据共享机制，提高透明度，加强全球清洁能源合作，稳步推进气候变化方面的合作，而不是追求有约束力的全球能源治理机制。二十国集团是实现这些有限目标的良好平台，中国应该利用

---

　　①　管清友、何帆：《中国的能源安全与国际能源合作》，《世界经济与政治》2007 年第 11 期；徐斌：《市场失灵，机制设计与全球治理》，《世界经济与政治》2013 年第 11 期；于宏源：《全球能源治理的功利主义和全球主义》，《国际安全研究》2013 年第 15 期。

自己在二十国集团的相对重要地位，积极参与全球能源治理。虽然"一带一路"战略显示出中国还是主要着眼于双边和地区性的合作思路来保障能源安全，但目前中国国内经济转型，对环境污染问题的重视，2014 年中美气候变化共同声明的发表，以及中国将主办 2016 年二十国集团峰会，都预示着中国积极参与全球能源治理机制的重要契机已经出现。

现阶段的国际能源治理

碎片化的国际能源治理体系

当今国际能源治理体系的最大特征是碎片化。各类国际能源组织林立，但缺乏一个被广泛承认并能够有效协调各国能源政策，提供能源集体安全的国际机制。① 因此，所谓的"全球能源治理"在现实的国际舞台上并不存在，只是一个理论上的概念，全球能源治理仍然是一个巨大的挑战。②

相反，在全球能源经济和能源安全问题方面存在着各式各样、范围广泛但普遍缺乏约束力的国际机制。这些国际机制能够取得或者已经取得的最大功效也就是通过达成协议，建立起国际能源论坛，如IEF，或者是消息分享机制如联合组织数据计划（JODI）。③ 根据部分英国学者 2013 年的统计，活跃于国际舞台的国际能源组织有 34 个之多，几乎每个国家都至少是一个国际能源组织的成员。④ 最为重要的几个国际能源组织如国际能源署，欧佩克，国际能源论坛，能源宪章

① 具体论述可参见：Ann Florini, "The International Energy Agency in Global Energy Governance", *Global Policy*, Vol. 2, special issue, September, 2011; Rafael Leal-Arcas and Andrew Filis, "The Fragmented Governance of the Global Energy Economy: A Legal-Institutional Analysis", *Journal of World Energy Law and Business*, Vol. 6, No. 4, 2013; Dries Lesage, "The Time has Come for a G20 Energy Task Force", G20 Cannes 2011. The G20 Information Center, University of Toronto, 2011; Leonardo Baccini, Veronica Lenzi and Paul W. Thurner, "Global Energy Governance: Trade, Infrastructure, and the Diffusion of International Organizations", *International Interactions*, 39: 192 – 216, 2013.

② Rafael Leal-Arcas and Andrew Filis, 2013.

③ Rafael Leal-Arcas and Andrew Filis, 2013.

④ Leonardo Baccini, Veronica Lenzi and Paul W. Thurner, 2013.

条约等都有自身的局限和问题，无法承担起对能源生产，贸易和安全等重要问题进行有效全球治理的重任。国际能源署，能源宪章条约以及欧佩克共同的一个主要治理问题是，其成员国都只由特定的有限国家组成，无法成为具有广泛代表性的真正的全球能源治理机构。国际能源论坛则面临全球能源治理中的另一类型问题，即它作为非条约型的国际组织，缺乏对其成员必要的约束力，其最好表现也就是进行对话和建立信息共享机制。

还有不少其他国际和地区组织活跃于全球能源治理的各个层面，包括能源贸易、安全、运输，投资以及气候变化。世界贸易组织（WTO）在能源贸易方面发挥着重要作用，至少18%的世界贸易组织成员内部贸易涉及能源商品以及能源相关的大宗商品贸易，属于世界贸易组织职权管辖范围。[①] 一些主要的区域自由贸易协定如欧洲经济区（EEA），北美自由贸易区（NAFTA），东盟自由贸易区（AFTA），在一定程度上都能对其协定范围内的能源贸易进行管理。联合国气候变化框架条约（UNFCCC）及其《京都议定书》是对能源相关的气候变化问题进行治理的主要机构和机制。世界贸易组织和其他互惠贸易协定的相关条款也能发挥对环境保护，气候变化，以及能源运输等问题进行治理的作用。七国集团以及二十国集团这两个主要的全球治理论坛也将能源列入其主要议程之一，使得它们也成为重要的全球能源治理机制。

主权国家发挥关键作用，塑造当前全球能源治理

主权国家在塑造全球能源治理体系中发挥着至关重要的作用。这是当今全球能源治理的第二个特征，也是现存的全球能源治理体系需要解决的一大问题。能源安全的地缘政治维度仍然对国际能源安全问题发挥着深度影响，零和思维仍然影响着各国之间的能源竞争。[②] 国有石油公司控制着超过80%的可探明石油和天然气资源，也将在未来的几十年

---

① Rafael Leal-Arcas and Andrew Filis, 2013.

② 国际政治理念中的现实主义学派认为主权国家应该通过石油外交及联盟构建，或者是其他政治协定，来建立能源和资源的势力范围，垄断资源并将其作为武器，达成政治目标。参见 Hans Joachim Morgenthau, revised by Kenneth W. Thompson and W. David Cliton. *Politics Among Nations: The Struggle for Power and Peace (Seventh Edition)*, McCraw Hill Higher Education. 2006。

内支配着世界石油的生产和价格走向。① 主权国家的政策制订者很少去考虑国际标准，能源治理结构虽然是全球塑造，但却是由国家层面的具体因素来协调。② 主权国家都倾向于极力维护各自的国家利益，这正是全球能源治理体系碎片化的一个重要原因。主权国家间就能源安全问题进行合作，主要目标是满足各自的能源需求，最多能达成双边合作和地区协定，或者针对特定问题的多边能源安排。③

能源问题的安全化和政治化

能源被许多国家，特别是依赖进口能源的消费国如中国、欧盟各国、日本和美国等，认为是涉及一国国家安全的问题，他们认为能源业是经济政策中一个安全化的领域。④ 能源价格的剧烈波动或者能源供应中断将严重损害一国，特别是较为依赖进口能源的国家的经济安全，对其国家安全和地缘政治战略造成严重影响。对有些国家来说，它甚至涉及政权的稳定性。能源问题安全化和政治化的一个直接后果就是经济民族主义政策的出现。经济民族主义的一个表现就是资源民族主义，各国政府特别是世界主要的能源生产国政府，通过干预能源贸易和投资来确保国家对某种资源的控制，⑤ 而国家控股或者国有化是最常用的手段。许多海湾产油国，俄罗斯和巴西（石油），印尼（天然气），印度（煤）以及中国（石油和煤）等都

---

① Andreas Goldthau and Jan Martin Witte, "The Role of Rules and Institutionsin Global Energy: An Introduction", in Andreas Goldthau and Jan Martin Witte (eds.), *Global Energy Governance: The New Rules of the Game*, Brookings Institution Press, Washington, D. C. 2010.

② Navroz K. Dubash and Ann Florini, "Mapping Global Energy Governance", *Global Policy*. Vol. 2, special issue, September, 2011.

③ Leal-Arcas and Filis, 2013.

④ 安全化的领域这里指的是经济逻辑服从于安全关切的问题领域，它使得该领域的政策和实践超出了正常的经济政策应该考虑的范围。参见：R. A. Higgott. "US Foreign Policy and the ' Securitisation ' of Economic Globalisation", *International Politics*, 41 (2)：147 – 75, 2004. Ralf Emmers, "ASEAN and the Securitization of Transnational Crime in Southeast Asia", *The Pacific Review*, 16 (3), 2003；Jeffrey D. Wilson, "Multilateral Organizations and the Limits to International Energy Cooperation," *New Political Economy*, Vol. 20, No. 1, 85 – 106, 2015.

⑤ Davie R. Mares, "Resources Nationalism and Energy Security in Latin America：Implications for Global Oil Supplies", Working Paper. James A. Baker III Institute for Public Policy of Rice University, 2010.

是如此。①

另一种经济民族主义政策是能源消费国采取重商主义策略来确保能源安全，如中国、日本，韩国以及印度的做法。具体来说，常用的做法是通过国家控制的公司控制某些海外能源生产并使用外交手段和投资手段来避开国际市场，锁定来自关键国家的能源供应。② 在很大程度上，能源问题的安全化和政治化使得多边能源合作受到极大限制，使得有效的全球能源治理难以出现，甚至使得能源相关的贸易和投资自由化都变得不可能。③

现存全球能源治理的多边国际组织存在的重大缺陷影响全球能源治理

构成全球能源治理体系的各个国际组织在能力和治理范围方面都存在很大问题，很难真正解决任何市场或者是治理失效的任何问题。④ 无论是国际能源论坛试图沟通能源消费国和生产国的努力，联合国能源机制的设立，可再生能源机构的建立，还是世界银行以及国际货币基金组织的更多参与，抑或七国集团以及二十国集团采取的步骤，都无法掩盖这样一个事实：起着核心协调作用的国际能源机构或者是机制性安排缺位，无法对国际能源活动进行有效治理。无法对主要国家的政策进行协调，甚至没有能力促成某些能源协定或者是原则。⑤

有学者指出，现存的国际能源治理机制其实更愿意强调机制的非正式性，自愿约束性以及原则规定的模糊性，避免就最终协议和具体承诺进行谈判。这种特征被称为机制建设的"软法律"途径。⑥ 另外一些学

---

① Jeffrey D. Wilson, "Multilateral Organizations and the Limits to International Energy Cooperation."

② Joseph McCarthy, "Crude 'Oil Mercantilism'? Chinese Oil Engagement in Kazakhstan", *Pacific Affairs*, 86 (2). 257 – 80, 2013; Jeffrey D. Wilson, "Multilateral Organizations and the Limits to International Energy Cooperation".

③ Jeffrey D. Wilson, "Multilateral Organizations and the Limits to International Energy Cooperation".

④ Dubash and Florini, 2011.

⑤ Dubash and Florini, 2011. Jeffrey D. Wilson, 2015.

⑥ Wilson, 2015.

者则不那么客气，干脆用"真空"、"一片废墟"来描绘全球能源治理机制的无效性。[①]

市场和规则构成全球能源治理的基石

然而，全球能源治理的前景也并非一片灰暗。市场和规则力量的存在，构成了全球能源治理的基础。这是全球能源治理的第五个特征。这个内生特征孕育了当前全球能源治理机制的出现并将推动其向前发展。首先，市场力量在国际石油和天然气领域发挥着重要作用。竞争性的全球石油市场的存在构成了全球能源治理的基础，这往往容易被过多的地缘政治考虑所忽略。国际能源市场已经证明国际油价首先是由市场的供求关系来决定的，从长期来看，它无法被人为地控制下跌或者是上扬。[②]换句话说，地缘政治和重商主义策略都无法单独解释国际油价的变动。因此，全球能源治理是可能的，也是必需的，有效的全球治理能够通过信息共享降低交易成本，并为市场交易制订规则和标准。有学者认为，目前的全球能源经济本身有足够的协定，存在一定程度的全球治理，但在能源探测和生产以及资源的分配方面则存在治理缺失。[③]

主权国家需要有效的全球能源治理

主权国家有着进行有效全球能源治理的需求。国际能源组织所提供的有价值的信息往往是稀缺资源，在国际能源市场上具有极高价值。[④]主权国家可以使用这些信息来实施同样的标准，提升数据的质量，增加各国能源政策的透明度，最终降低交易成本。[⑤]同样，主权国家通过加入国际能源组织，进入持续的供应网络，可以提高其能源安全，减少获取安全所需成本。无论是能源消费国还是生产国，都需要加入国际能源

[①] Enno Harks, "The International Energy Forum and the Mitigation of Oil Market Risks", in Andreas Goldthau and Jan Martin Witte (eds.), *Global Energy Governance*: *The New Rules of the Game*. Brookings Institution Press, Washington, D. C. 247 - 267, 2010; David G. Victor and Linda Yueh, "The New Energy Order", *Foreign Affairs*, January/February, 2010.

[②] Goldthau and Witte, 2010.

[③] Lenzi Baccini and Thurner, 2013.

[④] Harks, 2010

[⑤] Lenzi Baccini and Thurner, 2013.

组织，来减少外部震荡，提高其能源安全水平。通过加入国际能源组织，主权国家可以提高或者巩固其市场地位，减少竞争中的不利因素，这完全合乎集体安全理论的逻辑。① 国家间的相互依存是推动主权国家加入国际能源组织的另一个因素。

寻求全球能源治理的有限目标

以上全球能源治理体系的前四个特征表明，该体系要发挥有效的治理作用存在很大困难，后两个特征则表明，该体系有着发挥有效治理的基础和潜力。这种现实表明，追求一个全面且有约束力的全球能源治理或许不是一个现实目标，而寻求建设一个有着有限目标的全球能源治理协调体系更为合理。

首先，学者们的一个共识是，建立一个有约束力的、新的、全面的国际能源治理组织并不现实，现存的能源治理问题多样化特征要求一种灵活且专业化的机制反应，协调保障全球能源安全、环境保障和气候变化等困难问题。这种机制应该从现存的组织机构中发展出来，而不是另起炉灶。②

其次，相应地，全球能源治理的目标应该是能够协调全球能源贸易和投资、安全、可获得性和气候变化等问题的一个国际机制，而不是试图为世界各国提供能源集体安全保障的强有力的约束机制。

再次，这种有限的协调目标应该是可以实现的。"有限目标"在此的含义是有效协调政府间的政策，保障稳定的能源供应，能源可获得性，特别是石油和天然气供应，以及环境的可持续性。其中的关键问题是协调各政府间的能源政策，强调主权国家和全球能源治理体系的互动，以及各大能源国际组织如国际能源署、国际能源论坛、欧佩克、七国集团以及二十国集团之间的合作。总体来说，这种协调目标能够保障最为基本的能源治理因素：市场机制纠错，提高透明度并进行信息共享以降低交易成本，应对外部事件的冲击，为市场交易制度制定规则和

---

① Lenzi Baccini and Thurner, 2013.

② Dries Lesage, 2011; David G. Victor and Linda Yueh, 2010.

标准。

　　然而，现实是，有效的国际能源协调机制大多数情况下仍然难以实现。实际上可实现的协调目标还应该更具体和更小范围。近期可着重于提高国际能源市场的透明度，提高政府间，国际组织间，能源生产国和消费国之间的信息共享机制的可信度。这种协调机制的目的是减少不确定性和降低国际能源市场上的交易成本。在执行机制层面，全球能源治理应该着眼于"软性"规则和制度，即在不同国家领导人之间构建政治共识，自愿承诺，同行审议压力，以及提供激励。

　　最后，全球能源治理应该将重点转向清洁能源和环境保护、气候变化治理问题。因为这两个问题从本质上来说可以为全球能源治理提供持续的动力，虽然它们本身也会加剧全球能源治理的困难和复杂程度。气候变化问题同时涉及能源生产国和消费国，已经成为全球能源治理中的最根本问题。环境保护和气候变化领域安全化程度相对较小，经济民族主义相对较弱，可以适当减轻由主权国家间在全球治理中作用增强而对全球气候变化治理产生的负面影响。全球气候变化治理中以条约为基础的治理机制，如联合国气候变化框架公约这样的机制已经在发挥重要作用，更多的有约束力的目标是可以达到的。而更大的清洁能源和可再生能源在全球能源消费中的比重，将能够极大促进全球气候变化和环境保护目标的实现。

　　比较起全球石油和天然气治理来，虽然全球环境治理的统一组织仍然缺失，但联合国气候变化框架公约和其框架下通过的《京都议定书》有 192 个成员，除了美国之外的 191 个成员都已经签署。[①] 自从《京都议定书》签署以来，联合国气候变化框架公约通过谈判，已经在气候变化治理方面取得不小进步，但仍然需要一个国际治理机制来有效执行联合国气候变化框架公约下的各种目标和框架，推动低碳政策和技术的发展和扩散。2012 年以来这个机制出现了一些倒退：俄罗斯、日本、加拿大以及新西兰在当年 11 月的多哈气候变化会议上拒绝承诺实施《京都议定书》的第二阶段。但联合国气候变化框架公约仍然是全球气候变化谈判主要规则的制订者。

---

　　① 参见：http：//newsroom. unfccc. int/about/。

2014 年 11 月中美两个最大的碳排放国之间达成的气候变化协议则为全球碳排放消减目标的达成提供了一个很大的激励。中美两国在该协议中承诺将促成 2015 年底举行的巴黎气候大会成功举办。奥巴马总统和习近平主席确信他们怀有同样的信念，气候变化问题是人类面对的最大威胁之一，中美两国在此问题上起着至关重要的作用。两国加强了在气候变化政策上的双边协调和合作，例如推动可持续发展，推动绿色、低碳和有利于气候变化的经济发展。这成为 2015 年巴黎气候变化大会上通过的将全球变暖控制在 2 摄氏度以下的目标的达成，以及巴黎大会具有法律约束力全面协议最终实现的关键。

清洁能源和可再生能源可以很大程度上减轻全球气候变化问题，甚至可以说，这是这个问题的最终解决方案。没有可持续的能源供给，人类将无法生存下去。但使用化石能源将导致持续的温室气体排放，而减少化石能源的使用将减少气候变化的程度，否则气候变化问题将无法彻底解决。清洁能源和可再生能源可以在提供所需能源供应的同时，大大减少甚至消除温室气体的排放。另一方面，清洁能源和可再生能源本身也是一个充满生机的庞大产业，能够为经济恢复和发展提供强大的推动力。在清洁能源和可再生能源问题上，主要关注点应该是如何塑造一个机制来推动该行业发展，提供基于知识产权保护之上的技术传播。在这方面，可以使用一些现存的机制来促进此目标的达成。一个考虑是将 2014 年 7 月发起的世界贸易组织环境商品协定（WTO Environmental Goods Agreement）谈判扩展到包括清洁能源和可再生能源技术转移。这样的话，新的能源技术将能推动能源安全和减轻气候变化。

推动二十国集团框架下的有限全球能源治理目标

在现有的全球能源治理的众多国际组织中，国际能源署被认为是最突出的，有可能发展成为全球能源治理的"最终组织。"有学者认为，尽管有着成员资格的限制，国际能源署仍然处在全球能源治理许多问题的中心。[①] 然而，现行的全球能源治理框架下，协调全球能源市场和保

---

① Florini，2011.

障全球能源的集体安全的功能只得到了有限的发挥。关键的问题在于如何协调现存的各国际组织，突破机制上的制约。一个很好的突破口是找到更有效率地协调现存各大国际能源组织的途径，而二十国集团被认为是发挥这种协调作用的合适平台。①

自从 2008 年全球金融危机以来，二十国集团在全球经济治理中迅速崛起。这为全球能源治理提供了另外一种选择。二十国集团已经发展成为最有可能为全球能源治理提出发展方向的论坛。② 该组织的三个特点证明了为什么二十国集团能够在全球能源治理领域发挥越来越重要的作用。

首先，通过发表公开声明，二十国集团能够提供关键的政治共识，鼓励行动意愿。二十国集团成员中包括了最重要的发达国家和发展中国家，占到全球 GDP 的 85%。第二，二十国集团灵活的机制安排是其发展成为有效的全球能源治理舞台的另一个优势。二十国集团与国际货币基金组织、世界银行之间灵活的机制安排已经被证明是一种成功的模式，为处理全球金融危机作出了贡献，这为未来全球能源治理的合作机制提供了一种可能的路线图。换句话说，二十国集团与国际能源机制、国际能源论坛等的机制合作或协调将是未来全球能源治理的一条可能的捷径。况且，目前七国集团已经与国际能源署有了成功的合作模式，而目前七国集团的作用已经让位给二十国集团，那么国际能源署或许可以继续为二十国集团制订的任务提供一种指导作用。③ 第三，二十国集团成员包括了国际能源市场上的众多重要角色：以中国、印度和美国为代表的最为重要的能源消费国，以及沙特、俄罗斯为代表的最大的能源生产国。它也包括了全部七国集团成员，它们大都是能源消费大国。

自从发展成为全球治理的首要论坛以来，二十国集团与其他国际能源组织之间的合作已经为其在全球能源治理中发挥更大作用奠定了良好基础。国际能源署从 2009 年二十国集团匹兹堡峰会以来就已经为二十国集团提供支持。2011 年以来，抑制国际石油市场，天然气市场以及

---

① Dubash and Florini, 2011.

② Dubash and Florini, 2011.

③ Florini, 2011.

煤炭市场的价格波动成为全球能源治理的首要问题。国际能源署与国际能源论坛以及欧佩克一道，于 2011 年 7 月向二十国集团提交了如何提高联合组织数据机制（JODI）数据库的质量、时效以及可靠性的报告，并于当年 10 月提交了呼吁二十国集团将抑制石油市场波动性的工作延伸到天然气和煤炭市场的报告。2012 年 6 月，这三家机构再次向二十国集团财政部长提交了关于增加国际天然气和煤炭市场透明度的报告。[①] 2014 年 7 月，JODI 天然气国际数据库正式启动。[②]

就像在全球金融领域一样，二十国集团具有在最高层次的能源政策方面提供领导地位的潜力。[③] 它也能够为未来的能源可持续发展提供一个现代和有约束力的战略，惠及所有国家。[④] 目前为止，二十国集团已经在两个重要的全球能源治理方面取得成就。一个方面是遏制石油价格的波动以及提供石油和天然气市场的透明度做出的努力，具体来说就是联合组织数据机制的建立和改善。另一方面就是分阶段取消化石燃料补贴的努力。化石燃料补贴被认为是全球变暖的一大原因，每年也耗费发展中国家大量资金。

然而，自从 2011 年以来，二十国集团与其他国际能源组织的合作并没有太大进展。目前相关国家合作的一个主要方面还是通过二十国集团平台，提高国际石油和天然气市场的透明度和改善信息共享机制。相关国家进一步的政治支持对于改善联合组织数据机制数据的可靠性和相关度非常重要。此外，二十国集团成员国为联合组织数据机制研讨会的召开提供资金支持对于该机制的发展也很重要，这也是联合组织数据机制能力建设的一个方面。简单来说，一个包括石油、天然气以及煤炭的

---

① 以上三个报告参见 IEA 网站：www. iea. org/aboutus/globalengagement/g20/ieacontributionstotheg202009 – 2015/.

② JODI 天然气国际数据库包括全球能源数据供应链上数百家利益相关者所进行的有度沟通和协调。随着 JODI 石油机制的成功，JODI 天然气机制代表着能源生产者和消费者对话的另一个具体明确的成果，将进一步提高能源数据透明度，推动能源生产者和消费者的能源安全。更多信息可参见 JODI 网站：www. jodidata. org/news/official-launch-of-the-jodi-gas-world-database.

③ NeilHirst, "The Reform of Global Energy Governance," *Discussion Paper*, No 3, Grantham Institute for Climate Change. December, 2012.

④ Lesage, 2011.

全面的、权威的联合组织数据机制数据将能有效提高全球能源治理水平，它应该成为全球能源治理机制近期的主要目标。

实现分阶段取消化石燃料补贴的目标进展缓慢。它在2009年匹兹堡峰会上就已经成为确定目标，此后尽管每次二十国集团峰会都会敦促达到此目标，但实际上并没有一个严格的时间表和路线图。这方面的缓慢进展使之成为二十国集团失败的一个例子，被看作是反对二十国集团卷入全球能源治理的一个例证。在2012年二十国集团洛斯卡沃斯峰会上，各国财长被要求建立一个自愿的同行审议程序。它要求各成员国之间进行自愿的评价，但该程序由于其自愿特征，在设立之后进展缓慢。2014年11月中美这两个化石燃料补贴大国就气候变化发表共同宣言，两国同意就低效的化石燃料补贴共同进行同行审议，这将成为此缓慢程序的一个有力推动。随着中美两国第一轮同行审议的进行，涉及其他国家的第二轮同行审议将在2015年中期开始。[①]

到2015年5月，进行同行审议的中国之队和美国之队的成员国组队完成。在同年6月23—24日于华盛顿举行的第七届中美战略与经济对话上，中美两国确认两国将在2015年底完成同行审议，并出版审议结果，将结果向相关各方汇报。两国还承诺将推动其他国家也同样进行化石燃料补贴的同行审议。[②] 到2015年10月，中美两国的自我审议进入了最后阶段。一旦两国的自我审议完成并与各自队的成员国分享之后，两支审议队伍中各成员国将在接下来的几个月内各自完成自我评估。德国和墨西哥已经宣布他们将进行第二轮的同行审议，其中，德国同时加入了中国之队和美国之队进行同行审议，而墨西哥则加入了美国之队。[③]

清洁能源部长级会议（CEM）是二十国集团在全球能源治理领域取得的另外一个成就。它在2009年哥本哈根气候大会上由美国倡导成

①　G20 Brisbane. 2014，G20 Energy Sustainability Working Group 2014 Co-chair's Report 2014，November 10.

②　US Department of the Treasury，"2015 US-China Strategic and Economic Dialogue Joint US-China Fact Sheet-Economic Track"，www. treasury. gov/press-center/press-releases/Pages/jl0092. aspx.

③　IEA and OECD，"Update on Recent Progress in Reform of Inefficient Fossil Fuel Subsidies that Encourage Wasteful Consumption"，October 2. Submitted to G20 Energy Ministers' Meeting, Istanbul，2015.

立。这个多边机构从 2011 年戛纳峰会开始向二十国集团提交报告。在日本福岛核事故之后一年，清洁能源部长会议响应了国际原子能机构（IAEA）关于核安全行动计划的号召，在 2013 年圣彼得堡峰会领导人宣言中宣布，建立一个多边合作的全球核能责任机制。

以上这些成就对于解决全球能源治理的问题具有重要意义，尽管无论是联合组织能源数据机制还是取消化石燃料补贴计划都进展缓慢。这背后的主要原因之一与二十国集团本身的机制属性有关。它本身并不是一个具有强制力的机制，在碎片化的全球能源治理领域，它无法像一个真正的政治执行委员会一样去行动。此外，能源作为被赋予了高度战略和安全含义的问题，各国政府都不愿意积极参与一个具有约束力的正式多边能源国际机制，而愿意加入包括自愿参加的程序非正式的能源国家集团组织。二十国集团本身还未能将能源议题列入其最为重要的议程上，这样，推动全球能源治理所需要的政治意愿也更小。

部分学者建议可成立一个二十国集团能源专门工作组，来进行全球能源治理的战略性规划，一方面制订具有约束力的政策，另一方面也代表能源领域具有重要责任的国家来提供政治激励，来解决全球能源问题。[①] 也有学者建议建立一个常设的但灵活的机制网络，由二十国集团以及各多边能源组织的官员组成，类似金融稳定委员会（FSB）。[②] 但二十国集团面临的以上限制因素使得这些建议都没有得到认真的考虑。全球能源治理需要找到新的驱动力，或许中国更加积极地加入全球能源治理能够提供所需要的动力。

中国的新能源安全观：参与全球治理

中国传统的能源安全观强调地缘政治和战略因素，强调其国家安全特性，而不是国际能源市场。相应地，中国政府倾向于直接控制尽可能多的石油和天然气产量，并修建更多的陆上输油管道将其运输回国内，避开可能为战略弱点的主要海上交通阻塞点，如马六甲海峡。提升自给

---

① Lesage，2011.

② Victor and Yeuh 2010；Lesage，2011.

自主，"走出去"战略的创立和执行能够为中国获取更多能源资源。这种传统能源安全观反映了中国的一种信念，即比起在国际市场上进行购买，中国公司在海外生产和获取的石油和其他能源资源更为安全，这是中国保障其能源供应安全的唯一可靠途径。

然而，现实中，这种偏向地缘战略的措施无法满足中国的能源安全需要。中国的国有石油公司也遵循市场规则，参与国际能源市场，并没有将所获取的权益油从国际市场上"分离"出去。相反，考虑到运输成本和国际国内市场上的石油价格差异，它们往往将所获取的权益油在国际市场上出售，获取利润。2012 年，中国国家能源局首次宣布中国公司在海外生产的权益油 90% 以上都在当地出售，此举为国际石油市场的稳定作出贡献。[1] 中国的能源安全实际上主要还是依赖从国际能源市场上购买所需能源，主要进口能源也还是依赖海运，而不是"走出去"战略以及战略石油输油管线和陆路运输，市场规律仍然在发挥主要作用。但中国目前仍然保持并推进新的地缘政治战略，签署更多的双边合作协议，修建更多港口和铁路，从油气资源丰富的国家获得能源。"一带一路"倡议在路线上与中国主要的陆路和海路能源运输路线基本重合；而从能源供应安全的视角来审视，该战略可视为解决马六甲困境、寻找可替代能源进口路线，从而保障中国能源供应安全的传统战略的加强版。另一方面，由于国内和国际环境保护和气候方面的压力，中国正在采取更积极的措施，发展清洁能源和可再生能源，以维护中国经济的可持续增长。

自 2006 年以来，一种主张中国积极参与全球能源治理的新能源安全观逐步发展起来。当年 7 月，国家主席胡锦涛参加八国集团与发展中国家对话，呼吁通过更多的国际合作提高石油和天然气的供应，强调有必要进行主要能源出口国和消费国之间的对话。他强调集体努力来维护主要产油区的稳定并确保国际能源通道的安全，呼吁能源安全问题的去政治化以及能源技术和研究的发展。这是中国领导人首次强调通过国际多边合作保障来解决能源问题，也与他三年前关于"马六甲困局"的

---

[1]　王小聪：《国家能源局：中国海外权益油 90% 以上当地销售》，财新网，2012 年 12 月 3 日报道。http://companies.caixin.com/2012 - 12 - 03/100468168.html。

说法相反。[1] 尽管胡锦涛主席在八国集团的讲话更多是服务于自我需要的宣传，缺乏具体的措施，中国也仍然不愿意将自己的能源供应安全依赖于其他国家或是国际组织，但它还是标志着新能源安全观在中国的出现。

2011 年 7 月，中国国际经济交流中心主席、前副总理曾培炎在"博鳌亚洲论坛"关于"能源、资源和可持续发展会议"上提出在二十国集团框架下建立能源资源的全球稳定机制。2012 年 4 月，中国总理温家宝在第五届世界能源大会上倡议在二十国集团框架下建立全球能源治理机制，由二十国集团内主要能源生产国和消费国组成。建立一个公平、合理和有约束力的国际规则，并通过协商和对话发展早期预警机制、价格协调、金融监督以及紧急机制。这是中国领导人第一次就全球能源治理提出具体建议，清楚表明在二十国集团框架下构建全球能源治理机制的思路。它表明了中国积极参与国际经济治理的态度，也与中国共产党第 17 届中央全会第五次会议提出的要积极参与国际经济治理的目标相一致。

自 2007 年左右开始，国内学术界质疑中国传统能源观的声音逐渐多了起来，学者们认为，马六甲海峡及其他能源运输通道的真正危险来自和平时期的海盗、恐怖主义和海难事故，而不是美国的战时封锁，因为后者在政治上和技术上都是非常不可能的，属于假问题。[2] 一些一直持传统能源观的学者也开始认为应该停止争论是否应该的问题，而是行动起来，积极参与全球能源治理，寻求多元化能源供应来源，保障国家

---

① 据报道，在 2003 年年末的中央经济工作会议上，胡锦涛主席表达了对中国石油进口安全的担忧，指的就是所谓的"马六甲困局"。参见石洪涛《中国能源安全的潜在威胁：过度依赖马六甲海峡》，新华网，2004 年 6 月 15 日。http://news.xinhuanet.com/world/2004-06/15/content_1526222.htm。这种观点认为中国的石油进口安全有可能在海上交通咽喉要道如马六甲海峡被切断，面临着重大风险。这反映了中国传统的能源安全观对于中国能源安全的挑战的认识。

② 赵洪图：《马六甲困局与中国能源安全再思考》，《现代国际关系》2007 年第 6 期；Zhang, Zhongxiang, 2012, "Why Why Are the Stakes So High? Misconceptions and Misunderstandings in China's Global Quest for Energy Security", in Huw McKay and Ligang Song (eds.), *Rebalancing and Sustaining Growth in China*, ANU e-Press, Canberra, Australia. Co-published with Social Sciences Academic Press, Beijing, China；廉薇：《G20 框架下我国的国际经济战略》，《21 世纪经济报道》2013 年 8 月 26 日。

能源供应安全。①

自温家宝总理于 2012 年提出在二十国集团框架下构建全球能源治理机制后，政府内部学者开始研究并出版了较为详细的研究计划，讨论中国如何参与全球能源治理机制，特别是二十国集团下的能源治理。国务院发展研究中心的一个研究团队出版了在二十国集团下"构建大宗商品能源资源全球治理机制"的报告，认为二十国集团的权力结构和机制构成有着很大的成本优势，以二十国集团为核心构建全球能源资源市场治理是可行的。② 2014 年 2 月，发改委下属的能源研究所与英国帝国理工学院格兰瑟姆气候变化研究所联合发布了关于"全球能源治理与中国的参与"研究报告征求意见稿，认为二十国集团能够通过成立新的能源工作组，为全球治理改革提供领导力；二十国集团能够为领导人讨论能源问题提供一个重要的代表性平台。该报告还为中国如何提高能力，更好地参与全球治理，如何制订更具国际视野的能源政策，以及更好地向国际社会解释中国的能源政策，以便促进他们客观地理解这些政策等，提出了几条政策建议。③ 发改委的研究团队由退休官员和政府内部学者组成，报告的建议表明了中国积极参与全球能源治理的积极态度。

新能源观的发展对于中国参与全球能源治理意义重大。胡锦涛主席 2006 年的讲话和温家宝总理 2012 年的倡议代表着两个关键的政策转变，分别建议中国参与七国集团与二十国集团的全球能源治理，表明了中国日益积极参与全球能源治理的态度。最终，中国通过参与二十国集团进入了国际经济治理的中心舞台，成为其中的重要力量。中国政府也深知二十国集团这个平台在推动全球经济治理上的重要意义。同样，在全球能源治理方面，中国也希望能通过二十国集团平台，推动实现温家宝总理的倡议。

中国在清洁能源和气候变化方面日益积极的努力，从另外一个方面代表着新能源安全观在中国的出现和发展，成为 2000 年代中期以来中

---

① 如杨泽伟《中国能源安全现状暨战略选择》，《人民论坛》2009 年 9 月，第 276 期；吴磊《中国能源安全面临的战略形势与对策》，《国际安全研究》2013 年第 5 期。

② 范必等：《构建大宗商品能源资源全球治理机制》，《财经》2012 年 3 月 31 日。

③ 发改委能源研究所、英国帝国理工学院格兰瑟姆气候变化研究所：《全球能源治理改革与中国的参与》征求意见稿，2014 年 2 月。

国经济逐渐开始转型的一个组成部分。中国连续多年的经济高速发展伴随着巨大的低效的化石能源消耗，特别是中国对煤炭资源的严重依赖，使得中国面临着来自国内外日益增大的环境保护和气候变化的压力。2006 年中国成为最大的温室气体排放国更是增加了这一压力。所有这一切都推动着中国寻求更为灵活和实际的途径来应对气候变化问题。在一些关键领域，中国表现出来更为积极的态度。中国改变了此前对于《京都议定书》中规定的清洁能源发展机制（Clean Development Mechanism）所持的怀疑态度，也改变了其一直坚持的观点，即发达国家应该为发展中国家提供技术和资金支持，以应对气候变化，转而强调发达国家和发展中国家合作来获取所需要的技术和资金，以应对全球气候变化。[①] 中国也在清洁能源和可再生能源发展方面表现出来了更高的热情。在中国看来，打造 21 世纪中国经济的可持续发展，清洁能源和可再生能源是最为重要，也是最有希望的领域之一。

在 2007 年发布的第一份国家气候变化行动计划中，中国将气候变化定义为一个发展议题。[②] 中国在应对气候变化方面努力的主要推动力来自国内的经济发展目标。通过减少二氧化碳排放，发展清洁能源和可再生能源，中国可以保持可持续经济发展，解决日益严重的环境污染问题。在这样一种战略下，中国的清洁和可再生能源迅速发展，在水电，风能发电以及太阳能发电方面取得很大进步，逐渐发展成为一个清洁能源的大国。

中美两国在 2014 年 11 月举行的亚太经合组织（APEC）会议上宣布了两国关于气候变化的共同声明，标志着中国在气候变化问题上一个重要的发展。毫无疑问，中美气候变化声明将鼓励世界上其他国家采取更为积极的措施来应对全球气候变化问题。经过两周艰苦的谈判，各国最终于 2015 年 12 月 12 日在联合国气候变化框架公约第 21 次会议，即巴黎气候变化大会上达成了历史性的协议。中国目前的鼓励清洁和可再生能源发展的能源战略调整，将保障中国在中美气候变化共同声明中的

---

① 张海滨：《中国与国际气候变化谈判》，《国际政治研究》2007 年第 1 期。

② 发改委：《中国应对气候变化国家方案》，2007 年 6 月 4 日，http：//www. ccchina. gov. cn/WebSite/CCChina/UpFile/File189. pdf。

承诺能够实现。对转型和创新的经济发展的"新常态"模式的强调，表明中国领导人接受了相对较低的经济增长，而环境保护和清洁及可再生能源的发展构成了中国这一经济转型和增长新模式的重要组成部分。这也解释了中国为什么提倡和发展低碳经济。只有这样，中国才能够保持一种可持续发展的经济模式，并增强执政党的合法性。中国大部分城市面临的空气污染问题以及公众对此问题日益密切的关注和不满，推动着中国的领导人近些年来将环境保护的目标提升到最为重要的政策目标之一。习近平主席在 2014 年亚太经合组织北京会议上对所谓的"APEC蓝"作出的正面回应，也表明了中国最高领导人对加强环境保护和应对气候变化的政策的认可和支持。

中国参与全球能源治理的情况

中国对能源供应的不安全感，及随之而来的直接控制能源生产、运输的思路，仍然是大部分中国领导人和精英阶层的选择。最近的"一带一路"倡议十年来不断地与相关国家签署双边能源供应协定，构建陆上能源运输线路的做法清楚地表明了这一点。2014 年 11 月发布的《能源发展战略行动计划（2014—2020）》为这种观点提供了注脚。在国际合作方面，该计划的中期海外能源目标将重点放在能源投资和贸易，以及修建和维护海上及陆上能源运输通道上。重点突出了扩大能源进口通道的战略，包括"一带一路"建设，孟中印缅经济走廊，中巴经济走廊。该计划还继续鼓励企业执行"走出去"战略，推动地区能源市场的形成。[①] 对于全球能源治理，该计划只是简单提及"中国应该积极参与并促进一个自由、开放和竞争性的，具备规范和有效监管的全球能源市场"，并没有具体和有意义的举措跟进。[②]

按照这种战略，中国崛起为能源进口和消费大国将可能在许多方面对现存的国际能源治理体系形成挑战。中国通过外交途径签署能源生产和供应协议来保障能源需求的方式，让部分国外人士觉得将损害自由贸

---

① 发改委：《能源发展战略行动计划（2014—2020）》，2014。
② 发改委：《能源发展战略行动计划（2014—2020）》，2014。

易准则，违背被广泛接受的投资协议。① 中国国有石油公司这种依靠高于市场价格的出价和附带的大量社会和经济投资承诺的独特投资方式，引起了国外对中国国有石油公司的怀疑甚至是不信任，他们认为中国国有石油公司的决策是中国政府的决策，其投资更多是服务于中国的大战略而不是能源政策，而中国的能源安全战略是中国地缘政治大战略的不可或缺的一部分。

而且，地缘政治能源战略蕴含着巨大的经济和政治风险。政治挂帅的战略思路和沿线国家较差的投资环境决定了"一带一路"含有巨大的经济风险，有可能给中国带来巨额经济损失。尽管追求能源多元化的战略是明智和合理的，但如果囿于"马六甲困局"的地缘政治思路，过分强调不惜一切代价修建困难的陆上能源运输通道，走到另一个极端，忽略其可能的巨大经济和政治风险，则可能引起更多麻烦，无助于提高中国的能源供应安全。

为消解这种怀疑和不信任，一个合理的应对策略是中国广泛加入现存的全球能源治理体系。中国已经表现出加入其中的愿望和意愿，并且自 2006 年，中国开始加入其中。目前中国已经与几乎所有主要的国际和地区能源治理机制建立了合作关系。但普遍来看，这是一种一般性和低层次的合作，实质性的有效合作关系还没有建立（见表 4.1）。

表 4.1　　　　　　　　　中国参与全球能源治理机制

机制名称及性质	中国参与的特征	中国参与的情况
国际能源署（IEA）：条约为基础的约束性机制	作为非成员伙伴国的一般性合作	在许多方面有着合作：中国科技部与其建立了政策研究和良好的沟通渠道，与其下 40 多个研究中心有着国际科技合作协议，截至 2013 年，中国在 IEA 技术合作"执行协议"中参加了 19 个，定期参加 IEA 的高级技术委员会。
石油输出国组织（OPEC）：条约为基础的国际组织	基于双边对话的一般性合作	2005 年建立了中国与欧佩克能源对话机制，第一和第二轮圆桌对话分别于 2006 和 2007 年举行。

---

① Goldihau and Witte，2009.

续表

机制名称及性质	中国参与的特征	中国参与的情况
国际能源论坛（IEF）：对话性质的论坛	作为成员和执行委员会成员进行一般性合作	中国于 2011 年参加了 IEF 的特别部分会议并签署了其宪章，中国可以参加 IEF 的部长级会议。2013 年 12 月国家能源局局长率领高级代表团出席了 IEF 举办的"中国能源日"的活动。
能源宪章条约（ECT）：条约为基础的国际组织	作为观察员国进行一般性合作	2011 年成为其观察员国。ECT 对中国有着特别兴趣并希望中国加入。双方合作正在取得进展，中国参与了 ECT 的中亚地区能源合作特别小组的工作。
二 十 国 集 团（G20）：共识为基础的机制	作为成员国的实质性参与	温家宝总理于 2012 年建议在二十国集团框架下建立全球能源市场的多边合作机制。中国在 2014 年布里斯班峰会上同意公布其石油库存数据并同意与美国就低效的化石燃料补贴共同进行同行评议。
联合组织数据倡议（JODI）：提高油气数据透明度的机制	作为二十国集团和 ECT 成员的一般性合作	中国参与 JODI 的工作，2011 年在北京承办了第八次 JODI 国际石油会议。
七国集团（G7）：大国协调的机制	作为非成员对话国的一般性合作	2003 年参加了七国集团（当时还是 G8）与发展中国家的第一次对话会议。胡锦涛主席出席 2006 年的对话会议并发表关于中国新能源安全观的讲话，呼吁进行更多的国际合作保障能源安全。
清洁能源部长级会议（CEM）：高水平的全球论坛	作为成员国的实质性参与	到 2015 年 1 月，中国参加了 CEM 十三个倡议中的四个，包括与美国共同领导的电动汽车倡议。其他三个倡议分别为碳捕获、利用和封存；智能电网以及可持续城市网络。中国科技部部长或副部长率团出席了目前已召开的全部五次会议。
国际可再生能源机构（IRENA）：政府间国际组织	作为成员国的一般性合作	2014 年中国承办了一次 IRENA 的会议。IRENA 于同年在北京发布了其可再生能源地图系列报告之一的"可再生能源前景：中国分析报告"。
联合国气候变化框架公约（UNFCCC）：条约为基础的政府间国际组织	作为成员国的实质性参与	自从其 1994 年成立后，作为关键的成员国之一，中国积极参与 UNFCCC 框架下的气候谈判。中国是 UNFCCC 技术委员会成员，其宗旨是帮助发展中国家执行低碳增长战略。

机制名称及性质	中国参与的特征	中国参与的情况
亚太经合组织（APEC）：高水平的全球论坛	作为成员国的实质性参与	中国对 APEC 的能源工作组的参与很有限，主要是提供年度数据。能源部长级会议是 APEC 的主要能源机制，在中国举办的 2014 年 APEC 会议上，第 11 届能源部长级会议公布了北京宣言：《携手推进亚太地区可持续能源发展》
上海合作组织（SCO）：永久性政府间国际组织	成为创始成员国和领导国家的实质性参与	2005 年提出建立能源俱乐部。国家主席习近平和俄罗斯总理梅德韦杰夫于 2013 年峰会上呼吁成立能源俱乐部。

资料来源：作者整理。部分数据引自发改委能源研究所和英国帝国理工学院格兰瑟姆气候变化研究所于 2014 年 2 月的《全球能源治理改革与中国的参与》征求意见稿。

阻碍中国实质性加入全球能源治理的原因包括：

第一，中国的主要重心还是在通过地缘政治战略保障能源供应安全。"一带一路"加强了这一战略，中国参与全球能源治理的目标还没有提高到同样的高度。

第二，对于全球能源治理的有效性及其可能对中国带来的益处还持怀疑态度，这使得中国对积极参与全球能源治理机制的意愿不强。目前的全球能源治理机制由于其本身的不足，例如碎片化，缺乏执行力，主权国家能源政策安全化和政治化，以及现实的国际政治经济环境，而缺乏权威性，信誉不高。虽然中国比较重视二十国集团在全球经济治理中的作用，但能源治理并非该机制的重点议程，而中国并非主要国际能源组织的成员，这两点限制了中国在二十国集团能源治理舞台上积极参与甚至发挥领导力的可能性。

第三，国内油气利益集团也限制了中国进一步参与全球能源治理机制。中国加入全球能源治理的一个重要的起步是参与全球油气数据共享和透明机制，但"三桶油"垄断了国内原油进口和国内成品油的价格，更多的透明度将对其垄断地位形成威胁。换句话说，参与全球能源治理机制将进一步推动国内油气价格形成机制的市场化改革。

第四，中国加入最为主要的全球能源治理机构——国际能源署还存在不少困难。加入国际能源署的三个条件都对中国构成限制：成为经合组织成员国，战略石油储备达到 90 天以及成员国间的数据收集和共享。即便如国际能源署前总裁所称，如果中国有强烈意愿加入国际能源署，国际能源署可以考虑修改成员国资格的条款，[①] 但说服其他成员国因为中国而改变规则还是很难。从中国的角度来看，加入国际能源署意味着能源供应安全观念上的重大转变，接受依靠国际市场和全球能源治理来保障中国能源供应安全，这需要较大的决心和意愿。总之，中国是否和能否加入国际能源署的这个案例，实际上反映了中国和国际能源署方面都有些三心二意，态度暧昧。

第五，中国国内官僚机制限制了中国与主要国际能源组织的进一步合作。中国与国际能源署、欧佩克以及国际能源论坛的合作由不同的政府部门负责，例如科技部、发改委和能源局。这妨碍了中国与这些国际机构的有效合作，中国需要一个机构来协调这些不同的政府部门。如果中国政府能够响应多年的呼吁，成立"国家能源部"，可能顺带缓解此问题。但直到目前仍没有进展。国家能源局则由于级别不够而缺乏足够的权威来有效管理"三桶油"为代表的国有石油公司，处于一个尴尬地位。

在这种复杂的情况下，在二十国集团框架下积极参与全球能源治理则可能给中国带来低成本的巨大收益。

首先，它为中国提供了一个保障能源供应安全的重要选项。二十国集团已经显示出它在全球经济增长、金融治理，能源和发展方面的成就，二十国集团框架下的能源治理展示了保障能源集体安全的可能性。比起地缘政治战略来，它的经济成本可以忽略不计，也没有政治风险。它最需要的就是领导人和精英层观念的转变，投入更多的智力和人力资源，更多的政府机构的参与，它所能取得的潜在成就远远高过地缘政治战略。

其次，通过积极参与全球能源治理，可以平息此前"走出去"战略为代表的地缘政治战略带来的对中国意图的怀疑和不信任，改善中国在国际能源市场上的形象，改善与西方国家间的关系。中国由于其巨大

---

① 王尔德、危炜：《IEA 需要中国，中国也需要 IEA》，《21 世纪经济报道》2013 年 7 月 9 日报道。

的油气进口量、独特的投资方式以及在国际能源市场治理较少的参与，被认为是对全球能源治理形成了巨大挑战，有可能给国际能源市场带来问题。如果中国能够在二十国集团框架下积极参与全球能源治理，这将成为一个很有说服力的信号，表明中国可以成为全球能源治理上的一支建设性力量。

第三，实质性地参与全球能源治理能够帮助中国取得一直追求的国际油气市场上的定价权。中国能源进口存在的一个大问题是总在国际市场上以高于市场价格的价格购买油气。有几种方式可以帮助中国改善表现：协调战略石油储备，实质性加入全球能源治理机制；将"上海国际能源交易中心"升级为"上海原油期货交易中心"；参与国际原油交易。[①] 以上三个途径都可以通过二十国集团这个平台来实现。目前中国已经开始了实质性的动作，包括在 2014 年布里斯班峰会上同意公布石油库存数据，并同意与美国率先开展低效化石燃料补贴的同行评议。如果中国更多地在二十国集团下参与联合石油数据（JODI）建设全面的油气数据透明机制，将有助于将"上海原油期货交易中心"建立在透明度和有效监管的基础上，取得良好成就。

第四，有利于中国通过合作方式，在清洁能源技术交流和创新方面获益。这将有助于中国实现清洁能源和气候变化方面的目标。能源技术特别是清洁能源技术的合作与转移对于实现气候变化的共同目标非常重要，而二十国集团正是推动能源技术合作的理想平台。清洁能源部长级会议，国际可再生能源机构，以及国际能效合作伙伴关系（IPEEC）都是致力于清洁能源和可再生能源合作以及能源效率的国际机制，它们正在构建或者已经通过二十国集团能源效率行动计划建立了同二十国集团的工作关系。2015 国际能效合作关系将通过能源可持续工作组向二十国集团汇报。清洁能源部长级会议下的"全球优秀能源表现伙伴关系"倡议的电力工作组也将在 2015 年通过能源可持续工作组向二十国集团汇报，以共享高效低排放的能源发电技术。作为 2015 年二十国集团主办国，同时是国际可再生能源机构成员国的土耳

---

① 2014 年 12 月，中国证监会批准了上海期货交易所在其国际能源交易中心进行原油期货交易。

其已经在该机构大会上表示将协调二十国集团与该机构的力量，致力于推动撒哈拉以南非洲国家的获取能源的机会，评估下跌的油价对可再生能源投资的影响。①

中国视二十国集团峰会为参与国际治理的理想平台。中国需要在二十国集团上发挥领导作用，为国际能源合作创造一个政治框架。由于美国国内的政治僵局导致其行动意愿和能力都不能保障，而中国则即将举办 2016 年峰会，因此中国很有希望届时在承办二十国集团峰会时，利用其议程设置方面的优势，发挥领导作用，推进能源治理的目标。

结论及政策建议

对比目前的保障中国能源供应安全的两种途径，无疑地缘政治战略仍然是主要手段。且不论哪种战略更具优越性，对于决策者来说，现在的一个关键问题是中国如何协调两种途径。最新的"一带一路"战略虽仍是加强版的"地缘政治战略"思路，但其也包含了一些可以促进中国更多参与国际能源治理的因素。如何协调两种途径？一个试金石就是中国如何推动亚洲基础设施投资银行的治理，如何确定其治理规则和机制？亚投行如何在亚洲基础设施建设，包括能源基础设施建设上发挥作用，既满足中国联通沿线各国、构建能源安全和经济发展的需要，又能帮助到沿线国家？在 2016 年的二十国集团峰会上，作为东道国的中国能在全球能源治理方面做些什么？

二十国集团作为全球治理最大的优势在于它协调现状的国际机制的资源和力量来推动自身议程，例如二十国集团与国际货币基金组织和世界银行的关系。中国应该推动二十国集团的能源工作组与主要的国际能源组织如国际能源署、欧佩克和能源宪章条约等建立起密切联系，建立起全球能源治理的基本框架。对于中国来讲，由于二十国集团是为数不多的中国可以发挥领导作用的国际机制，而且中国不是国际能源署、欧佩克或能源宪章条约等任何一个主要的国际能源组织的成员，通过二十国集团的能源机制来进行全球能源治理能够使得中国最大程度地顺利加

---

① IRENA，"Summary of the Fifth Assembly of IRENA"，January 17 – 18, 2015.

入到全球能源治理机制中来。

2016 年二十国集团杭州峰会是中国在全球能源治理中发挥积极作用，甚至是领导作用的黄金机会。中国作为最大的能源进口国和领先的清洁和可再生能源生产国，把能源议题列为二十国集团峰会的重要议题之一顺理成章。考虑到中国对于现存国际能源机制的参与程度较弱、较为边缘化的现实，中国的最好选择应该是寻找一些新的参与渠道。中国可以将清洁能源（包括可再生能源）和相关的气候变化问题列为其通过二十国集团参与全球能源治理的最重要议题。同时，作为最大的石油进口国，中国无法承受被排除在化石燃料相关的国际合作之外，具体有实际意义但又不是太过复杂的议题应该作为中国参与能源治理的起始点之一，通过二十国集团平台，将国际能源署、国际能源论坛和欧佩克共同运作的联合组织数据机制打造成一个全面的油气数据共享和透明机制，是一个符合此标准的议题。

基于以上考虑，中国积极参与全球能源治理并发挥领导作用可在以下四个方面进行努力。

第一，在 2016 年二十国集团杭州峰会上，推动将二十国集团下的清洁能源部长级会议升格成为一个全球清洁能源和可再生能源的治理机构。作为对应措施，在可能的情况下，邀请国际可再生能源机构加入其中。基于中美在清洁能源合作的基础以及两国在此领域的全球领先状态，这个建议应该具有可行性。中美两国已经在清洁能源部长级会议有着良好的合作，该机制由美国前能源部长朱棣文于 2009 年 12 月建议创立，美国在其中处于支配地位，在其十三个倡议中领导着其中八个，中国则参与了其中四个，包括与美国共同领导的一个倡议，即电动汽车的合作。此外，中美两国在清洁能源领域的合作已经有一定的基础，是推动两国关系发展的一个重要领域。两国已经创立了中美清洁能源研究中心，建立了中美气候变化工作组。在两个机制下，中美已经在碳捕获和封存技术、能源效率，智能电网等其他关键的清洁能源技术领域进行了合作。2014 年公布的中美气候变化共同声明，以及两国同意在二十国集团下进行低效化石燃料同行评议，都将大大促进两国在能源领域的国际合作。因此，如果中国在 2016 年二十国集团杭州峰会上提出此建议，两国应该能在全球清洁能源治理方面合作来共同发挥领导作用。

第二，通过二十国集团平台将联合石油数据机制（JODI）打造成一个全面的油气数据共享和透明机制。中国在布里斯班峰会上已经同意从国际货币基金组织的数据公布通用标准（GDDS）转换到特殊数据公布标准（SDDS），并同意公布石油库存数据。这个重要的一步将使得中国和世界都受益，因为它将使得中国的货币和大宗商品市场更有效率地运行。这有助于中国全面加入联合石油数据机制体系。考虑到中国希望的由天然气替代目前严重依赖的煤炭，减少碳排放的国家战略，以及中国作为液化天然气进口大国的前景，中国应该努力推动主要的天然气生产大国如卡塔尔、俄罗斯、土库曼斯坦以及其他天然气进口大国如日本，包括中国自身在内等，在联合石油数据机制天然气机制下进行合作。

第三，2016 年二十国集团杭州峰会可以成为一个契机，中国借将能源治理列为重要议题的机会，同国际能源署商谈中国加入事宜。中国应该与国际能源署进行充分沟通和交流，商谈加入这个最为重要的国际能源治理机构的方式。鉴于国际能源署表现出来的对中国的兴趣以及此前非经合组织国家加入国际能源署的模式，如果中国愿意加入并表现出诚意来，中国的加入就很有希望。从中国方面来看，需要领导层和精英人士在能源安全观念上持一种更为开放的态度，愿意和决心通过加入全球能源治理的方式来保障其能源安全。他们需要意识到，通过这种方式来保障中国的能源安全并不一定就比传统的地缘政治战略更不值得信任。这种观念上的转变要求中国全面参与全球能源治理，与美国为首的西方国家合作共享能源安全。从总体的政策执行层面来看，中国需要至少对全面参与全球治理，以及地缘政策战略保障能源安全这两种途径给予相同的重视和关注。这也可能意味着一些政策改变，例如减少或停止一些投资巨大，风险很高，成本效益很低的陆上输油管线、港口建设，转而将更多资源投入到全面参与全球能源治理中，积极加入到一些重要的治理机构和机制中来，例如国际能源署以及联合石油数据机制。

第四，继续推动结束对低效能的化石燃料进行的补贴。这个议题已经在多次二十国集团峰会上提出并推动。自从 2009 年匹兹堡峰会以来，二十国集团已经多次承诺要致力于分阶段结束低效化石燃料补贴,[①] 但此议事的多次拖延和延误已经伤害到了二十国集团的信誉。如果能够推出一个结束化石燃料补贴的切实可行的建议,将能够挽救二十国集团在此议题上的名声。从国内来讲,也能够为中国能源部门的改革带来巨大的压力,而这个改革已经在国内被呼吁了很多年。其他减少排放、提高能效并可能对中国造成影响的措施包括在国内开始征收碳税以及在全国范围内发起碳交易制度。前者已经在国内酝酿了很多年,[②] 而后者则已经被宣布将在 2016 年底或者 2017 年初准备就绪。[③] 这两个减少碳排放和提高能效的国内措施将可能减少由于边境调节税(border tax adjustments)在未来征收之后对中国的冲击,甚至可以使中国免受边境调节税的影响。[④] 同时,中国也应该积极加入到边境调节税的制订过程中来,确保它不会被其他国家单方面强加给中国。

第五,亚投行可以成为中国在全球能源治理中发挥关键作用的一个机构。亚投行定位是在基础设施投资和建设方面发挥重要作用,其中包括了能源基础设施的建设。而二十国集团可以作为讨论和推动金融和能源治理创新的一个重要平台,中国领导的亚投行在治理机制和规则方面的探讨和创新之处都可以通过二十国集团平台发布出去。全球金融和能源治理的创新发展也可以在 2016 年二十国集团峰会上引进和介绍。中国也能够为全球金融和能源治理方面的创新作出贡献,并与现存的国际经济和金融治理机制,即美国领导的国际货币基金组织,世界银行和亚洲开发银行和平共处,共同推动世界基础设施的建设。

在中国的能源安全战略中,参与全球能源治理还只是被看作是对占

① Barry Carin, "Cognitive Dissonance and the G20: the 2 Degree Target, Stranded Assets, and Exploration Subsidies." In *G20 Monitor: The G20 at the end of* 2014, edited by Tristram Sainsbury. No. 15, January, 2015. Lowy Institute for International Policy.

② 袁瑛:"碳税:中国式探索能否走得通"《纽约时报》中文版,2013 年 8 月 13 日,http://cn.nytimes.com/china/20130813/cc13environment/。

③ Kathy Chen and David Stanway, "China's national CO_2 marketseen starting late 2016, early 2017." Reuters, June 17, 2015. http://www.reuters.com/article/china-carbon-idUSL3N0Z236R20150617.

④ 史丰蕾:《两税助力经济"低碳转身"》,《中国能源报》2009 年 8 月 24 日;俞海山:《碳税:研究综述与展望》,《国际经贸探索》2013 年第 3 期。

主导地位的地缘政治战略的一个补充。中国通过在二十国集团框架下参与全球经济治理的表现，特别是宏观经济政策协调方面表明，中国已经认识到了全球治理的实质所在，那就是构建一个稳定的全球经济政策协调机制和框架，为体系内所有经济体提供公共产品。中国学术界对于中国应该全面参与全球能源治理的呼吁和建议，包括本文提到的建议，代表着推动中国更加积极地加入全球能源治理并为之做出贡献的努力。这种全球能源治理将惠及这个体系内的每一个国家，包括中国在内。

第五章 中国与全球贸易治理体系

导 言

自 20 世纪 70 年代末期改革开放政策实施以来，对外贸易成为促进中国经济增长的最重要的因素之一。1978 年至 1994 年间，中国的进出口贸易双双保持了两位数的增长。[①] 中国政府深知对外贸易对中国经济发展的重要性。80 年代，随着对外贸易的进一步发展，中国开始尝试加入国际贸易体制，以进一步促进中国外贸和经济的发展。这种努力可追溯到 1986 年，当时中国正式开始申请恢复中国作为关税及贸易总协定（关贸总协定，GATT）创始会员国的地位。[②]

为了达到关贸总协定的要求，中国开始在对外贸易各领域进行了改革。中国显著降低了许多种商品的关税水平，取消或者减少了部分的非关税壁垒，例如进出口配额，进出口许可证以及商品数量控制等，还取消了部分初级产品的出口退税，放松外汇管制，允许外国公司进入一些特定的领域，如保险和一些金融服务业。中国还撤销了一些对外贸易的内部规定，以提高透明度，开始改革原来被严格管制的对外贸易部门。然而，经过八年的艰苦谈判，中国并未赶在关贸总协定于 1995 年转变为世界贸易组织（WTO）之前与之达成协议。[③]

[①] Xianquan Xu and Murray G. Smith, eds. *China and the World Trade Organization*: *Realities and Resolution.* Beijing: China International Business & Economics Press. 1996.

[②] 中国是关贸总协定于 1947 年成立时的创始成员国。1949 年新中国成立之后与该组织的关系包括与联合国等国际组织的关系都被中断。

[③] Xianquan Xu and Murray G. Smith, eds. *China and the World Trade Organization*: *Realities and Resolution.*

虽然仍然不是世贸组织的成员，但中国经济在 20 世纪 90 年代保持着快速的增长。美国，日本，东盟，中国香港以及部分欧洲国家成为中国大陆的主要贸易伙伴。从 1993 年一直到 2004 年，日本都是中国的第一大贸易伙伴；90 年代的大部分时间里，美国一直是中国的第二大贸易伙伴，自 1997 年之后成为中国第一大出口市场，2004 年之后成为中国的第一大贸易伙伴。[1] 由于不是世界贸易组织成员，与其主要贸易伙伴之间也没有签署自由贸易协定，中国需要通过额外的外交努力，维护与主要贸易伙伴国之间的贸易关系，特别是美国。20 世纪的最后十年里，几乎每一年，中国都需要动用很多资源，通过与美国商业界的联系，与美国行政当局的沟通和交流，使其推动美国国会通过相关法案，保持中国的最惠国待遇地位，维持两国间的正常贸易关系，保障中国对美出口能够保持增长。

1995 年新的世贸组织成立之后，中国加入该组织的谈判继续开展。又经过七年的艰苦谈判，中国最终于 2001 年加入了世贸组织，但付出的是在商品和服务贸易方面都作出过多承诺的高昂代价。[2] 然而在加入世贸组织后的中国经济，特别是中国对外贸易令人炫目的快速增长的光环下，这些巨大的让步和过多的承诺并未在国内引起很大的注意。统计显示，2002 年至 2008 年期间，中国的对外贸易总额（进出口总额）平均增长率达到 25.9%，远高于 1978 年至 2008 年间 18.1% 的平均增长率。[3] 中国的出口总值在世界上的排名从 1980 年的第 26 位，1990 年的第 15 位，2001 年的第 6 位，增长到 2008 年的第 2 位。中国已经发展成为全球加工制造业中心。随着十年来贸易顺差的大幅度增长，中国积累

---

[1]　胡江云：《中国对外贸易主要特征及未来展望》，载《2030 年中国经济展望研究报告》分报告三，国务院发展研究中心课题组，2011 年 2 月。

[2]　Henry Gao, "China in the WTO Dispute Settlement System: From Passive Rule-Taker to Active Rule-Maker?" In *A Decade in the WTO: Implications for China and Global Trade Governance*, edited by Meléndez-Ortiz, Ricardo, Christophe Bellmann and Shuaihua Cheng, 17 - 21. Geneva: International Centre for Trade and Sustainable Development. 2011.

[3]　中国国家统计局：《对外贸易飞速发展》，《庆祝新中国成立 60 周年系列报告之九》。2009 年 9 月 16 日，http://www.stats.gov.cn/ztjc/ztfx/qzxzgcl60zn/200909/t20090916_68641.html。

了巨额的外汇储备，到 2008 年时已经成为世界上最大的外汇储备国。[①]

在 2001 年新一轮多边贸易谈判，即多哈回合谈判展开的同时，贸易区域化趋势也快速呈现。世界各国普遍都重视并努力推动区域和双边自由贸易谈判。多哈回合谈判进展缓慢，一直未能取得重大成就，这更使得各国包括中国在内，更加注重区域和双边自由贸易谈判。中国抓住区域自由贸易协定发展的趋势，在 2001 年举行的中国—东盟峰会期间，时任中国总理朱镕基提出了成立中国—东盟自由贸易区的建议。[②] 在此建议的鼓励下，亚太地区各国间的自由贸易协定倡议纷纷跟进，包括东盟与韩国、日本和印度的三个 10 + 1 自由贸易协定谈判，东盟与中国、日本和韩国的 10 + 3 自由贸易协定谈判，东盟与中国、日本、韩国、印度、澳大利亚和新西兰的 10 + 6 谈判，等等。[③]

随着加入世贸组织以及多个区域及双边自由贸易协定谈判，中国进入了全球贸易体系之中。正当学术圈仍然在谈论区域贸易协定是多边贸易协定的"垫脚石"还是"绊脚石"的同时，各国正在发起务实倡议并展开相关谈判。作为当今世界的第一大贸易国和第二大经济体，中国在世贸组织和多个相关自由贸易协定谈判中的战略以及表现，将对全球贸易治理中未来多边贸易体系和地区贸易体系的发展方向和进程产生重大的影响。

本章将首先对自 2001 年以来中国在世贸组织以及一些关键的区域贸易协定谈判中的表现和作用进行探讨，然后集中讨论影响中国参与多边贸易体系和地区贸易体系的各个因素，包括中国的政策、战略以及国内因素。其中，在区域贸易谈判领域，中国对跨太平洋伙伴关系协定（TPP）的态度和反应是一个重要的例子，它充分反映了中国在全球贸

---

① 中国国家统计局：《对外贸易飞速发展》，《庆祝新中国成立 60 周年系列报告之九》。2009 年 9 月 16 日，http://www.stats.gov.cn/ztjc/ztfx/qzxzgcl60zn/200909/t20090916_68641.html。

② 施晓慧：《朱镕基：十年建成中国东盟自由贸易区》，《人民日报》2001 年 11 月 7 日，http://www.people.com.cn/GB/shizheng/252/2145/2877/20011107/599525.html。

③ 东盟—韩国自由贸易区协定于 2007 年签署，东盟－日本自由贸易协定于 2008 年签署，东盟—印度自由贸易协定于 2009 年签署，东盟 10 + 6 发展成为一个全面的地区贸易协定谈判，即区域全面经济伙伴关系（RCEP），目前谈判仍在进行中。东盟 10 + 3 发展成为了东盟与这三个国家进行沟通合作的一个论坛。

易治理中，特别是在区域贸易协定中所采取的政策、战略和国内因素的影响。中国在区域全面经济伙伴关系协定谈判中的表现则是另外一个重要案例。

本章认为，中国在世贸组织和一系列的区域贸易协定谈判中都扮演着关键的角色。然而，中国仍然缺乏足够的能力去引导和推动世贸组织谈判的方向和进程，其中重要的原因是中国本身对参与全球贸易治理的一种自我限制，以及国内因素的制约。中国需要发展出一种全球观念，愿意来引领和推动世贸组织多哈回合谈判。由于跨太平洋伙伴关系协定谈判进程及其最终的完成给中国带来的压力，中国的改革者们希望利用这个契机，推动困难的国内市场化经济改革议程。而多哈回合谈判以及中国参与全面的地区贸易协定谈判，例如 RCEP 的进程，将把中国更加紧密地与全球贸易体系联系在一起。

中国与世贸组织

加入世贸组织如何改变了中国

在中国看来，其加入世贸组织的重要性是怎么强调也不过分的。它给中国带来的经济飞速增长，深刻改变着中国政府管理经济的方式，推进了中国政府治理的法治化和透明度。

在加入世贸组织后的十年里，中国的经济保持着两位数的平均增长，是新中国成立以来平均增长速度最快的十年。在当代各大型经济体中，这种快速增长也极为罕见。十年中，中国的 GDP 增加了三倍多，从 1.3万亿美元增加到 4.98 万亿美元，[1] 成为世界第二大经济体。进口和出口总额分别都增长了将近五倍，中国成为最大的出口国和第二大的进口国。[2] 同一时期，中国吸引的外国直接投资保持着强劲的增长，到 2011

---

[1]　Xiaozhun Yi, "A decade in the WTO, A decade of shared development." In *A Decade in the WTO: Implications for China and Global Trade Governance*, edited by Ricardo Meléndez-Ortiz, Christophe Bellmann and Shuaihua Cheng. Geneva: International Centre for Trade and Sustainable Development. 2011.

[2]　汪闽燕：《入世十年改变中国也改变世界》，《法制日报》2011 年 11 月 15 日，第 10版，环球法制版。

年时所积累的外国直接投资达 1 万亿美元，连续 19 年居发展中国家首位，也超过了大部分的发达国家。① 在一些国际投资者的调查中，中国保持着最受欢迎的外国直接投资目的地地位，从 2002 年到 2011 年期间在科尔尼（A. T. Kearney）外商直接投资信心指数中一直居于第一位。②

加入世贸组织也给中国的改革带来了积极而深刻的变化。这在中国领导人和精英阶层看来，是比经济发展成绩更大的成就。这些重大的变化包括中国各级政府，特别是中央政府执政透明度的提高，政府职能的转变，更多符合市场规律的做法被引入，政府退出许多不应该管的领域，如使用行政手段控制物价。入世还推动了中国政府法治化的进程。中国政府意识到，入世首先是政府入世。世贸组织是基于条约建立的组织，根据世贸组织的规定，政府必须清理不符合该组织规则的法律法规。中国在短短两三年时间内调动了巨大的资源，在中央政府一级废除、修改和颁布了 3000 多件法律法规，以使之符合世贸组织规定，地方政府一级这个数目则达到 19 万件。③

中国政府从未有过的大规模法律清理和修改，以及在如此短的时间内修改如此多的法律来遵守世贸组织的规定，④ 表明了中国政府履行世贸组织承诺的强大决心。中国政府还发起了全国范围内长达几个月的世贸规则学习运动，以更好地理解和遵守世贸组织规则。中国还显著降低了关税总水平，从 90 年代初的平均 43.2% 降低至过渡完成

---

① 周汉民：《面向入世的第二个十年》，《文汇报》2011 年 11 月 28 日；汪闽燕：《入世十年改变中国也改变世界》。

② Organisation for Economic Co-operation and Development. *China in Focus: Lessons and Challenges*. Paris: Organisation for Economic Co-operation and Development. p. 54. 2012. www. oecd. org/china/50011051. pdf.

③ Xiaozhun Yi, "A decade in the WTO, A decade of shared development."

④ Xiaozhun Yi, "A decade in the WTO, A decade of shared development"; Yong Wang, "Being in the WTO for Ten Years: China's Experience of Learning and Growing Confidence in Global Governance: Institutional Transformation and Interdependence." *RCCPB Working Paper*, No. 13, October, 2011; Thomas Cottier, "China in the WTO at Ten." Key Note Speech at the International Workshop and Roundtable on WTO Law, Xi'an, China, November 4, 2011. www. wti. org/institute/news/84/10th-anniversary-of-chinas-accession-to-the-wto/.

后的 9.8%。① 根据世贸组织非歧视原则，中国政府还于 2011 年 4 月成立了一个新的政府部门，即中国质量监督检验检疫总局，统一了国内检验检疫标准与进出口商品的检验检疫标准。按照非歧视原则，中国进一步放宽了外商来华投资的市场准入，增加了外商在不同行业投资的股份比例。

透明度原则是世贸组织的首要原则，中国在入世协议中承诺要提高透明度。世贸组织许多不同的协定条文中都包括了透明度原则，② 中国各级政府根据世贸组织的要求进行的法律和法规的清理和修改的一个结果就是提高了透明度。在许多领域，一度封闭的立法过程，根据新的法律规定也开始向公众开放，普通百姓参政议程开始出现。其中特别是中国在入世前后通过一系列新法律规定，包括 2000 年开始实施的《立法法》，2002 年实施的《行政法规制订程序条例》和 2003 年公布并实施生效的《行政许可法》，为中国普通公民参政议程建立了法律框架和基础。根据这些法律法规的要求，政府部门必须允许公民通过书面意见、座谈会、研讨会以及听证会的形式和渠道进行参政议政。媒体和网络成为中国公民参政议程的两个主要渠道。这些法规不仅仅是针对中央政府，对地方政府也形成约束。例如，自 2002 年以来，北京市所有的政府规定和立法建议草案都必须通过北京市政府网站或者是政府法制办公室向公众发布，接受公民的意见和建议。③

中国加入世贸组织的另一个影响就是中国政府在其经济管理过程中采取了更多的市场手段，而不再主要依靠行政手段。中国政府过去对经济管得太多，通过行政手段对经济生活的几乎每个方面都进行干预，例如进行行政限价限购，进出口许可证和配额控制。大规模的法律修改和清理使得政府退出了许多本来就不应该管的领域，而是让市场发挥更大

---

① 孙振宇：《中国入世十周年之际的回顾与展望》，《国际经济评论》2011 年第 4 期，第 114—123 页；丁飞：《WTO "15 年过渡期" 遭误读降税承诺 2010 年已履行完毕》，央广网，2015 年 7 月 2 日，http：//china. cnr. cn/yaowen/20150702/t20150702_ 519039464. shtml。

② Manjiao Chi, "China's Participation in WTO Dispute Settlement over the Past Decade：Experiences and Impacts." *Journal of International Economic Law* 15 (1)：29. 2012.

③ 徐燕：《加入世贸组织与我国的法制建设》，《中国人大》杂志，2012 年第 2 期，http：//www. npc. gov. cn/npc/zgrdzz/2012 - 02/10/content_ 1687754. htm。

的作用。中国政府不应该是"全能政府"，而是包括有限的作用，只管自己应该管的事情。中国政府应该是服务型的政府，而不是管理型政府。

加入世贸组织带来的可能最为深刻的变化在于，中国政府发现履行入世承诺意味着必须遵守世贸组织规则，使政府的行为得到规范。通过在对外贸易领域按照规则规范行事的政府行为，中国政府开始逐渐适应法治的精神，虽然这种适应是以一种被动的反应而不是主动的改变开始的。因为最简单来看，如果作为成员国，随便制订与世贸组织规则相违背的政策，或者不按照该组织规则行事，中国将会遭到别国的起诉。因此，中国政府极力避免这种事情发生。在这方面，世贸组织争端解决机制（DSM）是理解中国政府行为的关键点。

入世的前十年里，中国在其中的表现经历了一个重要的变化。在入世的头五年里，中国表现为极度小心的规则遵守者，有着良好的落实争端解决机制决定的记录。后五年，随着中国逐渐适应世贸组织规则，中国在争端解决机制中开始表现出成为一个较为坚决的规则影响者甚至是规则的制订者。[1] 长达十年的学习和适应之后，中国已经完全适应和熟悉了世贸组织争端解决机制。中国甚至能够十分熟练地利用此机制，在某些输掉的世贸组织争端判决中，通过争取一些实质性的有利条款，来缓冲或者减少该判决将给中国带来的不利影响。例如，在汽车零部件案子上，其他国家起诉中国，结果中国败诉，但中国争取了三到四年的时间，使国内汽车产业有了进行调整的缓冲时间。[2] 在美国起诉中国的知识产权案子上，中国败诉，但在关键的刑事判决门槛条款上，即造成多大侵权才足以进行刑事判刑的问题上，中国的主张在争端解决机制中获得了认同，使得许多国内被认为是侵权的公司或者是产品免于被刑事起诉。[3]

中国在世贸组织争端解决机制的态度，及其后期在其中较为活

---

① Henry Gao, "China in the WTO Dispute Settlement System: From Passive Rule-Taker to Active Rule-Maker?"; Manjiao Chi, "China's Participation in WTO Dispute Settlement over the Past Decade: Experiences and Impacts."

② 孙振宇：《中国入世十周年之际的回顾与展望》。

③ 孙振宇：《中国入世十周年之际的回顾与展望》。

跃、主动的参与表现，预示着中国在接下来的几年中，对进一步参与国际机制的看法及其可能的表现将会有一些大的变化。在加入世贸组织头几年，中国总是抱怨自己成为争端解决机制中反倾销的主要针对目标，其他国家不公平地利用该机制，使得中国成为牺牲品。而后几年，中国逐渐学会了如何利用规则来保护本国公司的利益，开始认识到在国际贸易领域按规则行事的妙处和由此带来的利益。但如果就此下结论，认为中国也会在其他领域接受国际争端解决机制还是过早，因为中国在其他非贸易领域很少，或者根本就不愿意将争端提交国际争端或仲裁机制。例如在关于中国领土和领海争端的问题上，中国不愿意诉诸国际仲裁法庭。然而，中国在世贸组织争端解决机制中的表现，已经或者说还是会对中国参与其他国际机制产生深远但微妙的影响。至少到现在，中国对考虑加入条约为基础的国际组织不再像以前那样抱有太多的忧虑和怀疑，或者是担心成为其牺牲品。

中国在世贸组织的角色和作用

就在中国加入世贸组织十五年后，关于中国在这个多边贸易体系中，特别是在多哈回合谈判中所发挥的作用，以及如何评价这种作用，仍然是一个受到高度关注的问题。显然，中国已经从当初那个以作出过多承诺为代价才加入世贸组织的较为独特的新来者，变为了该组织中一个相当重要的成员。在加入世贸组织的头几年中，中国大部分时间里表现为一个沉默、低调的参与者，一个冷静的观察者，与该组织其他成员沟通不多。后几年开始，中国在争端解决机制中和多哈回合谈判都逐渐变得很活跃，开始更多地在争端解决机制中起诉其他成员。中国进入了世贸组织的核心决策圈，成为该组织中新"四国集团"、五个利益相关方，"六国集团"以及"七国集团"的成员，以参加 2008 年 7 月 21 日内瓦小型部长级会议为标志，中国在该组织中开始发挥重要作用。

对于中国在世贸组织中的表现和作用，出现了两种几乎相反的观点。中国官方的观点，包括国内部分学者认为，中国已经进入了世贸

组织的核心决策圈，没有中国的参与，重要的谈判都难以达成。① 中国
参与了多哈回合谈判并且在其中发挥了重要的、建设性的作用。与之相
反，许多国外评论人士认为，中国只是作为一个边缘角色参与多哈回合
的谈判，发挥的只是被动的、甚至是破坏性的作用。② 前世贸组织总干
事拉米（Pascal Lamy）在 2013 年也曾表示，在某种程度上，中国在全
球经济治理中只是作为一个被动的参与者。③ 中国在多哈回合谈判中并
没有表现出与其一个贸易大国地位相称的作用来，被认为害怕进一步的
贸易自由化，在谈判中采取了"沉默的策略"，并没有负起一个大国的
责任。④

这两种表面上相互矛盾的看法其实反映了中国在世贸组织及其多哈
回合谈判中日益上升的地位和作用。中国在世贸组织中的重要影响无法
否认。从中国的角度来看，中国的声音能够在世贸组织的决策过程中反
映出来，自入世之后中国在其中的影响力就算是提高了。从历史的视角
看，中国加入世贸组织已经是一个巨大的成功，与入世之前相比，这种
改变已经非常大的了。加入世贸组织及其多哈回合谈判意味着中国已经
在其中取得了决策权，中国已经取得了在谈判桌前与其他大国同等的地
位，加入其中的核心决策圈如"七国集团"，中国已经能够在世贸组织
中发挥关键的影响力。

当然，如果评判中国在加入世贸组织头十年中在多哈回合谈判中的
表现，又可以认为中国并没有非常好地运用其已经获得的决策权，也没

---

① 孙振宇：《中国入世十周年之际的回顾与展望》；裴长洪，郑文：《中国入世十周年与
全球多边贸易体制的变化》，《财贸经济》2011 年第 11 期，第 5—13 页。

② Fred C. Bergsten, Charles Freeman, Nicholas R. Lardy and Derek J. Mitchell, *China's Rise*:
Challenges and Opportunities. Washington, DC: Peterson Institute. 2008, p. 14; Razeen Sally, 2011.
"Chinese Trade Policy: A Decade after WTO Accession." In *A Decade in the WTO*: *Implications for
China and Global Trade Governance*, edited by Ricardo Meléndez-Ortiz, Christophe Bellmann and
Shuaihua Cheng. Geneva: International Centre for Trade and Sustainable Development; Rafael Leal-Ar-
cas, "On China's Economic Rise: Multilateral versus Regional Attitudes in Trade Agreements and the
PCA with the EU", Chinese (Taiwan) Yearbook of International Law and Affairs. 27: 12 – 42. 2011.

③ 朱钰：《WTO 总干事：中国还只是全球经济治理中的被动参与者》，《财经网》2013
年 3 月 24 日，http://economy.caijing.com.cn/2013 – 03 – 24/112617307.html。

④ 李计广：《世界贸易组织多哈回合谈判与中国的选择》，《世界经济与政治》2013 年
第 5 期，第 136—154 页。

有很有效地使用这种决策权，更不用说在其中发挥领导作用，就像许多国内外的学者和官员表达过的那样。中国在加入世贸组织后几年中所发挥的作用，正如时任商务部世贸司司长张向晨所说，是一种"积极的建设性作用"。① 在此后的几年里，中国仍旧在世贸组织和多哈回合谈判中保持着一种相对消极被动的作用，很少采取主动行为和政策倡议，而是将此项任务留给其他国家。② 中国在世贸组织中，特别是在多哈回合谈判中的这种相对平庸的表现，主要是以下几个因素在起作用。

第一，中国缺乏在世贸组织和多哈回合谈判中的主要议题即市场准入和关税减让上进行谈判的筹码，而其中的主要原因是中国在入世谈判中在许多世贸组织相关议题上曾经过高的承诺。这些过多的承诺和重大的让步使得中国在入世后的谈判中处于一个尴尬的处境，使得中国难以像其他世贸组织的新成员，如巴西和印度一样发挥积极和有效的作用。换句话说，中国的谈判筹码已经在长达十五年的入世谈判中消耗殆尽，许多当初的承诺已经超出了大部分发展中国家承诺的水平，特别是在农业和农产品问题上的巨大让步，已经超过了当今多哈回合谈判能够达成的水平。③

第二，中国国内，特别是在一些主管贸易和经济的政府部门中，例如商务部和农业部形成了一种较强的共识，即中国应该在多哈回合进一步的谈判中放慢节奏，因为根据中国入世的过多承诺，中国经济已经足够开放。进一步的关税减让和市场准入将会给许多产业带来负面的影响。而且，来自美国和其他发达国家要求的进一步关税减让和市场准入也要价过高，超出了中国能够承受的范围。④

---

① 《商务部世贸组织司长谈入世：成世贸体系一分子》，《北京青年报》2005 年 12 月 9 日，http：//finance. people. com. cn/GB/70392/5146335. html。

② Razeen Sally, 2011. "Chinese Trade Policy: A Decade after WTO Accession".

③ 屠新泉：《中国在 WTO 中的定位、作用和策略》，对外经济贸易大学出版社 2005 年版，第 178—179 页；Henry Gao，"China in the WTO Dispute Settlement System: From Passive Rule-Taker to Active Rule-Maker?"；Paul Blustein，"China's Impact on the Doha Round"，In *A Decade in the WTO: Implications for China and Global Trade Governance*，edited by Ricardo Meléndez-Ortiz，Christophe Bellmann and Shuaihua Cheng. Geneva: International Centre for Trade and Sustainable Development. 2011.

④ 孙振宇：《中国入世十年的得失盘点》，《国际经济评论》2011 年第 5 期，第 21—27 页；李计广：《世界贸易组织多哈回合谈判与中国的选择》。

第三，作一个拥有巨额贸易顺差的贸易大国，如果在多哈回合谈判中在市场准入问题上表现过于活跃，要求更高的市场准入水平，会被其他国家看作是"威胁者"。[1] 中国在多哈回合市场准入谈判中担任急先锋并不符合中国的利益，将会招致来自发展中国家的批评。

第四，中国需要更多的专业人士和专家参与到多哈回合谈判中，才能更好地发挥自己的作用。与国际货币基金组织和世界银行根据份额分配有不同的投票权不一样，世贸组织中的决策，特别是在谈判中以及争端解决机制中，决策很大程度上取决于各国的谈判参与者，决策者以及律师的水平如何。[2] 缺乏足够的相关人才是中国在入世后几年中在世贸组织谈判和争端解决机制中保持低调的重要原因。[3] 中国仍旧需要成千上万熟悉世贸组织规则、英语流利的专业律师、会计、谈判专家和顾问，来应对极其复杂的世贸组织法律规定以及争端解决机制。

经过入世后四到五年的调整和适应，中国逐渐在世贸组织中变得活跃起来。2008 年 7 月在日内瓦举行的世贸组织小型部长级会议，成为中国在多哈回合谈判和整个世贸组织中发挥作用和表现的一个转折点。时任世贸组织总干事的拉米召集了七个关键国家的商务和贸易部长，试图作最后冲刺以结束多哈回合谈判。中国商务部部长陈德铭首次被邀请参加了这个世贸组织的核心决策会议。尽管经过十天艰苦的拉锯式谈判也并未能达成协议，但中国在多哈回合谈判和世贸组织中日益上升的作用却得到了体现。中国认为自己在此次会议中既坚持了原则，又体现了一定的灵活性，为会议作出贡献。中国将此次会议的失败归咎于印度的不合作，以及美国国内政治的影响。[4] 印度不愿意在发展中国家农产品特殊保护机制问题上作出让步，奥巴马总统不愿浪费其国内政治资源来

---

① 李计广：《世界贸易组织多哈回合谈判与中国的选择》。

② Xiaodong Wang, "China's Status and Influence in the Multilateral Trade System", Research Center for Chinese Politics and Business Working Paper. No. 7. Research Center for Chinese Politics and Business, Indiana University, 2011；张伯晋：《应对 WTO：中国需要更多高端国际法律人才》，《检察日报》2012 年 11 月 8 日。www. spp. gov. cn/site2006/2012 - 11 - 08/0005543313. html。

③ 罗绮萍：《多哈回合谈判升级中国还缺少数十万 WTO 人才》，《21 世纪经济报道》2006 年 1 月 26 日。http：//finance. sina. com. cn/j/20060126/15002309321. shtml。

④ 孙振宇：《中国入世十周年之际的回顾与展望》。

说服国会中的反对者来推动此问题解决。部分国外学者也认为，中国在此次会议中发挥了更为开拓的作用，而并不像某些美国媒体所称的，破坏了此次会议。[①] 这些学者认为，中国在世贸组织谈判中应该发挥更大的作用，来推动多哈回合谈判取得成功。中国应该在未来发挥更大的作用，因为维护一个开放的全球市场符合中国利益，应该是中国的重大关切。[②]

中国在世贸组织谈判中的未来战略

在中国加入世贸组织十周年之后，自 2011 年开始，国内部分学者和官员对中国在世贸组织中的作用进行了总结和反思。[③] 对于下一个十年世贸组织及其相关议题所面临的新形势中，有三个挑战是中国必须面对的。

第一，中国的经济改革和开放进入了停滞期。加入世贸组织带来的改革推动力的边际效用正在逐渐减弱。在许多领域，中国经济改革的内生动力减弱，对外开放政策的作用也在减弱，特别是外来投资的推动作用正在倒退。比较容易的改革已经完成，改革进入了更为困难的"深水区"，面临来自强大利益集团的阻碍。进一步的改革需要进行重大的利益重组。

第二，中国经济正在进行一个必要的结构调整，正在由主要依靠出口和投资拉动转型为内需推动，经济增长正在经历螺旋式下滑。保持经济稳定增长，增加就业是中国领导人最为关注的问题。为此，在许多时候，他们被迫转向重新启动一些短期的出口和投资拉动的经济刺激计划，以保持经济增速和就业的稳定。这反过来使得经济结构调整和经济

---

① RazeenSally, 2011. "Chinese Trade Policy：A Decade after WTO Accession"；Paul Blustein, "China's Impact on the Doha Round."

② RazeenSally, 2011. "Chinese Trade Policy：A Decade after WTO Accession"；Paul Blustein, "China's Impact on the Doha Round."

③ 孙振宇：《中国入世十年的得失盘点》；孙振宇：《中国入世十周年之际的回顾与展望》；李计广：《世界贸易组织多哈回合谈判与中国的选择》；Zhenyu Sun, "China's experience of 10 years in the WTO", In *A Decade in the WTO*：*Implications for China and Global Trade Governance*, edited by Ricardo Meléndez-Ortiz, Christophe Bellmann and Shuaihua Cheng, Geneva：International Centre for Trade and Sustainable Development, 2011.

转型遇到阻碍，走了回头路。自 2008 年的全球金融危机以来，由于通货膨胀、劳动力成本上升、人民币汇率变动，更高的环境标准等因素的影响，许多中国企业面临着更为困难的经营环境。在这种形势下，更多的市场准入和关税减让，特别是消减农产品关税受到更为强烈的国内抵制和反对，中国政府确实在多哈回合谈判中并没有处在一个有利的位置进行更大的让步。

第三，与国外呼吁中国应该在世贸组织中发挥更为积极，甚至是领导作用的声音比较起来，国内官员和学者对于中国在未来多哈回合谈判中的作用持一种谦逊但怀疑的态度。他们认为，中国应该坚持以一个发展中国家的身份在多哈回合谈判中发挥建设性的作用，而不应该去寻求发挥领导作用从而被迫在世贸组织承担过多的责任。因为发挥领导作用等同于需要负起更大的责任来，在谈判中也需要作出更大的让步。中国对自己的定位仍然是一个发展中国家，和其他发展中大国如巴西、印度等其他新兴经济体一样，应该承担同这种地位相称的作用。在市场准入方面，中国无法与发达国家一样作出同样的承诺。美国等发达国家在谈判中的要价也通常过高，这会伤害发展中国家的利益。要求发展中国家承担与发达国家同样的责任是不公平的，与多哈回合作为一个发展议程谈判的精神是对立的。

基于这样一种新的现实和挑战，有国内学者建议，在将来的多哈回合谈判中，中国应该采取以下参与原则和战略。总体上，他们认为中国应该在多哈回合谈判中发挥更为积极的作用，作为一个重要的参与者参与规则制订，并在谈判中作为一个负责任的国家，但并不建议中国应该在世贸组织中寻求发挥一种领导作用。[1] 为了改善中国经济进一步发展的外部条件，并利用多哈回合谈判中形成的外部压力来推动国内改革，中国可以在以下两个方面作出改变：

第一，通过在某些领域积极推动谈判，例如技术产品贸易自由化，环境产品以及服务协议等，为其他世贸组织成员提供更大的市场准入。他们认为，中国作为一个负责任的大国，应该为其他成员国，特别是最

---

① 李计广：《世界贸易组织多哈回合谈判与中国的选择》；孙振宇：《中国入世十年的得失盘点》；孙振宇：《中国入世十周年之际的回顾与展望》。

不发达国家提供更多的公共产品。① 目前中国能够提供的最有价值的公共产品就是更多开放其巨大的国内市场，容纳更多的世贸组织中成员的进口商品。这要求中国的决策者们在保护国内较为脆弱的部门，和提供进一步的市场准入之间保持一种微妙的平衡。

第二，组建发展中国家间的集团或联盟，为多哈回合谈判打破僵局，创造更有利的条件。中国可以在发展中国家之间组成不同的联盟，例如在世贸组织内部的发展中国家二十国贸易协调集团，以及金砖五国间的贸易合作集团等。这样，中国可以提高发展中国家作为一个整体在多哈回合谈判中的筹码。同时，中国也应该保持警惕，避免加强目前多哈回合谈判中存在的发达国家和发展中国家之间的对立化倾向。中国巨大的经济规模，使得中国有能力来协调发达国家和发展中国家在许多问题上存在的分歧。

总之，中国对于在世贸组织和多哈回合谈判中寻求发挥领导作用并不太热心的态度，反映了国内对于中国是否应该进一步推动国内市场化的经济改革和进一步开放的政策上的分歧和冲突。从内部来讲，缺乏改革共识，也没有一个"路线图"来推进相关改革，这必然导致在参与世贸组织相关谈判中只能采取一种现实的，四平八稳的态度；从外部来看，也需要一种额外的刺激或激励，以推动中国领导人采取进一步措施，在多哈回合谈判中，以及在整个世贸组织中发挥一种引领作用。

中国目前这种多哈回合谈判中务实的、低调的参与态度和避免发挥领导作用的做法，面临着很大的压力。这种压力主要来自世贸组织本身面临的新环境和现实挑战。随着多哈回合谈判多年来的拖延，区域贸易协定的迅速发展，特别是一些巨型地区贸易协定如跨太平洋伙伴关系协定、区域全面经济伙伴关系协定以及跨大西洋贸易和投资伙伴协定（TTIP）的推进，使得世贸组织面临着在国际贸易治理中被边缘化的威胁。作为最大的贸易国，中国从加入世贸组织中获得的利益不少，而世贸组织仍然是当今由多边、地区和双边贸易协定组成的自由贸易网络的

---

① Yong Wang, "Being in the WTO for Ten Years: China's Experience of Learning and Growing Confidence in Global Governance: Institutional Transformation and Interdependence". 李计广：《世界贸易组织多哈回合谈判与中国的选择》。

基础。面临 2008 年全球金融危机以来日益增加的贸易保护主义行为，中国最高领导人已经多次在二十国集团、亚太经合组织（APEC）论坛以及其他一些国际和经济合作平台上表达了中国构建一个开放的世界经济的倡议。中国需要一个实质性的、具体的路线图，来推动国家领导人关于构建开放的世界经济的倡议。作为第一步，中国于 2013 年提出的国家战略，"一带一路"倡议，将着眼于为一个开放的世界经济构建关键的互联互通的基础设施。

随着 2008 年以来多年的闭门谈判和协商，跨太平洋伙伴关系协定给全球贸易治理体系带来了巨大的冲击。中国作为全球贸易治理体系中最大的贸易国，也感觉到了跨太平洋伙伴关系协定带来的冲击。而且，在中国看来，跨太平洋伙伴关系协定还是美国 2011 年实施的"重返亚洲"政策的经济组成部分。随着 2015 年 10 月跨太平洋伙伴关系协定谈判最终完成，中国加紧了对跨太平洋伙伴关系协定谈判带来的影响进行的评估和应对，积极重新评估中国参与多哈回合谈判的态度和策略，以及参与其他地区贸易协定谈判如区域全面经济伙伴关系协定的策略。

中国与地区贸易协定

跨太平洋伙伴关系协定及中国的反应

跨太平洋伙伴关系协定的兴起——一种解释

鲍德温（Richard Baldwin）在 1993 年用"多米诺效应"解释了区域贸易安排的快速发展，他认为由于反对加入贸易集团和主张加入贸易集团两股力量的政治平衡总是倾向于后者，因为后者担心受到已经加入贸易集团的成员的不公平对待而会发起更为强大的游说，这推动着一国集团加入地区贸易集团。[1] 鲍德温和丹尼（Dany Jaimovich）于 2012 年进一步解释了自由贸易协定的"传染性"，自贸协定扩散的部分原因是一国需要减少第三国建立的自由贸易协定对自己可能带来的歧视。[2]

---

[1]　Richard Baldwin. "A Domino Theory of Regionalism", NBER Working Paper No. 4465, September, 1993. www. nber. org/papers/w4465. pdf.

[2]　Richard Baldwin and Dany Jaimovich, "Are Free Trade Agreements Contagious?" *Journal of International Economics*, 88（1）: 1 - 16. 2012.

多哈回合谈判的长期拖延使得更多的世贸组织成员转向并加快了地区和双边贸易协定谈判。区域贸易协定中太多的特惠贸易安排已经侵蚀了世贸组织所提供的待遇。由于这些特惠贸易安排只给予加入特定地区贸易协定的成员，并不适用于所有的世贸组织成员，对于可能被这些特惠贸易协定排除在外的担心推动着一个又一个的世贸组织成员纷纷加入区域贸易协定谈判，否则，作为世贸组织成员所享有的最惠国待遇将变为"最差国待遇"。中国也意识到自己必须顺应这个潮流，从而加快了与其他世贸组织成员进行自由贸易和区域贸易协定谈判的步伐，特别是与中国主要的贸易伙伴间的谈判，以维持和扩展与这些国家的贸易关系。

亚洲各国纷纷顺应 21 世纪开始以来的区域贸易主义潮流，将加入地区贸易协定作为推动经济发展的一个有效政策。东盟处于亚太地区贸易协定的中心位置，2001 年与中国开启了中国—东盟自由贸易谈判。随着 2003 签署了框架协定，中国—东盟自由贸易谈判受到广泛关注并推动着该地区其他主要经济体随之跟进。经过十年的谈判，中国—东盟自由贸易协定于 2010 年 1 月开始生效。到 2010 年时，东盟已经与日本、韩国、印度，澳大利亚和新西兰分别签署了东盟 10 + 1 的自由贸易协定。[1] 就在同一时期，亚太地区其他更为广泛的自由贸易协定倡议如东盟 10 + 3、10 + 6 也都开始出现，讨论和协商亚洲经济融合的可能途径。

从更广阔的政治经济背景来看，从一开始，中国和日本这两个世界第二和第三大经济体在亚洲地区经济融合过程中展开了对领导地位的竞争。中国倾向于东盟 10 + 3 模式，而日本主张东盟 10 + 6 模式。而无论哪种模式，看起来作为世界第一大经济体和唯一超级大国的美国都被排除在东亚经济融合的进程之外。作为对此的回应，2008 年 2 月，美国总统乔治·布什宣布美国将加入跨太平洋战略经济伙伴（P4）[2] 谈判中

---

① Christopher Findlay，"ASEAN + 1 FTAs and Global Value Chains in East Asia：Overview."In *ASEAN + 1 FTAs and Global Value Chains in East Asia*，edited by ChristopherFindlay，1 – 24. Economic Research Institute for ASEAN and East Asia（ERIA）Research Project Report 2010 – 29. Jakarta：ERIA. 2011.

② 该谈判最早于 2002 年亚太经合组织峰会期间由新西兰、智利和新加坡三国发起，这个高标准的自由贸易区谈判因此被称为 P3 谈判，随着文莱于 2005 年加入而更名为 P4。

被延误的金融服务和投资谈判。2008 年的美国总统贸易协定年度报告清楚表明，美国加入跨太平洋战略经济伙伴谈判，是为了回应"美国的竞争对手们开展的特惠贸易协定的扩张，几个竞争性的地区贸易融合倡议将美国排除在外"，而加入 P4 谈判"可以使得美国的企业在亚太地区的竞争中处于更好的位置"。①

同一时期，2008 年 7 月举行的世贸组织日内瓦部长级小型会议的失败，进一步推动着美国加入 P4 谈判并将其改造为跨太平洋伙伴关系协定（TPP）谈判，作为美国进入广泛的亚太经济融合进程的一个途径。在日内瓦会议上，美国代表团进行了多哈回合谈判开始以来的最大努力，试图推动协议的达成，结束多哈回合谈判，也为布什总统留下一个相当不错的政治遗产。会议最终失败，美国愤怒地指责印度和中国应该为此次会议的失败承担责任。尽管一些西方学者后来认为中国不应该为这次会议的失败负责，并详细描述了当时会议的细节，② 但对谈判感到非常失望的美国还是得出结论——或许世贸组织已经不再是美国推动贸易和投资自由化的合适平台。尽管中国不应该为此次会议的失败负责，但美国还是觉得中国并不愿意与美国合作，不愿意赞同美国的建议，所以中国并不是美国在国际贸易规则制订方面可以依靠的合作伙伴。

世贸组织的核心决策机制是成员推动型的，其决策需要所有 150 个成员达成共识，这解释了多哈回合谈判长期拖延的深层原因。它也为新兴经济体如巴西、中国、印度以及南非等在世贸组织中的崛起提供了一种制度性的解释。某种程度上来说，是这种决策机制安排造成了 2008 年日内瓦会议的失败。不同于国际货币基金组织和世界银行，其权力授予董事会，投票权根据每个成员缴纳的资金份额计算，美国能够在这两个组织中对重要的问题进行控制。而在世贸组织中，美国日益感到要使得所有国家，特别是一些大的新兴经济体来支持美国的倡议，是比较困难的。随着更多的新兴经济体加入世贸组织并在其中发挥重要作用，这

---

① USTR, "2009 Trade Policy Agenda and 2008 Annual Report of the President of the United States on the Trade Agreements Program", United States Trade Representative. 2009. www. state. gov/documents/organization/120557. pdf.

② Paul Blustein. "China's Impact on the Doha Round".

个需要达成共识来进行决策的多边贸易组织已经不再是一个美国能够控制并推动议程的机制了。美国需要重新找到一个平台，制订高标准的21 世纪贸易协定。

2008 年 9 月，世贸组织日内瓦部长级会议失败后两个月，美国决定加入扩充之后的跨太平洋伙伴关系协定（TPP）的全面谈判，并开始主导该谈判。2008 年 12 月，美国宣布澳大利亚、秘鲁、越南也将加入跨太平洋伙伴关系协定谈判。2009 年 11 月 14 日，在访问日本时，美国总统奥巴马明确表示将与其他参与跨太平洋伙伴关系协定谈判的国家一道，构建一个"高标准的 21 世纪贸易协定"，[①] 表明美国准备好了开始跨太平洋伙伴关系协定的正式谈判。在接下来的两年中，随着更多国家加入或者表示希望加入谈判，在 2011 年檀香山举行的亚太经合组织领导人峰会期间，这个新的贸易谈判—跨太平洋伙伴关系协定正式确定下来。奥巴马总统再次强调跨太平洋伙伴关系协定将是 21 世纪的贸易协定，将会确保环境和劳工等方面的高标准，消除关税之外的新贸易壁垒。2012 年美国再次确认跨太平洋伙伴关系协定将是"当前国际贸易体系中正在进行的最为重要的谈判"，[②] 它构成了"重返亚洲"这个外交和安全战略的经济支柱，奥巴马总统将在这个快速增长的地区寻求美国的领导权。

随着美国主导的跨太平洋伙伴关系协定谈判的推进，亚洲经济融合面临着更为复杂的形势。中国在其中尤其感觉到了这个谈判带来的压力，因为它看起来是要将中国排除在外。美国国家安全顾问多尼隆于2012 年 11 月的讲话中将"重返亚洲"政策改称"亚洲再平衡"政策，似乎要缓和此战略带来的咄咄逼人之势。但中国的精英人士开始将此项政策认为是对中国新的遏制政策，而跨太平洋伙伴关系协定就是其中的不可分割的部分，它主要的亚洲经济整合必然将要中国排除在外。然而，随着时间的推移，中国对跨太平洋伙伴关系协定的看法也在发生变

---

① Barack Obama, "Remarks by President Barack Obama at Suntory Hall", November 14, 2009. www. whitehouse. gov/the-press-office/remarks-president-barack-obama-suntory-hall.

② Tom Donilon, "Remarks by National Security Advisor Tom Donilon — As Prepared for Delivery", November 15, 2012. www. whitehouse. gov/the-press-office/2012/11/15/remarks-national-security-advisor-tom-donilon-prepared-delivery.

化，出现了不同的看法。

中国对跨太平洋伙伴关系协定的反应

当 2008 年美国宣布它将加入跨太平洋战略经济伙伴谈判时，中国并没有对此给予太多注意。此后的两到三年中，中国对于美国推动的跨太平洋战略经济伙伴协定谈判持一种怀疑和不屑的态度，质疑这个谈判是否能够持续下去，以及是否会有很大的影响力。只有跨太平洋伙伴关系协定谈判协议于 2011 年在亚太经合组织领导人峰会上正式开始之时，这才引起了中国媒体和公众的注意。当时美国使用了宏大的言辞来推动此协议，称之为"21 世纪的高标准贸易协定。"① 中国政府在当时的峰会上对跨太平洋伙伴关系协定表现出来了较为体面和中立的态度，国家主席胡锦涛以及来自外交部的官员都称中国对任何加速亚太地区经济融合的倡议都持开放的态度，包括东亚自由贸易协定，区域全面经济伙伴关系协定以及跨太平洋伙伴关系协定②在内，它们都构成了未来亚太自由贸易区（APFTA）的基础。③

尽管官方对于跨太平洋伙伴关系协定的反应似乎是开明的，但国内学术圈以及媒体却几乎一边倒地对跨太平洋伙伴关系协定表现出怀疑和敌视的态度。官方媒体有时候也表现出对跨太平洋伙伴关系协定将要排除中国的担心和疑虑。《人民日报》于 2011 年 7 月和 2013 年 2 月的两篇文章分别表达了这种情绪。学者们认为跨太平洋伙伴关系协定是美国领导制订未来高标准的国际贸易规则的贸易协定，中国将会被排除在这个 21 世纪的贸易安排之外。跨太平洋伙伴关系协定对中国形成了很大的挑战，中国目前只能采取"等等看"的态度并相应作出反应。当时的一些研讨会上传达出来的信息也是"中国应该冷静观察"，这通常表达的就是不太确定并持"等等看"的态度。④

---

① Barack Obama, "Remarks by President Barack Obama at Suntory Hall".

② 那时 TPP 的全称还是 TPSEP，即跨太平洋战略经济合作关系。

③ 《胡锦涛在亚太经合组织工商领导人峰会上的演讲（全文）》，2011 年 11 月 12 日。http：//news. xinhuanet. com/world/2011 – 11/13/c_ 122271160. htm；外交部：《中方对 TPP 持开放态度》，2011 年 11 月 15 日，http：//news. xinhuanet. com/world/2011 – 11/15/c_ 1111692 26. htm。

④ 宋菁：《官方态度微变：中国加入 TPP 的利与弊》，《21 世纪经济报道》2013 年 6 月 5 日，http：//finance. ifeng. com/news/hqcj/20130605/8104645. shtml。

2011 年以后，跨太平洋伙伴关系协定谈判加速进行，其成员进一步扩充，特别是日本加入跨太平洋伙伴关系协定谈判，进一步加剧了中国将被排除在此谈判之外的忧虑，这推动着中国开始更清晰地表达自己对跨太平洋伙伴关系协定的态度。2013 年 5 月，中国商务部再次表达了对跨太平洋伙伴关系协定"持开放的态度"，商务部发言人称中国一直重视并紧密跟踪跨太平洋伙伴关系协定谈判的进展情况，并将认真研究中国加入跨太平洋伙伴关系协定谈判的利弊和可能性。① 同两年前一样表达了"开放态度"比较起来，这是中国官方第一次公开表示可能会加入跨太平洋伙伴关系协定谈判。

经过长达七年的闭门磋商，几经推迟之后，跨太平洋伙伴关系协定谈判终于在 2015 年 10 月 5 日正式宣布达成协议。这个消息让部分中国学者较为惊讶，因为他们此前预测跨太平洋伙伴关系协定谈判将会再花上很长时间才能达成协议。随着跨太平洋伙伴关系协定谈判的完成，中国媒体和公众对其的报道和关注再次上升，出现了跨太平洋伙伴关系协定报道的热潮。比起 2011 年和 2013 年媒体对其的报道，这次媒体和公众关注度明显很高（见表 5.1）。一些阴谋论为基础的论调，例如"跨太平洋伙伴关系协定是遏制中国的经济北约"再次主导着此次的媒体报道和公众关注，并伴随着很多对中国如何应对和打破跨太平洋伙伴关系协定的围堵的热情分析。

表 5.1　《财经》杂志及财新网对跨太平洋伙伴关系协定的报道数量

	2011	2012	2013	2014	2015
财经杂志	3	1	6	2	16
财新网	1	1	6	9	26

资料来源：《财经》杂志（http://magazine.caijing.com.cn/）及财新网（caixin.com）。

注：《财经》杂志和财新网是中国专注经济和金融报道较有声望的两个媒体。其中关于财新网的跨太平洋伙伴关系协定报道篇目包括了新闻报道，博客，分析评论文章和采访记录，《财经》杂志只包括分析评论文章和采访记录。

---

① 沈丹阳：《中方会认真研究分析加入 TPP 利弊》，中国网新闻中心，2013 年 5 月 30 日，http://www.china.com.cn/news/txt/2013-05/30/content_ 28981041.htm。

在热情的媒体报道以及快速的社交媒体传播中，中国政府却一如既往地保持着其对跨太平洋伙伴关系协定的开放态度，甚至对跨太平洋伙伴关系协定协议的最终达成表达了积极的评价。商务部发布消息，称这个协议是"亚太地区达成的一个重要的自由贸易协定"。在面对记者关于"跨太平洋伙伴关系协定是否是美国限制中国在亚洲影响力日益上升手段之一"的问题时，商务部部长高虎城称"中国一直与跨太平洋伙伴关系协定的主要谈判成员保持着畅顺的信息沟通"。他甚至出乎意料地提到美国和其他跨太平洋伙伴关系协定成员曾多次表示跨太平洋伙伴关系协定不针对中国，不是为了遏制中国，也无意排斥中国。① 高虎城的评论显示出中国政府一贯持有的对跨太平洋伙伴关系协定积极而且坦率的态度。

与媒体热烈的讨论、学界充满危机感的分析讨论相比，中国政府对跨太平洋伙伴关系协定的反应相对积极，显示出中国政府在如何应对跨太平洋伙伴关系协定带来的负面影响上的自信正在增长（此方面的阐述见本章下一部分）。当然，即便中国政府对于跨太平洋伙伴关系协定有着怀疑和忧虑的态度，也不会公开表现出来。毕竟，跨太平洋伙伴关系协定是促进亚太地区投资和贸易自由化和便利化的高标准协定，而且它也没有公开表示过排斥中国参与谈判。来自媒体和学界对于跨太平洋伙伴关系协定压倒性的忧虑和担心，从某种程度上来说，表现了中国政府对跨太平洋伙伴关系协定不便于表达的担忧。美国和中国长期以来在引领亚洲经济整合过程方面的竞争，以及两国长期以来存在的战略互疑，② 为中国对跨太平洋伙伴关系协定忧虑和担心提供了更为深层的原因。最终跨太平洋伙伴关系协定达成协议，中国被排除在外，这将会反证并加强中美间存在的这种竞争和不信任。此外，尽管中国一直对跨太平洋伙伴关系协定持有开放的态度，但中国也从来没有明确表达过希望

① 商务部新闻办公室：《高虎城部长就〈跨太平洋伙伴关系协定〉热点问题接受中央主流媒体采访》，2015 年 10 月 8 日。http：//www.mofcom.gov.cn/article/ae/ai/201510/20151001128335.shtml.

② "战略互疑"出自北京大学国际关系学院院长王缉思和布鲁金斯学会的美国学者李侃如共同撰写的文章《中美战略互疑：解析与应对》（2012），自文章发表后，"战略互疑"成为被广泛用来描述当前中美关系的一个术语。

加入谈判的意愿，这也说明，中国方面确实一直怀有对于跨太平洋伙伴关系协定意图的怀疑甚至是不信任。

中国对跨太平洋伙伴关系协定的反应——一种分析

跨太平洋伙伴关系协定：排斥中国的贸易协定？

中国在亚太地区快速增长的经济影响力及其对该地区经济融合事实上的领导作用，让美国感到忧虑。自21世纪初期以来迅速发展的区域贸易一体化趋势，在美国忙于反恐战争的同时，自然地将美国排除在外。很难说中国在推动亚太区域贸易一体化的时候有着将美国排除在外的大战略，但中国倒是倾向于在亚太地区推动成员相对较小范围的区域自由贸易安排。看起来似乎是中国先试图推动不包括美国在内的区域贸易协议，不愿意看到美国在亚太区域经济一体化起到领导作用。

通过竭力推动高标准的跨太平洋伙伴关系协定谈判，美国力图主导亚太地区的区域经济贸易整合的进程，其抵消中国在该地区日益增长的影响力的意图也非常明显。在中国的分析家看来，作为其"重返亚洲"、加强其亚太地区领导地位政策的经济组成部分，跨太平洋伙伴关系协定这个所谓的21世纪的贸易协定将自然地针对中国并排斥中国。作为反制跨太平洋伙伴关系协定的一个战略，中国很快转向推动由东盟各成员国特别是印度尼西亚推动的地区全面经济伙伴关系"区域全面经济伙伴关系协定"，尽管这是日本力主的、建立在东盟10＋6基础上的区域全面贸易协定，中国此前并不赞成这个版本，中国支持的版本是东盟10＋3，不包括印度、澳大利亚和新西兰在内。

从美国的视角来看，跨太平洋伙伴关系协定有两个相互关联的目标：积极介入正在迅速发展的亚太经济一体化的进程，并通过为21世纪的投资和贸易规则制订一个样板，来引领这个进程。起初美国加入P4谈判的一个初衷就是避免在亚太经济一体化过程中被排除在外。美国将跨太平洋伙伴关系协定看作是通往最终的亚太自由贸易区（FTA-AP）的一个途径，凭借其世界第一的经济实力和强大的政治影响力，美国在加入谈判之后轻而易举地主导了P4的谈判进程并将其重新打造为一个21世纪高标准的新贸易和投资协定。① 跨太平洋伙伴关系协定很快就变为了美国领导下制订出的高标准贸易协定，成为将中国这个美国在全球以及亚太地区最大的竞争对手纳入美国主导的机制化进程的最有力手段。换句话说，跨太平洋伙伴关系协定成为接触中国的最有力手段。

控制成员资格及议程是当今世界上经济集团的形成过程中的一个关键性因素。而在地区层面，将自己最大的竞争对手排除在外更为关键。那些在同一区域竞争领导权的国家总是倾向于将最大的竞争对手从自己所领导的地区贸易协定中排除出去。② 而这种排斥的目的通常是为了将这个最大竞争对手排除在正在进行的谈判进程之外，待谈判完成之后再邀请其作为后来者加入，使其处在一个相对不利的位置。③

美国在跨太平洋伙伴关系协定谈判过程中对中国采取的措施恰好验证了这个理论。跨太平洋伙伴关系协定的使命就是通过引领21世纪的贸易协定，平衡中国在亚太地区快速增长的优势地位，维持美国在最为欣欣向荣的亚太地区未来的竞争力。为实现这个目标，第一步就是主导跨太平洋伙伴关系协定谈判，将这一战略的目标国家中国排除在谈判进程之外。但最终的目标仍然是接触中国并将其纳入自己主导制订的21世纪的贸易和投资规则之下。这表明，尽管美国官员多次表示跨太平洋伙伴关系协定是开放的，许多美国学者也呼吁了多年，让中国加入其中，美国将不会在跨太平洋伙伴关系协定协议达成之前让中国加入谈判。

美国应该意识到了如果中国加入谈判，中国会坚决维护自身利益，将成为谈判过程中的规则颠覆者。由于中国可资利用的巨大经济和政治资源，令美国发现要主导引领谈判的方向将会更加困难。由于2008年7月世贸组织多哈回合部长级小型会议的失败经验，中国的加入可能会

---

① M. K. Lewis, "The Trans-Pacific Partnership: New Paradigm or Wolf in Sheep's Clothing?" *Boston College International and Comparative Law Review*, 34 (1): 27 - 52, 2011; Shintaro Hamanaka, "TPP versus RCEP: Control of Membership and Agenda Setting", *Journal of East Asian Economic Integration*, 18 (2): 163 - 186, 2014.

② Shintaro Hamanaka, "TPP versus RCEP: Control of Membership and Agenda Setting".

③ Ibid.

使得谈判脱离美国的控制，谈判可能很难达成协议而顺利结束。这或许解释了 2015 年 10 月 5 日奥巴马总统在跨太平洋伙伴关系协定协议达成之后的讲话的真实意思。当时奥巴马总统称，"不能让中国这样的国家书写全球经济规则"。①

而实际上，奥巴马总统在几年前就表达过同样意思，即美国需要将中国排除在谈判之外，以便之后再同中国进行谈判，向中国提出更高的要价。在 2012 年同共和党总统竞选人罗姆尼的一次辩论中，奥巴马向其竞选对手展示美国在亚太地区的领导地位时说道，"我们正在同除中国之外的国家组织贸易谈判，这样中国就会在遵守基本的国际标准方面感觉到更大的压力"。② 奥巴马还在 2014 年进一步确认了这一点，当时他说，"如果我们能够同亚洲其他所有的国家达成贸易协议……这将会在同中国的谈判中帮助到我们"。③ 最后，当中国于 2013 年夏天清晰地表达了加入跨太平洋伙伴关系协定谈判的可能性之后，美国则于当年 11 月正式排除了中国成为跨太平洋伙伴关系协定协议创始会员国的可能性，称直到现有成员进行的谈判结束为止跨太平洋伙伴关系协定不再接受新的成员加入谈判。④

中国对跨太平洋伙伴关系协定的反制措施

2008 年美国加入 P4 谈判并逐步将其改造为美国主导的跨太平洋伙伴关系协定谈判，中国对跨太平洋伙伴关系协定谈判经历了一个前后态度的变化。中国最开始忽略了它，从 2011 年其成员扩充、跨太平洋伙伴关系协定正式开始谈判之后中国采取了等等看的态度，此后中国开始寻找应对和反制跨太平洋伙伴关系协定的措施，尽管官方一直表示对跨太

① Barack Obama. "Statement by the President on the Trans-Pacific Partnership." October 5, 2015. www. whitehouse. gov/the-press-office/2015/10/05/statement-president-trans-pacific-partner-ship.

② 参见 www. cnn. com/TRANSCRIPTS/1210/22/se. 03. html。

③ Henry Gao. "Selected Issues in TPP Negotiations and Implications for China." Research Paper 32. School of Law, Singapore Management University. 2014；Inside US Trade. "Obama Says TPP Absence Causes No Major Damage；Large Gaps Remain." October 11, 2013.

④ USTR. "Statement by U. S. Trade Representative Michael Froman on Korea's Announcement Regarding the TPP." November, 2013. https：//ustr. gov/about-us/policy-offices/press-office/press-releases/2013/November/Froman-statement-TPP-Korea.

平洋伙伴关系协定持开放态度。到 2013 年夏天中国向前迈了一步，表达了加入谈判的可能性。但美国在当年 11 月放出明确信号，表明跨太平洋伙伴关系协定到达成协议之前不再接受新成员加入谈判，这事实上宣布了中国被正式排除在跨太平洋伙伴关系协定谈判之外，中国政府和学界也都开始了探索应对这个新情况的战略和策略。

首先，当跨太平洋伙伴关系协定协议最终于 2015 年 10 月达成之时，中国对于如何应对跨太平洋伙伴关系协定可能带来的挑战已经变得更为自信。中国已经制定出一套应对跨太平洋伙伴关系协定的战略和策略，也自信有能力做到将跨太平洋伙伴关系协定带来的负面影响最小化。中国甚至正在考虑如何利用跨太平洋伙伴关系协定协议带来的新情况，推动国内的经济改革。

学界和政府官员都对跨太平洋伙伴关系协定协议的达成表达了一种积极的态度。商务部部长高虎城进一步表达了中国政府对于跨太平洋伙伴关系协定的合作态度，他说"中美等 21 个 APEC 成员去年在北京举行的 APEC 领导人非正式会议上通过了《APEC 推动实现亚太自贸区北京路线图》，这也是我们之间的重要合作"，"中方愿与美方在多边贸易体制框架下，就全球贸易规则制订加强合作，积极推进区域和世界经济发展，不断增进人民福祉"。①

2015 年 10 月 5 日公布的跨太平洋伙伴关系协定文本显示，与之前传统的区域贸易协定以及世贸组织的规则相比，跨太平洋伙伴关系协定协议在国民待遇和商品的市场准入、原产地原则、服务贸易、投资、知识产权保护、环境以及劳工等方面都体现了其高标准。跨太平洋伙伴关系协定还引入了一些之前的区域贸易协定以及世贸组织规则没有涉及的规则，例如"国有企业和指定性垄断"，"中小企业"以及"投资者—东道国争端解决机制"等。②

这些高标准规则表明了美国引领 21 世纪的贸易和投资协定制订的野心和目标。中国意识到，自己作为在亚太地区具有巨大影响的世界第

---

① 商务部新闻办公室：《高虎城部长就〈跨太平洋伙伴关系协定〉热点问题接受中央主流媒体采访》。

② 跨太平洋伙伴关系协定文本全文参见：https：//ustr.gov/tradeagreements/free-trade-agreements/trans-pacific-partnership/tppfull-text.

二大经济体，自然就是跨太平洋伙伴关系协定不在场的参与者和该协定的高标准的针对目标。从中国学者和官员的观点来看，一个没有中国加入的跨太平洋伙伴关系协定将是不完整的贸易协定，只有中国加入之后，其为 21 世纪制订高标准的贸易和投资规则才能真正有用武之地。跨太平洋伙伴关系协定的议程确立了新的贸易协定样板，中国并不想挑战它，因为中国并不认为它是用来遏制中国的。①

　　第二，中国认为跨太平洋伙伴关系协定带来的压力既是挑战也是本国进一步推动市场化改革和开放政策的一个机遇。中国政府对于跨太平洋伙伴关系协定的开放而积极的态度部分反映了这个事实，跨太平洋伙伴关系协定的高标准准则与中国的市场化改革目标是匹配的。一些在国内较有影响的学者如胡舒立以及龙永图等，早在 2011 年跨太平洋伙伴关系协定谈判正式启动的时候就讨论过有可能用跨太平洋伙伴关系协定谈判带来的压力来进一步推动国内的市场化经济改革和开放政策。② 他们认为，跨太平洋伙伴关系协定谈判中的许多高标准与中国正在进行的市场化经济改革的方向是一致的。十八届三中全会通过的《中共中央关于全面深化改革的若干重要决定》体现了习近平主席关于深化改革的路线图，它明确指出要"建立公平开放透明的市场规则"，"实行统一的市场准入制度，在制定负面清单③基础上，各类市场主体可依法平等进入清单之外领域"，并建议"探索对外商投资实行准入前国民待遇加负面清单的管理模式。"④ 这些原则和目标与跨太平洋伙伴关系协定

---

　　① 屠新泉：《TPP 没有阴谋只有阳谋没有遏制只有倒逼》，光明网理论频道，2015 年 10 月 9 日。http：//theory. gmw. cn/2015 - 10/09/content_ 17281301. htm；刘劼、高攀：《朱光耀：没有中国参与的 TPP 不完整》，新华网 2014 年 10 月 9 日。http：//news. xinhuanet. com/fortune/2014 - 10/09/c_ 1112748690. htm；《黄益平：没有中国经济 TPP 不完整 仍对中大门敞开》，和讯新闻，2015 年 11 月 14 日。http：//news. hexun. com/2015 - 11 - 14/180569962. html；储信艳、沙璐：《专家：TPP 想要孤立中国绝不可能》，《新京报》2015 年 10 月 7 日。http：//www. bjnews. com. cn/feature/2015/10/07/379622. html。

　　② 胡舒立：《以对 WTO 的态度对 TPP》，《财新周刊》2011 年第 45 期，参见：http：//chuansong. me/n/1786039；凤凰国际智库：《龙永图权威解读 TPP：高标准将倒逼中国改革》，凤凰网，2015 年 10 月 14 日，http：//pit. ifeng. com/a/20151014/44834399_ 0. shtml。

　　③ 指除了在清单上清楚列明的不可进入的领域之外，所有的部门都开放给所有的市场主体。

　　④ 《中共中央关于全面深化改革的若干重要决定》全文英文版参见：http：//www. china. org. cn/china/third_ plenary_ session/2014 - 01/16/content_ 31212602. htm。

的原则和目标基本上是一致的。具体来说，跨太平洋伙伴关系协定协议文本的关于国民待遇和市场准入的第二章，以及关于投资的第九章阐述了以上这些原则和目标。①

其他中国深化改革路线图的指导方针还包括，"清理和废除妨碍全国统一市场和公平竞争的各种规定和做法，严禁和惩处各类违法实行优惠政策行为，反对地方保护，反对垄断和不正当竞争"。这一条呼应了跨太平洋伙伴关系协定协议中关于海关管理和贸易便利化的第五章，以及关于贸易技术壁垒的第八章的相关内容。至于跨太平洋伙伴关系协定中规定的高标准条款，例如知识产权、环境、公平竞争，以及国有企业等方面，在中国的深化改革路线图中也可以找到类似的规定和规则。假设中国能够以足够大的决心来推动深化市场化的改革，那么跨太平洋伙伴关系协定中所有的相关高标准都可以用来推动中国国内的改革。换句话说，如果中国能够在国内推动深化改革路线图中类似的市场化改革目标的实现，那么跨太平洋伙伴关系协定也将对中国来说不是什么问题。

跨太平洋伙伴关系协定协议于 2015 年 10 月 5 日达成之后，在一片"跨太平洋伙伴关系协定排斥和遏制中国"的批评声浪中，主张中国可以利用跨太平洋伙伴关系协定来推动国内经济市场化改革的声音也日渐增多。中国入世首席谈判代表龙永图就清楚地表达了这种观点。② 中共中央党校主办的《学习时报》也出人意料地发表文章称，"由于 TPP 的基本原则与我国的改革方向有相通之处……我国应该持续紧密关注，根据国内改革进展，适时选择加入"。③

这些观点实际上反映了中国的改革者们希望在法治的基础上推动市场化改革的一种期望。自 2008 年开始，市场化改革的步伐已经慢了下来。在一些领域，例如国有企业的改革已经停滞不前，甚至出现了倒退。胡锦涛主席和习近平主席，以及一些著名的经济学家例如吴敬琏、周其仁和许小年，都警告过改革停滞和倒退没有出路，只会导致改革走

---

① 参见《跨太平洋伙伴关系协定》文本全文。
② 凤凰国际智库：《龙永图权威解读 TPP：高标准将倒逼中国改革》。
③ 徐程锦、顾宾：《如何面对 TPP》，《学习时报》2015 年 10 月 26 日。

向死胡同。① 政府官员仍旧掌握很多资源和手段，对于经济活动的干预还是过多，其中的许多干预出于个人利益或者部门利益的考虑。法治仍然落后，需要进一步的推动。经济发展模式的转型面临很多困难，近些年来并没有取得很大进步。在这样一种情况下，受到官方对跨太平洋伙伴关系协定较为积极和开明态度的鼓励，改革者们希望能够利用跨太平洋伙伴关系协定作为国内经济市场化改革的一个推动力，推进停滞不前的改革。由于与最高领导人希望进一步深化改革和开放的意图是一致的，国内改革者的这种期望不是没有实现的可能。

当然，利用跨太平洋伙伴关系协定高标准的要求来推动国内的改革并不意味着中国需要按照跨太平洋伙伴关系协定的标准来做，中国还是会坚持自己的改革议程和时间表，根据中国自己的实际情况来决定。跨太平洋伙伴关系协定的标准将只是一个参照。

第三，中国正在推动自己主导的区域自由贸易协定区域全面经济伙伴关系协定，它的成员并不包括美国。中国目前与部分跨太平洋伙伴关系协定成员进行的双边自贸协定谈判，以及与美国进行的投资保护协定（BIT）谈判，将会进一步将中国纳入全球经济，并消除跨太平洋伙伴关系协定可能带来的不利影响。中国目前与七个跨太平洋伙伴关系协定成员国签署有双边自由贸易协定，包括中国—东盟自由贸易协定中所包括的新加坡、越南和马来西亚三个东盟成员国以及智利、新西兰、秘鲁和澳大利亚。② 中国将会继续推动与其主要贸易伙伴签署双边自由贸易协定，特别是跨太平洋伙伴关系协定成员中的日本和加拿大。在所有跨太平洋伙伴关系协定成员当中，墨西哥是唯一目前既没有与中国进行自由贸易协定谈判或者是进行相互投资协定谈判的安排的国家。中国同时也在推动其他一些地区贸易协定谈判，中日韩三国自由贸易协定是其中

---

① 《胡锦涛在纪念改革开放 30 周年大会上的讲话全文》，中国共产党新闻网，2008 年 12 月 18 日。http://cpc.people.com.cn/GB/64093/64094/8544901.html；《习近平在粤考察时强调：做到改革不停顿开放不止步》；新华社，2012 年 12 月 11 日。http://www.gov.cn/ldhd/2012-12/11/content_2288009.htm；胡舒立、王烁：《中国 2013：关键问题》，线装书局 2013 年版。

② 澳大利亚联邦议会参议院于 2015 年 11 月 9 日批准了《中国—澳大利亚自由贸易协定》，协定于 2015 年 12 月 20 日生效。

的重点议程之一，于 2012 年中日韩三国峰会上宣布发起。

　　对于跨太平洋伙伴关系协定可能对中国造成的经济负面影响，国内外的一些经济学家曾经做过测算。根据模型分析，佩特里（Peter Petri）、普拉默（Michael Plummer）和翟凡三人预计由于贸易转移带来的影响，跨太平洋伙伴关系协定将导致中国出口下降 1.2%，并导致中国 GDP 损失 0.3%。[①] 中国央行研究局首席经济学家马骏和上海发展研究基金会研究员肖明智通过推演，得出模拟结果认为中国不加入跨太平洋伙伴关系协定将会因此损失 2.2% 的 GDP。[②] 这是对中国由于被排除在跨太平洋伙伴关系协定之外可能遭受的经济损失最为严重的估计。不管怎么说，中国可以通过推动区域全面经济伙伴关系协定，其他双边和地区自由贸易协定谈判，来冲淡或者抵消由于跨太平洋伙伴关系协定带来的贸易转移影响。理论上说，根据佩特里（Peter Petri）、普拉默（Michael Plummer）和翟凡三人的计算，仅仅区域全面经济伙伴关系协定就能给中国带来其 GDP1.4% 的收入增加。[③]

　　区域全面经济伙伴关系协定由东盟 10 + 6 演变而来，排除了美国的参与，被中国认为是应对跨太平洋伙伴关系协定的一个有效的措施。在跨太平洋伙伴关系协定谈判于 2011 年正式启动后，中国感觉到了压力，急于用区域全面经济伙伴关系协定来应对跨太平洋伙伴关系协定，于是转而赞同区域全面经济伙伴关系协定将所有同东盟签有自由贸易协定的伙伴容纳进来，并且同意其谈判内容包括投资和服务业，中国此前是反对这样做的。日本对于区域全面经济伙伴关系协定的支持部分原因是在"打中国牌"，为了其加入跨太平洋伙伴关系协定谈判提高要价。[④] 中国和日本的共同努力最终使得区域全面经济伙伴关系协定成为现实，于

---

　　①　Peter Petri, Michael Plummer and Fan Zhai, *The Trans-Pacific Partnership and Asia-Pacific Integration: A Quantitative Assessment.* Washington, DC: The Peter G. Peterson Institute for International-al Economics, 2012. 第 41、44 页，表 4.1，4.2.

　　②　马骏、肖明智：《央行首席经济学家：不加入大 TPP 会损失 2.2% GDP》，《上海证券报》2015 年 10 月 9 日。http://finance.sina.com.cn/review/hgds/20151009/010523423308.sht-ml。

　　③　Peter Petri, Michael Plummer and Fan Zhai, *The Trans-Pacific Partnership and Asia-Pacific Integration: A Quantitative Assessment.*

　　④　Shintaro Hamanaka, "TPP versus RCEP: Control of Membership and Agenda Setting".

2012 年 12 月正式启动。

与跨太平洋伙伴关系协定不同，区域全面经济伙伴关系协定仍然专注于传统的贸易议题，如关税减让，投资，服务贸易，等等。诸如劳工、环境、政府采购，国有企业以及中小企业等议题都没有包括在区域全面经济伙伴关系协定谈判范围之内。一般说来，跨太平洋伙伴关系协定几乎在所有方面都比区域全面经济伙伴关系协定的标准要高。例如，跨太平洋伙伴关系协定对于知识产权财产的保护最低年限要比区域全面经济伙伴关系协定的标准高，对于服务业和投资，跨太平洋伙伴关系协定采取的是负面清单模式，没有在清单上明确提及的所有部门和领域都将开放给外国投资者，而区域全面经济伙伴关系协定则采取的是正面清单。①

简单来说，区域全面经济伙伴关系协定是一个加强版的传统自由贸易协定，建立在进一步关税减让基础之上，充其量就是一个在货物贸易、服务贸易、投资，竞争以及知识产权等方面比东盟此前与其主要贸易伙伴签署的自由贸易协定有着更高一些的标准，比如说此前东盟同中国、韩国、日本、印度、澳大利亚以及新西兰签署的自由贸易协定。与零关税、更多强制规则以及更少给予例外的跨太平洋伙伴关系协定比较起来，区域全面经济伙伴关系协定更倾向于在开放每一个经济领域的问题上保持灵活性，根据区域全面经济伙伴关系协定成员国不同的经济发展水平，对于东盟成员国中的最不发达国家将会给予一些例外措施。

区域全面经济伙伴关系协定是中国引领亚太地区经济融合，加强中国在该地区支配地位的理想平台，也是中国对抗和平衡跨太平洋伙伴关系协定带来的影响的重要举措。战略上，区域全面经济伙伴关系协定将给予中国更多的手段和优势，淡化在贸易规则制定方面由跨太平洋伙伴关系协定带来的不利影响。它还将减少由于被排除在跨太平洋伙伴关系协定之外而导致的贸易转移给中国带来的收入的减少和损失。促进经济增长，增强与东盟以及其他亚洲邻国之间的经济融合并加强彼此间关系。中国也希望区域全面经济伙伴关系协定能够与中国的"一带一路"

---

① Peter Petri and Ali Abdul-Raheem, "Can RCEP and the TPP be Pathways to FTAAP?" In-*State of the Region 2014 – 2015*, Pacific Economic Cooperation Council, 2014.

进行对接，最终有利于推动中国在东亚地区开展的睦邻友好政策进一步发展，为中国外交政策作出贡献。

第四，从中国的视角来看，进一步推动与美国以及欧盟的投资协定谈判是平衡跨太平洋伙伴关系协定带来的不利影响的最佳途径。

一方面，中美投资协定谈判中的标准也比较高，一旦成功达成协议，将覆盖几乎所有的跨太平洋伙伴关系协定核心的高标准。此外，跨太平洋伙伴关系协定协议更像是一个双边协议的集合，其中的关税减让及其安排都建立在双边基础之上，并没有一个单一的关税减让安排。它并不是一个真正意义上的地区贸易协定，未来新成员的加入需要同跨太平洋伙伴关系协定中的每一个成员进行单独谈判。[①] 中美投资协定谈判一旦达成，将使中国足够能抵销跨太平洋伙伴关系协定带来的经济损失。

投资章节是跨太平洋伙伴关系协定的核心，它规定了关于投资的较高标准。其他章节如国有企业、政府采购、知识产权、环境、劳工权利、金融服务、竞争、投资者—东道国争端解决机制，等等，都与投资有关并且为跨国公司的投资提供保护和便利。跨太平洋伙伴关系协定本质上来说是一个投资协定。跨太平洋伙伴关系协定的投资章节以及中美投资协定谈判都是基于同一模板进行的，即 2012 年美国双边投资协定范本。[②] 顺利完成后的中美投资协定将使中国能比较容易接受跨太平洋伙伴关系协定的大部分规则。

另一方面，中国向来倾向于双边谈判而不是进行多边谈判，在双边投资谈判中中国可能会拥有更多的手段和优势。双边谈判也更方便中国采取主动，安排适当的会谈时间和议程，使之能够契合中国的国内经济发展情况。

2013 年中美投资协定谈判取得重大进展，两国同意在准入前国民待遇和负责清单的基础上进行谈判。但此后谈判没有取得进一步进展，

---

① Shintaro Hamanaka, "TPP versus RCEP: Control of Membership and Agenda Setting"; Evelyn S. Devadason, "The Trans-Pacific Partnership (TPP): The Chinese Perspective", *Journal of Contemporary China* 23 (87): 462 – 479. 2014.

② 任清：《中美 BIT 谈判是应对 TPP 的"关键一招"》，紫荆网，2015 年 11 月 4 日，http://www.zijing.org/htmls/zz/662962.shtml。

最大的问题似乎是两国无法在哪些部门和领域应该放在负面清单达成妥协。2015 年 9 月举行的中美两国元首峰会曾被寄予希望能够促成协议的达成，但结果是双方再次未能在负面清单问题上达到一致。美国方面抱怨仍旧有 35—40 个部门和领域放在负面清单上，① 即这些部门和领域外资仍然无法进入。中国方面则抱怨美国方面限制中国公司进入的战略性基础设施项目的规定"不够透明"。② 看来两国仍各自需要争取更多的国内支持来进一步推动这个谈判。

面对困难的中美投资协定谈判，或许中国可以试着将更多注意力放在中国与欧盟进行的投资协定谈判上来。跨太平洋伙伴关系协定协议的达成也使欧盟方面受到刺激，也希望能够进一步扩展其在亚太地区的经济利益和影响力，而中国作为亚洲地区最大的经济体，又是跨太平洋伙伴关系协定所针对的国家，正是欧盟扩展其在亚太地区影响力的最好伙伴。这样，如果中欧投资协定谈判能够取得进展，或者赶在中美投资协定之前达成协议，将给中国的国内经济改革带来很大的压力，反过来也将给中美投资协定谈判造成积极的影响。

目前，中欧投资协定谈判的进程落后于中美投资协定谈判。自 2013 年启动以来，中欧投资协定谈判并没有取得实质性的进展。但近来整个谈判正在按计划在进行。2016 年 1 月，按照此前的预期，中欧双方在北京举行的投资谈判取得重要进展，双方对于即将到来的投资谈判协定的范围取得一致意见，并商定将于 2016 年内举行几轮会谈，以敲定协定的细节。③ 跨太平洋伙伴关系协定达成带来的压力，以及对于进一步促进欧洲经济恢复的投资需求都将向中欧投资谈判注入新的动力。中国的"一带一路"倡议将通过基础设施投资，通过中亚将中国和

---

① Mark Magnier, "U. S. -China Investment Treaty Talks Cause Strain Ahead of Presidential Summit", *The Wall Street Journal*, September 18. 2015. www. wsj. com/articles/u-s-china-investment-treaty-talks-cause-strain-ahead-of-presidential-summit – 1442576345.

② Mark Magnier, "U. S. -China Investment Treaty Talks Cause Strain Ahead of Presidential Summit", *The Wall Street Journal*, September 18. 2015. www. wsj. com/articles/u-s-china-investment-treaty-talks-cause-strain-ahead-of-presidential-summit – 1442576345.

③ Delegation of the European Union to China, "EU and China agree on scope of the future investment deal", January 15, 2016. . http: //eeas. europa. eu/delegations/china/press_ corner/all_ news/news/2016/20160115_ en. htm.

欧洲联通起来，并与欧盟3150亿欧元的"容克"计划，即欧洲战略投资基金（EFSI）形成对接，促进欧洲的经济增长。在东欧地区，随着"一带一路"的推进，部分基础设施投资项目已经开始运作，中国也确认将向新成立的欧洲战略投资基金注入几十亿美元的资金。

中国希望以上这些新情况能够促进中欧关系的进一步发展，促进双方投资协定早日达成。中欧投资协定也将为中欧自由贸易谈判构建基础。一旦投资协定完成，双方就能够启动自由贸易谈判。因为中欧自由贸易谈判也将会包括高标准的投资规则，这些投资规则将会是整个中欧自由贸易协定的关键部分。

中国跨太平洋伙伴关系协定反制措施面临的挑战

跨太平洋伙伴关系协定的高标准对中国形成了很大的挑战，如果中国想要加入其中的话。大体上，落实以准入前国民待遇和负面清单为核心的外资管理模式是其中的关键议题。由于这涉及全新的外资管理模式和外资投资政策，在目前中国努力深化改革和开放的背景下，肯定会遇到持续和强大的阻碍。2013年正式挂牌的上海自由贸易试验区的推进过程中遇到的问题就是这方面一个很好的例子。① 具体来说，当真正推行改革的时候，还将在许多领域面临很大的困难。例如跨太平洋伙伴关系协定中金融服务业和电信行业的高投资标准。外国投资者想要在中国的这两个领域取得市场准入困难很大，这两个领域已经存在高准入障碍，且已经形成了强大的利益集团。

无论是中美投资协定谈判还是中欧投资协定谈判，都将面临很大的困难。需要谈判双方拿出很大的决心来推动，而且可能需要多年的时间来完成谈判。跨太平洋伙伴关系协定中涉及的所谓"境内"自由化议题，包括环境标准，国有企业，政府采购，知识产权，劳工权利，电子商务等对中国形成的挑战甚至更大。特别是其中的国有企业和劳工标准问题一旦落实，将涉及中国政府所信奉的价值观和意识形态问题，很难让中国政府在这些问题上妥协。即便中国能够与美国在投资协定谈判中达成协议，这些最为困难的问题将会使得在将来中国最终加入跨太平洋

---

① 这是中国第一次试行以负面清单为基础的外资管理模式，结果是太多部门和领域被放在清单上。

伙伴关系协定成为不可能。

在环境方面，中国目前的环保标准的制定、落实、透明度以及环保数据监测与跨太平洋伙伴关系协定的高标准相比，还存在较大的距离。这些差距一时难以弥合，因为只有中国政府管理和贯彻环保政策的方式进行机制性变革，才有可能。至于国有企业问题上，跨太平洋伙伴关系协定的竞争中立原则要求国有企业在产品和服务质量以及价格基础上进行竞争，而不是依靠歧视性规定，补贴和偏袒性的政策来竞争。如果中国要加入跨太平洋伙伴关系协定，那将会触及中国的国有企业改革的核心问题。中国于 2015 年 9 月公布了国有企业改革的最新方案和措施，该方案仍然强调国有企业在实现中国的发展战略和产业政策方面的核心作用。[①] 国有企业仍被视为中国政府统治的坚实基础，国有企业要按照跨太平洋伙伴关系协定的标准进行改革显然难以实现。

中国的政府采购一向由于其价格过高和程序复杂而饱受诟病。在透明度，对外国公司的开放度，以及第三方监督方面与跨太平洋伙伴关系协定的要求存在很大的差距。在知识产权领域，近些年来中国政府加强知识产权保护的表现表明，中国意识到了知识产权保护对中国经济发展的重要性并有决心进一步加强这方面的工作。然而，跨太平洋伙伴关系协定的知识产权保护标准高于世贸组织《与贸易有关的知识产权协定》（TRIPS），仍然对中国的知识产权保护形成挑战。特别是中国的制药行业，由于跨太平洋伙伴关系协定要求更长的药品专利保护期限，将会受到更大的压力。中国的制药行业长期以来主要依赖生产仿制药，主要是在没有支付专利费的情况下仿制外国公司的专利药品。[②]

劳工权利是另一个挑战议题，涉及一个敏感问题。跨太平洋伙伴关系协定中对于劳工权利作出了比较宽泛的规定，要求跨太平洋伙伴关系协定成员在其法律和法规中采纳和维护国际劳工组织（ILO）认可的基本劳工权利，包括自由结社的权利和集体谈判权，以及禁止强制劳动。

---

① 这个最新的国有企业改革方案参见中国政府网《国务院关于国有企业发展混合所有制经济的意见》，2015 年 9 月 24 日，http://www.gov.cn/zhengce/content/2015 - 09/24/content _ 10177. htm。

② 仿制是制药产业中被允许的普遍做法。国内医药市场八成以上为仿制药。参见孙爱民、贺涛《仿制药大洗牌》，《财经》2015 年第 26 期。

中国要加入跨太平洋伙伴关系协定，需要在这个问题上达成妥协。电子商务规则要求互联网的自由和开放，同劳工问题一样，电子商务也因此可能与中国政府管理方式有所冲突。中国政府更愿意根据自己的法律和规定，对互联网进行一定的管理。

概括来说，中国正在通过推动区域全面经济伙伴关系协定谈判，双边自由贸易谈判，以及其他地区自贸协定谈判，构建高水平的全球自由贸易网络。中国已经签署了 14 个自由贸易协定，涉及 22 个国家和地区，其中包括了东盟 10 国，韩国、澳大利亚、新西兰、瑞士、智利等，大部分都处于亚太地区。中国建构自由贸易网络的做法可以看作是对跨太平洋伙伴关系协定的一种应对措施，也是习近平自 2012 年 11 月担任国家主席以来提出的"构建开放的世界经济"的一个关键组成部分。习近平主席已经多次在重大的国际经济舞台提出这个建议，包括二十国集团峰会以及亚太经合组织领导人峰会。从中国国内来看，有学者基于跨太平洋伙伴关系协定在投资、国有企业以及其他要求进一步市场开放的规则与国内经济改革议程的相似性，主张利用跨太平洋伙伴关系协定谈判作为一种推进器，促进国内市场经济的进一步改革。

结论　中国未来的世贸组织政策和区域贸易政策

跨太平洋伙伴关系协定是深刻影响中国的世贸组织谈判和区域贸易政策谈判的一个关键变量。虽然作为世界第二大经济体，但一直坚持其作为发展中国家的定位，这对于中国在全球贸易治理体系中实行的政策和实践产生了重大的影响。在世贸组织和区域贸易的谈判中，中国与世界最大经济体和唯一的超级大国美国的关系也深刻地影响着中国在多边贸易体系以及区域贸易谈判中的政策。

中国在世贸组织以及区域组织的政策，特别是对跨太平洋伙伴关系协定的政策，与中国国内市场化改革和开放政策的落实情况有着紧密的联系。中国对于在世贸组织中进一步发挥积极作用甚至领导作用并不太情愿，对于加入跨太平洋伙伴关系协定也表现得比较犹豫，这都与国内市场化改革的停滞甚至是倒退情况有很大的关联。当中国开始在世贸组织多哈回合谈判中发挥日益重要作用的同时，特别是 2010 年以来，国内认为市场化改革和开往政策已经走得太远，中国不应该再进一步推进改革和开放的声音也逐渐壮大起来。中国也开始在改革和对外开放政策的某些领域例如金融服务业等表现出更多的犹豫态度。外国投资者开始抱怨他们在中国没有得到国民待遇，[①] 其经营范围开始受到更多的限制。其中，对被排除在政府采购之外的抱怨尤为突出。中国一直没有签署世贸组织关于政府采购的多边协定，因为中国担心一旦签署，强大的美国跨国公司会将中国国内的供应商挤到一边。[②] 尽管中国的主流政策还是进一步推动市场化改革和开放，但改革的停滞确实已经影响到了中国在多边贸易和地区贸易中的政策和表现。

当然，世贸组织仍然是中国参与全球贸易治理的首选平台，并将继续维护世贸组织在全球多边贸易治理体系中最为重要的地位，这是毫无疑问的。中国将 2001 年以来经济的飞速发展的很大原因归功于加入世贸组织，尽管中国当初为加入世贸组织付出了很多，但包括美国以及中国自己在内，没有一个国家能够预测到加入世贸组织之后中国贸易和经济的眩目增长。中国认识到世贸组织作为全球唯一的多边贸易组织，由于其成员的普遍性（超过 150 个国家成员）以及具有强制执行力的争端解决机制，在全球贸易治理体系中具有最大的合法性。当美国把更多的精力放到跨太平洋伙伴关系协定以及其他区域贸易协定上时，中国应该抓住机会，在多哈回合谈判中起到引领作用。

目前，虽然中国进入了由七国集团组成的世贸组织核心决策圈，但并没有像其他大的新兴经济体如印度和巴西等一样，在世贸组织的许多议题上起到领导作用。中国在多哈回合谈判中没有采取主动来推动它，而只是扮演了一个积极的参与者。在面对国内市场化改革和开放政策停滞的情形下，仍然有两个方面的措施和行为是中国可以做的，以推动多哈回合谈判，在世贸组织中发挥进一步的积极作用，为中国在世贸组织

---

①　贸易和投资协定中的国民待遇确保在本国投资者和投资者之间没有歧视。它保证外国投资者及其投资得到不低于本国投资者及其投资的待遇。准入前国民则指国民待遇延伸至投资准入阶段，即在企业设立、取得、扩大等阶段给予外国投资者及其投资不低于本国投资者及其投资的待遇。

②　Jean-Pierre Cling, "The Future of Global Trade and the WTO", *Foresight*, 16 (2)：109 – 125，2014.

中担任领导的角色铺平道路。

第一，作为世界第二大经济体，又是一个发展中国家，这样的双重定位使得中国在世贸组织中的核心决策圈的七国集团中，处于一个较有利的位置来协调发展中国家和发达国家之间的立场，促进共识的达成。毕竟，中国认为自己当初可以接受 2008 年世贸组织日内瓦部长级小型会议上达成的条件并完成多哈回合谈判。这意味着中国其实能够做出一定的让步以达成协议，如果世贸组织相同级别其他成员也能够做出同样让步的话。

第二，中国需要改变参与世贸组织及与其成员打交道的方式。作为一个领导者，应该允许其他国家"搭便车"，中国有责任为其他国家提供进口市场。与国内由投资和出口拉动的经济增长模式向消费和需求拉动转变结合，中国需要进一步促进国内市场的发展。中国市场有巨大的潜力，能够容纳大量的本土和进口商品。同时，中国也应继续帮助其他发展中国家，特别是其中的最不发达国家。

中国参与区域自由贸易协定谈判，既是因为中国希望进一步促进与其主要贸易伙伴的贸易和经济联系，也是由于担心没有参与其中而被边缘化。跨太平洋伙伴关系协定的兴起反映了美国"转向亚洲"（亚洲再平衡）的意愿和进取的态度，并通过引领 21 世纪的贸易和投资样本协议，主导亚太地区的经济一体进程。但跨太平洋伙伴关系协定的开始，其实也反映了美国担心被排除在亚太地区经济一体化进程之外从而不能从亚太经济的繁荣中获得利益。

自从 2011 年美国领导的高标准跨太平洋伙伴关系协定谈判正式开始以来，中国开始面对美国更大的压力，因为当时中国仍然还只是在寻求以关税减让和市场准入为主的传统自由贸易谈判。为应对和平衡跨太平洋伙伴关系协定带来的影响，中国开始加快步伐，推动更为全面的区域经济贸易化协定例如区域全面经济伙伴关系协定和其他地区和双边自由贸易协定。中国面临的问题是自己并不具备像美国那样的领导力和实力，在多元的亚太地区推动一个全面的、高标准的贸易协定。中国重点推动的区域全面经济伙伴关系协定成员结构复杂，包括了该地区的另一个大国印度，这使得在短时期内达成协议比较困难。当美国主导的高标准跨太平洋伙伴关系协定最终于 2015 年 10 月达成协议之后，中国在同美国在主导亚太经济一体化进程的竞争中失去了主动权。

一方面，中美投资协定谈判是中国抵销由跨太平洋伙伴关系协定协议带来的负面影响的最大希望。一旦中美投资协定谈判顺利完成，阻碍中国加入跨太平洋伙伴关系协定以及全球贸易治理的大部分障碍就会被扫除。但另一方面，近些年中美之间的战略互疑加剧了两国在亚太地区主导区域一体化的竞争。

在中国主导的区域全面经济伙伴关系协定谈判与美国主导的跨太平洋伙伴关系协定谈判之间，除了经济竞争之外，还存在一些积极的因素。中国政府对跨太平洋伙伴关系协定一直持有开放和积极的态度，国内的改革者还希望能够把跨太平洋伙伴关系协定带来的压力转化为促进中国进一步市场化改革和开放的驱动力。考虑到美国希望进一步接触中国并将中国融入美国领导的更高标准的贸易和投资规则之中，他们认为美国将会在未来邀请中国加入跨太平洋伙伴关系协定。进一步讲，美国和中国都有在未来建立亚太自由贸易区的长期目标。美国认为跨太平洋伙伴关系协定是未来亚太自由贸易区的必由之路，而中国认为区域全面经济伙伴关系协定是未来亚太自由贸易区的模本。这种共同目标使得中美各自主导的跨太平洋伙伴关系协定和区域全面经济伙伴关系协定在未来有着合并和协调，成为一个高水平的亚太自由贸易区的希望。而且，在两个自由贸易区之间，在成员和目标方面有着很多的重叠性。

中国在未来加入跨太平洋伙伴关系协定的最大障碍在于是否能够进一步推动国内市场化改革，特别是国有企业的改革。对于中国领导人来说，要让他们完全采取跨太平洋伙伴关系协定的高标准来推动国有企业的改革是不可能的。2015年的国企改革方案已经显示出中国领导人能够接受的方案，仅仅是允许私人资本进入国有企业，占有一定比例的股份，仍然重点强调了中国共产党对关键领域的国有企业的控制权。要想在这一方面与美国达成妥协并不太现实。如果美国想要将中国纳入其主导的21世纪贸易和投资的规则之中，让中国加入跨太平洋伙伴关系协定的话，美国必须对中国做出一些例外安排。只有这样，未来的亚太自由贸易区也才有可能，也将为未来的中美关系的稳定发展提供一个坚实的基础。

第六章 国际金融体系中的中国
——亚投行与金砖银行研究

导 言

中国在抗击 2008 年全球金融危机的协调努力中作出了重要贡献，提高了自身在国际金融体系中的地位。中国由此加入了三个最为重要的国际金融标准制定的专门机构：金融稳定委员会（FSB）、巴塞尔银行监管委员会以及国际清算银行全球金融体系委员会。此外，二十国集团峰会通过的 2010 年国际货币基金组织和世界银行治理改革方案，也将提高中国和其他新兴经济体在国际货币基金组织和世界银行中的份额和投票权。简单来说，最近这些年来，中国已经被承认和接纳成为全球金融体系中的系统重要性成员和一个负责任的金融大国。

尽管有这些对于中国世界大国地位的新近承认和认同，但中国仍然将自己定位为一个发展中国家，仍然非常注重发展与其他新兴经济体和发展中国家的关系，特别关注与这些国家在国际金融机构中的合作。新兴经济体寻求提高自身在全球经济治理中地位的努力，反映了这些国家在国际经济中集体崛起的事实。就在 2008 年 11 月于巴西举行的二十国集团财长和央行行长会议期间，当时的金砖四国（巴西、俄罗斯、印度和中国）财政部长举行了一个会议，发出呼声，要求改革现存国际金融体系，反映全球经济的新变化以及新兴经济体在其中所发挥的作用。他们批评当前发达国家主导的全球金融监管中存在的问题，这些问题在当年的全球金融危机中得以暴露出来。这次金砖四国财政部长会议吹响了要求改革全球体系的号角。① 两年后，二十国集团通过的国际货币基金组织和世界银行份额和治理改革方案标志着在这个方面取得的一个重大进步。

然而，这个将大大提高新兴经济体在国际金融体系中地位的改革方案在接下来的几年中一直被延误。这推动着中国和其他新兴经济大国开始考虑构建一种新形式的金融安排的可能性，使得发展中国家能够在其中按照自己的意志来决策。就在这样一种氛围下，在 2008 年全球金融危机后的几年中，金砖五国②最终于 2014 年 7 月在巴西福塔莱萨举行的第六届金砖国家峰会上，签署了创建金砖银行和金砖国家应急储备安排（CRA）的协定。

金砖五国都认为，金砖银行和应急储备安排将是对现存多边和地区金融机构的补充，而不是替代，将同现存的机构一道，共同促进全球增长和发展，并在三个方面改善现存的国际金融体系：新兴经济体代表性不足问题；金融监管问题，例如美元主导的国际金融体系下负面溢出效应；以及全球发展融资的资金短缺问题。

在 2008 年金融危机之后五年中，金砖国家集体面临着前所未有的挑战。金砖银行和应急储备安排的创立是这些国家对于国际金融体系中面临的这三个重大问题的一种反应。投资和出口作为金砖国家普遍的主要增长动力正在下降，导致金砖五国经历了经济发展的大幅减缓。资本市场的动荡也使得金砖五国面临更大的金融和经济的不稳定局面。同时，这些国家也都面临着国内经济结构调整的压力，以应对可能的经济长期下行。

以上这些问题也不同程度地以不同形式存在于中国。在中国"新常态"的经济形式下，经济增速放缓导致基础投资需求减少，基础设施建设出现了严重的产能过剩，需要找到化解的途径和方法。这需要加速经济增长方式的转变，从过度依赖投资和出口过渡到更多依靠消费拉动。在面临出口和投资下降的情况下，这一任务正变得紧急起来。所有

---

① 参见金砖四国财长会议联合公报，http：//brics. itamaraty. gov. br/category-english/21-documents/158-comunicado-conjunto-dos-ministros-das-financas-do-bric-sao-paulo – 2008。

② 随着南非 2011 年的加入，金砖四国成为了金砖五国。

这些挑战使得中国需要找到替代方式来保持经济增长，继续推动全球经济的增长。

亚投行正是中国找到的、应对金砖国家和其他发展中国家面临主要挑战的一种新途径。金砖银行是目前金砖国家金融合作的顶峰，中国只是其中一个平等的参与者，也是应急储备安排的最大出资国。而亚投行则不同。它由中国于2013年10月独自倡议创立，构成了中国的国家发展大战略，作为"一带一路"的重要金融和制度性基础。而"一带一路"也是习近平主席于2013年几乎同一时期提出来的，将通过基础设施的互联互通，联通亚洲和欧洲，促进亚欧地区的经济融合，把中国的经济发展与亚欧地区的发展联系起来。亚投行成功吸引了西方主要的经济体，包括英国、德国、法国、意大利以及澳大利亚等加入成为创始会员国，为中国继续参与全球经济和金融治理提供最为重要的金融和制度基础，也将使得中国能够继续成为地区和全球经济增长的主要推动力。

本章认为，中国通过创立和参与多边开发银行，促进中国的利益，并试图将中国的利益与全球利益结合起来，这是理解中国参与创立金砖银行和创立亚投行意图和实践的关键所在。但一个主要的问题是中国是否能够使得亚投行以一种真正的高标准运行，以及创立透明的治理模式，使得狐疑不定的西方发达国家相信，中国是要改善现存的国际金融体系，并不寻求对体系进行激进的变革？换句话说，中国是否能够在对国际金融体系作出贡献的同时，保持通过亚投行推进本国利益和目标与使其他国家也受益的目标之间的平衡？亚投行和金砖银行的治理结构是什么样的？其中的投票权如何分配？这种投票权的分配在将来会变化吗，答案如果是，将来会怎么演变？亚投行和金砖银行分别将怎么应对投资方面的挑战和风险？如何保障两个银行运作的效率？它们怎么才能在国际金融市场上取得更高的信用评级？

本章首先分析了中国在创建金砖银行和亚投行，并继续推动国际多边金融合作的意图和动机。其后分别对亚投行和金砖银行的治理结构以及投票权分配进行了阐述，以及这种治理结构和投票权在将来会如何演变和发展。同时，本章对决定亚投行和金砖银行未来发展的因素进行了分析，并对中国如何保障亚投行作为一个高标准的多边开发银行，以及中国如何在保障自己国家利益和同时对国际金融体系作出贡献之间进行的平衡，进行了分析和阐述。最后对亚投行可能面对的来自治理方面，政治方面以及环境方面的挑战进行了评估。

中国创立金砖银行和亚投行的动机和意图

中国与金砖银行

在 2008 年金融危机的余波中，发展中国家中，特别是在金砖国家中呼吁加强金融合作声音开始出现。最早在 2008 年 11 月的时候，印度总理辛格（Manmohan Singh）呼吁世界银行和地区发展银行对基础设施进行额外投资。[①] 2010 年 4 月，当时的金砖四国在巴西举行了第一次四国开发银行行长会议，会后签署了备忘录，为金砖国家银行合作机制奠定了基础。此后，随着南非的加入，金砖四国变为金砖五国，五国开发银行行长会议定期于金砖峰会举行期间召开，称为"金砖国家金融论坛"。2010 年 11 月二十国集团首尔峰会举行期间，印度总理辛格提出了利用过剩储蓄对发展中国家进行投资，解决基础设施投资不足的问题。[②] 2011 年 4 月在中国海南三亚举行的金砖国家峰会上签署的《金砖国家银行合作机制金融合作框架协议》又朝着这个方向迈进了重大的一步。[③]

南南开发银行合作的具体想法于 2011 年由经济学家斯蒂格利茨（Joseph Stiglitz）和斯特恩（Romani Stern）第一次提出，主张利用发展

---

① Manmohan Singh, "Statement by the Prime Minister of India, Dr. Manmohan Singh, at the Summit of the Heads of State or Governments of the G – 20 countries on Financial Markets and the World Economy", November 15, 2008. Washington, DC. www. indianembassy. org/archives _ details. php? nid = 955; Gregory Chin, "The BRICS-led Development Bank: Purpose and Politics beyond the G20", *Global Policy*5（3）: 366 – 73. 2014.

② Business Standard, "Text of PM's speech at G20 summit", *Business Standard*, November 12, 2010. www. business-standard. com/article/economy-policy/text-of-pm-s-speech-at-g20-summit – 110111200175_ 1. html; P. S Suryanarayana, "China is a Priority for India: S M Krishna", *ISAS Interviews*, No. 1 – 9. March, 2013. Institute of South Asian Studies, National University of Singapore.

③ 郑玮娜、贺萌：《金砖国家银行签署金融合作框架协议》，新华网，2011 年 4 月 14 日，http: //news. xinhuanet. com/world/2011 – 04/14/c_ 121305772. htm。

中国家的巨额外汇储备，满足其投资需求。[①] 该想法受到印度外交部部长克里希纳（Somanahalli Mallaiah Krishna）的青睐。2012 年初在一次采访中，当被问到金砖国家是否会建立南南合作银行时，克里希纳提到了这两位经济学家的相关文章。[②] 在此想法的启发下，印度在 2012 年 3 月于新德里举行的第四届金砖国家峰会上，正式提出了建立一个新的开发银行的建议，以动员更多资源为金砖国家和其他发展中国家的基础设施和可持续发展项目进行投资。[③] 金砖五国指示各自财政部长对此提议进行可行性研究，一个联合工作组由此成立，来跟进此研究并向下届金砖国家峰会报告。

2013 年 3 月于南非德班举行的第五届金砖国家峰会上，金砖五国同意建立一个新的开发银行，重点进行基础设施融资。[④] 同时创建一个金砖国家应急储备安排的提议也被提出并被五国接受。五国央行行长和财政部长被要求负责筹备具体的成立事项。

2013 年之前，印度在推动金砖国家金融合作中发挥了领导作用。自从 2013 年金砖国家峰会后，中国更加积极地参与到了金砖国家开发银行的筹建中来，[⑤] 这反映在习近平 2012 年底就任国家主席以来采取了更为积极的态度，推动与发展中国家合作。在德班峰会上，中国全面参与了金砖国家财政部长会议，营造共识，推动金砖国家开发银行和应急储备安排的建立。最终，在 2014 年 7 月于巴西福塔莱萨举行的第六届金砖国家峰会上，金砖五国签署了创建金砖银行和金砖国家应急储备安排的协定。

自从 2008 年全球金融危机以来，发展中国家就一直担心美元支配

---

① Nicholas Stern and Joseph Stiglitz, "An International Development Bank for Fostering South-South Investment: Promoting the New Industrial Revolution, Managing Risk and Rebalancing Global Saving", September, 2011. Instituto Mais Democracia, http://diplomatizzando.blogspot.ca/2013/02/banco-dos-brics-criacao-de-uma.html.

② P. S Suryanarayana, "China is a Priority for India: S M Krishna".

③ BRICS Information Centre, "Fourth BRICS Summit: Delhi Declaration", 2012. www.brics.utoronto.ca/docs/120329-delhi-declaration.html.

④ BRICS Information Centre, "Statement by BRICS Leaders on the Establishment of the BRICS-Led Development Bank", 2013. www.brics.utoronto.ca/docs/130327-brics-bank.html.

⑤ 丁振辉：《金砖国家开发银行及应急储备安排——成立意义与国际金融变革》，《国际经济合作》2014 年第 8 期，第 83—88 页。

下的国际金融体系，特别是量化宽松政策可能带来的风险。随着量化宽松政策的实施，美元几乎为零的利率引发大量资本流入金砖国家，导致这些国家货币进一步升值，使其面临更大的通货膨胀压力，以及这些国家以美元计价的外汇储备大幅缩水。而量化宽松政策的退出再次对金砖国家造成不利影响，由量化宽松政策退出导致的大量资本外流加剧了这些国家的金融动荡和经济波动，消耗其外汇储备，导致其货币贬值。

一直以来，中国和其他新兴经济体对世界银行和国际货币基金组织低效和复杂援助程序不乏批评之辞。基础设施投资需求与现存国际金融组织中对发展中国家可利用的投资之间存在巨大的差距，这为新兴经济体创建专注于发展中国家的基础设施投资的新开发银行创造了机会。

在金融监管不足、量化宽松政策带来的负面溢出效应，发展中国家代表性不足，无法满足对于发展融资的全球需求等方面，中国与其他金砖国家怀有同样的不满。改革当前的国际金融体系，解决以上几个方面的问题，成为中国参与创建金砖银行和应急储备安排机制的最主要动机。

金砖国家应急储备安排是为当金砖国家面临短期国际收支困难的时候，通过金砖国家成员间的货币互换，提供流动性。也就是说，应急储备安排将提供类似于国际货币基金组织的一种作用。例如，通过预防措施，应对可能由发达国家类似量化宽松一样"不负责任"的政策引发的负面影响。它还将试图设法解决国际货币基金组织在这方面面临的诸如低效、条件苛刻以及冗长而复杂的救助程序等问题，而这些问题使得国际货币基金组织没能起到它应该起的危机救助作用。正如国际货币基金组织在1997—1998年亚洲金融危机期间，以及2008年全球金融危机的初始阶段的表现，它没能发挥其作为"最后借款人"的作用。国际货币基金组织的这种表现在中国以及其他一些新兴经济体受到广泛的批评。而金砖国家应急储备安排所提供的援助是不附加任何政治条件，也不会提出要求借款国进行经济改革和实行更严格的财政纪律等过分要求，在提供贷款时将只是考虑借款国的财政状况。应急储备安排将鼓励金砖国家在与金砖国家成员以及其他发展中国家进行贸易和投资时，使用自己的货币。但对于在当前国际金融体系中发展中国家代表性不足的问题，这需要多方的努力，金砖银行和金砖国家应急储备安排恐怕难以起到作用。

金砖国家以及其他发展中国家在基础设施投资要求和供给方面的差距，已经成为制约这些国家进行资源开发、促进经济增长的一个主要因素。自从 2008 年全球金融危机之后，基础设施投资方面的私人资本已经大幅度减少，[①] 一些金砖国家面临的财政困难更是拉大了基础设施投资需求和供给之间的差距，进一步阻碍了这些国家的经济增长。来自世界银行和国际货币基金组织的援助不仅难以满足金砖国家面临的巨大基础设施需求，而且还附带苛刻的条件，例如要求对公共部门进行市场化改革等。金砖银行将有希望为金砖国家以及其他发展中国家提供所需要的基础设施发展融资。

中国参与这两个多边金融机构也涉及如何促进自身国家利益的考虑，这或许更能对中国的动机提供深入的解释。首先，金砖银行和应急储备安排是金砖国家金融合作高度机制化的产物，是少数几个中国较为重视并给予了很多关注的多边协调机制。这两个金融机构的建立为金砖国家进一步的机制化合作奠定了基础，也将会促进中国与其余金砖四国的双边合作关系。对于中国来说，这是南南合作的一个重大进展，符合中国外交中的一个重要原则和重点，即中国是一个发展中国家，将继续坚持发展中国家之间平等合作的一贯原则。

其次，参与金砖银行和应急储备安排为中国参与全球事务提供了合适的多边舞台。它在帮助中国实现其改善现存国际金融体系目标的同时，有助于减轻中国推动这种改革而给自己带来的冲击和影响。由于中国独特的政治经济发展模式[②]和庞大的经济规模，中国要求改革现存国际金融体系的努力将不可避免地使得目前主导该体系的西方发达国家产生怀疑。通过参与金砖银行和金砖应急储备安排这两个多边机构，将会减少来自西方国家对中国这个世界第二大经济体和最大贸易国的关注，也有助于巩固中国对于自身发展中国家的定位。[③]

---

① Gregory Chin, "The BRICS-led Development Bank: Purpose and Politics beyond the G20".

② 有人将其称为"北京共识"，一般来讲，它结合了经济上的国家资本主义和政治上的的威权体制，在其政府对经济和社会的管理中，并不刻意强调民主、个人自由以及人权，而是更为重视效率、发展速度以及集体利益和发展。

③ 王达：《亚投行的中国考量与世界意义》，《东北亚论坛》2015 年第 3 期。

　　再次，它也将给中国目前主要由国家开发银行、进出口银行以及其他金融机构为主的对外投资安排带来更多积极的影响。中国的这种对外投资模式已经进行了十多年。在中国对外投资的许多发展中国家中，特别是非洲和拉丁美洲，中国国家开发银行和中国进出口银行在投融资方面起着关键作用。2001 年至 2010 年间，中国进出口银行向撒哈拉以南非洲地区的世界最不发达国家提供的发展融资比世界银行还多。① 2009 年至 2010 年间，国家开发银行和进出口银行加起来向发展中国家贷出的发展资金也比世界银行还多。② 这些大规模的贷款主要集中于基础设施投资，引起了西方国家关于忽略人权和环境保护的批评。将贷款和投资更多通过多边开发银行如金砖银行的途径来实施，在很大程度上将会使得中国在发展中国家的投资带来更多积极的影响。一旦中国控制的投资部分地变为通过金砖银行这样的机制化运作，将会证明中国的投资并不仅仅是服务于中国共产党的大战略，并可以反击一些持有这种怀疑态度的西方学者的观点。③

　　为了实现中国在金砖银行和应急储备安排中的多边和双边目标，中国表现出了较为小心的态度和谨慎的行动，在筹建金砖银行和应急储备安排的过程中努力平衡各方利益。中国的经济规模比起其他金砖四国的总和还要大，④ 而且中国经济保持着较为稳定的发展，宏观经济环境也比较健康。⑤ 从主要的经济指标如经常项目、就业以及通胀来看，中国

---

　　① Mike Cohen. "China EXIM Lends More to Africa Than World Banks, Fitch Says." *Bloomberg*, December 28, 2011. www. bloomberg. com/news/articles/2011 - 12 - 28/china-exim-loans-to-sub-sahara-africa-exceed-world-bank-funds-fitch-says.

　　② 2009—2010 年间，国家开发银行和进出口银行至少签署了 1100 亿美元的贷款合同，而 2008 年中期到 2010 年中期世界银行所承诺的贷款总额为 1000.3 亿美元。参见：Geoff Dyer, Jamil Anderliniand Henny Sender, "China's lending hits new heights", *Financial Times*, January 17, 2011. www. ft. com/intl/cms/s/0/488c60f4-2281-11e0-b6a2-00144feab49a. html#axzz43DdcwLj7.

　　③ 例如，Leon Whyte, "China's Elegant, Flawed, Grand Strategy", *The Diplomat*, July 25, 2015；Smith, Jeff M. 2015. "Beware China's Grand Strategy", *Foreign Affairs*, May 20.

　　④ Adriana ErthalAbdenur, "China and the BRICS Development Bank: Legitimacy and Multi-lateralism in South-South Cooperation", *IDS Bulletin*, 2014, 45 (4)：85 - 101. 中国经济占金砖国家经济总量的 55.9%。

　　⑤ 潘庆中、李稻葵、冯明：《"新开发银行"新在何处——金砖国家开发银行成立的背景、意义与挑战》，《国际经济评价》2015 年第 2 期，第 134—147 页。

的优势更加明显。所有这些都表明，中国作为金砖银行的主要推动力
量，似乎应该在此银行中担任领导作用。然而，事实并非如此，金砖银
行的治理结构决定了所有成员在决策中享有平等的投票权和权力。事实
上，据某些媒体报道，在筹建金砖银行的过程中激烈的谈判进程，使得
该银行的最终成立被推迟了两年，而中国在其中作了让步，同意各国平
等表决权的安排。① 中国并没有坚持在金砖银行中占有相对更大的份额
并进而对银行有更大的控制权，相反同意了该银行的初始认缴资本为
500 亿美元而不是 1000 亿美元，且金砖五国各国认缴同样的份额。

　　金砖银行的创立是金砖五国基于平等原则之上各方利益平衡的结
果。每个成员都平等地认缴了 500 亿启动资金里平等的份额，并同意未
来可将银行总资本扩充到 1000 亿美元。在开始的六年中，印度人将担
任金砖银行行长，接下来的两个五年任期则分别由巴西和俄罗斯人担
任。银行的总部设于中国上海，并在南非约翰内斯堡设立地区分部。俄
罗斯和巴西人分别担任金砖银行理事会和董事会主席。在银行的运作
中，每个成员都有着平等的作用。在中国看来，作出这种让步是必需
的，最重要的事情是成功创立起金砖银行和应急储备安排。这代表着金
砖国家金融机制化合作的重大成就，也是发展中国家在国际金融体系中
代表权得到显著加强的表现。

中国与亚投行

　　在创建金砖银行和应急储备安排的同一时期，中国在习近平主席的
领导下，于 2013 年提出了自己的国家发展大战略——"一带一路"倡
议。而在同时创建的亚投行，则将在推动中国与"一带"及"一路"
沿线各国的金融互联互通方面发挥关键的作用。从亚投行与"一带一
路"倡议提出的时间来看，这两个倡议之间是有协调的。习近平主席
于 2013 年 9 月访问哈萨克斯坦时提出"丝绸之路经济带"的倡议，并
在同年 10 月出席在印度尼西亚举行的亚太经合组织会议时提出了"21
世纪海上丝绸之路"的倡议。同样，亚投行的倡议也是习主席在印度

---

　　①　Brenda Goh：《金砖国家新开发银行在上海开业》，路透中文网，2015 年 7 月 21 日，
http：//cn. reuters. com/article/emerging-brics-bank-idCNKCS0PV0DC20150721。

尼西亚出席亚太经合组织会议期间提出的。基础设施投资和相关的融资平台是亚洲各国之间互联互通所强调的重点所在，而这也正是"一带一路"倡议的核心思想。

亚投行的首要目标是填补亚洲基础设施投资的缺口。亚洲开发银行（ADB）估计 2010 年至 2020 年间亚洲地区对公路、铁路、港口以及发电厂等基础设施的投资需求达 8 万亿美元，[①]，而世界银行和亚洲开发银行按照当前的借款规模看只能满足其中八分之一的投资。[②] 根据自身经济发展的经验，中国赞同经济发展理论的一个观点，即基础设施建设将在经济崛起的过程中发挥基础性的作用，[③] 主张公路、铁路、港口、发电厂以及电信基站等基础设施应该是优先的投资重点，而不是诸如卫生保健、教育以及其他人类发展目标。后面这些目标是目前世界银行的援助所重点关注的领域。

中国的亚投行倡议也服务于进一步推动国内经济改革和开放政策的目标，并将其与中国的地区和全球发展战略结合起来。亚投行将在中国经济发展战略模式的转变过程中发挥关键的作用。过去三十年来中国主要靠投资驱动的发展模式将无法再持续，而目前所面临的产能过剩问题正是这种发展路径积累的一个结果，只有通过发展战略的转变以及产业结构调整、升级才能得到解决。在目前"新常态"的经济发展态势下，中国正在扩展其对外投资，作为国家经济发展战略的一部分。按照中国官方的说法，中国正在推行一种新型的开放战略，即面向发展中国家和新兴经济体的开放政策，中国鼓励向这些国家进行投资。[④] 这种新的开放政策不同于 20 世纪 80 年代早期开始的面向西方发达国家开放，吸引来自发达国家的直接投资，推动向发达国家出口的政策，整个新的发展模式将会通过"一带一路"倡议得以推动，而亚投行将在其中发挥重要的杠杆支撑作用。

---

① ADB and Asian Development Bank Institute，"Infrastructure for a Seamless Asia"，Tokyo：Asian Development Bank Institute，2009.

② 黄梅波、陈娜：《AIIB 的运营空间竞争力分析》，《东北亚论坛》2015 年第 4 期。

③ 王达：《亚投行的中国考量与世界意义》。

④ 王优铃：《"一带一路"战略构建我国对外开放新格局》，新华社，2015 年 1 月 4 日，http：//www.gov.cn/xinwen/2015－01/04/content_ 2799797.htm。

亚投行还体现了中国推动改善现存国际金融体系的最新努力。正如习近平主席在亚投行开业仪式上所说，"亚投行正式成立并开业，对全球经济治理体系改革完善具有重大意义…… 有助于推动全球经济治理体系朝着更加公正合理有效的方向发展"。① 中国和其他新兴经济体多年来已经呼吁增加他们在国际货币基金组织的代表权和话语权，但直到2013 年秋，当亚投行倡议提出之时，还没有取得任何实质的进步，2010 年国际货币基金组织份额改革和投票权改革方案也看不到最后通过美国国会的希望。因此，中国得出这样的结论是较为合理的，即从国际金融体系内部来推动改革似乎难以奏效。中国于是开始改变做法，试图从别的方面来推动改革。具体来说，就是从系统外部来施加影响。有些中国学者将其称为"增量"改革，② 以建立一个与现存机构同样标准的新多边金融机构。这样，亚投行将会成为现存国际金融体系的一个补充，甚至成为当前国际金融体系的一个竞争者，能够通过竞争推动改革。

亚投行的创建还能够服务于中国更好地管理其巨额美元外汇储备的目标，这也是中国改善国际金融体系的一个考虑。亚投行的建立将会鼓励中国更多地将其巨额外汇储备通过多边金融机构转向对外投资，减少对美元的依赖。多年以来，购买美国财政部债券成为中国巨额外汇储备的唯一选择。③ 中国在这方面的做法包括通过货币互换和建立离岸人民币市场，推动人民币国际化，以及创建金砖银行和应急储备安排。与金砖银行类似，亚投行也将为中国通过多边金融机构，为其使用其巨额美元外汇储备对发展中国家投资提供便利。

---

① Xi Jinping, "Address at the Inauguration Ceremony of the AIIB", Xinhuanet. com, January 16, 2016. http://news. xinhuanet. com/english/china/2016 – 01/16/c_ 135015661. htm.

② 邓聿文：《亚投行与"边缘—中心"战略》，联合早报网，2015 年 3 月 23 日，www. charhar. org. cn/newsinfo. aspx? newsid = 9018；张茉楠：《亚投行重在全球金融治理"增量改革"》，《南方都市报》2016 年 1 月 25 日。http://epaper. oeeee. com/epaper/D/html/2016 – 01/25/content_ 7017. htm；金灿荣、孙西辉：《亚投行：机遇与责任的复合体》，党建网；2015 年 5 月 5 日。http://theory. people. com. cn/n/2015/0505/c83855 – 26950644. html；王达：《亚投行的中国考量与世界意义》。

③ 左海聪、安文靖：《多边开发银行决策机制探析》，《中国高校社会科学》2015 年第 4 期，第 108—117 页；王达：《亚投行的中国考量与世界意义》。

亚投行的创建也表明了中国参与世界的决心和方式都发生了积极的变化。不同于以往，中国第一次在一个国际金融机构中起到领导作用，并正在塑造全球金融体系中一种新的现实。美国"转向亚洲"政策给中国带来的压力，特别是此政策的经济组成部分，即跨太平洋伙伴关系谈判排除了中国，这推动着中国寻求一种大战略来应对这种压力和挑战。在丝路基金、中国的国有金融机构，例如国家开发银行以及进出口银行主导的中国对外投资的支持下，或者还有来自亚投行的支持下，"一带一路"倡议将为中国扩大战略空间，并在邻近的亚欧地区追寻新的投资机会，扩大经济影响。中国更多支持多边努力，在参与甚至是领导多边国际机构方面也表现出了更多的自信。这顺应了习近平 2013 年 11 月担任国家主席以来更加积极主动地参与国际事务的趋势，体现了邓小平"韬光养晦，有所作为"的外交政策指导方针中的后半部分。

顺着与中国参与金砖银行和应急储备安排同样的逻辑，中国倡议和成立亚投行的举动也同样有着减轻西方国家对中国在世界范围内进行对外投资怀疑态度的目的，通过创建一个透明、开放的多边金融框架，融入当今国际金融体系。不同之处在于，作为亚投行的创立者以及其中最大的股东，中国将受到西方国家比在金砖银行更为挑剔和严格的观察及监督。美国和日本担心中国可能会在亚投行实行所谓的"中国规矩"，即复制过去的对外投资模式中大量投资于一些大规模的、有时是没有必要的基础设施项目如体育场项目上，大量借款给政权不稳定的国家，迫使一些原住民离开自己的居所而只给予少量补偿，忽略西方国家长期以来主张的各种高标准，包括在环境、人权和反腐败方面的标准。①

在许多方面，创建这么一个高标准的、透明的多边开发银行的努力确实反映了中国进一步融入国际金融体系的真诚意愿。中国对于主要的西方发达国家进行了广泛的努力，最终成功游说包括英国、法国、德国以及澳大利亚等加入亚投行，这反映了中国谦逊的态度。亚投行还雇用

---

① Jane Perlez, "China Creates a World Bank of Its Own, and the US Balks", *The New York Times*, December 4, 2015. www. nytimes. com/2015/12/05/business/international/china-creates-an-asian-bank-as-the-us-stands-aloof. html? ＿ r = 0.

了来自西方发达国家的资深金融专家作为其高级管理人员，[①] 中国也听取了来自西方发达国家如英国和澳大利亚在如何进行贷款发放决策上的意见。[②] 虽然美国最终没有加入亚投行，但中国对美国也进行了大量的努力游说工作。亚投行主席金立群在筹备建立银行的过程中，也曾努力游说美国加入作为亚投行的创始会员国。在 2015 年 9 月习近平主席对美国进行国事访问之后，美国似乎软化了在亚投行问题上所持的反对立场。中国甚至还公开表示，中国现在在亚投行拥有的 26.06% 投票权——这使得中国在亚投行拥有否决权——将会随着新成员的加入而稀释。这意味着中国和其他亚投行创始成员目前分配的投票权是可以变动的，中国的否决权也不是一成不变的，这完全表明中国确实没有在亚投行寻求绝对的控制权。

概括来说，中国创立亚投行的动机就是要通过创建一个高标准的多边银行，改善国际金融体系，并填补亚洲地区的基础设施投资缺口，同时协调中国的"一带一路"倡议，使其与亚洲和欧洲国家互联互通。亚投行也反映了中国参与世界方式的变化。从外交上看，中国也正在转变其之前更加重视双边关系的做法，给予新近出现的多边机制更多的重视。从经济方面看，亚投行为中国公司打开了一扇促进国际产能合作的大门，使得中国能够将其巨额的外汇储备通过多边机制转向对外基础设施投资。中国是否能够使得持怀疑态度的美国、日本等西方发达国家信服中国将建立并运作一个高标准的多边发展银行，将取决于未来几年内中国领导下亚投行的实际表现。目前，众人比较关注的是将于 2016 年进行的亚投行第一批贷款的发放情况。

金砖银行的治理结构和决策机制

第六届金砖国家峰会上达成的《新开发银行协定》规定，"金砖银行的初始认缴资本为 500 亿美元，为各成员国平均分配"。"每个成员

---

① 例如来自美国的史蒂芬·F. 林特纳（Stephen F. Lintner），前世界银行高级顾问，以及纳塔利·利希滕斯坦（Natalie Lichtenstein），不久前从世界银行退休的副法律总顾问。

② Jane Perlez. "China Creates a World Bank of Its Own, and the US Balks".

的投票权与其在银行认缴的资金份额相等。"① 相同的份额，每个成员在决策机制中相等的权力和投票权，成为金砖银行治理结构中最为突出的特点。

金砖银行的治理结构包括理事会、董事会，由理事会任命的行长和若干名副行长，以及其他官员和职员。银行的所有权力授予理事会，理事会由每个成员国指派的一位理事和另一位替补理事组成。替补理事只有在理事缺席的情况下才有投票权。理事会的权力包括所有银行的战略事务的制订，包括接纳成员加入以及初始认缴资金的分配，中止会员资格，银行总资本金的变化，修改银行协议，建立董事会，终止行长职权，终止银行业务，资产分配，等等。战略性事务的决策要求理事会特别多数票决定。②

董事会负责银行的整体运营，实施理事会授予的所有权利，主要包括商业战略，针对各国的战略、贷款、担保、股本投资、银行借款，制订日常操作程序和收费标准，提供技术援助以及其他方面的银行运作。每个会员国可任命一位董事以及一位替补董事。董事会的决策由特定多数票决定，③ 除非理事会有另外规定。董事会为非常驻机构，每季度举行会议。

金砖银行行长按照董事会的指示负责银行的日常事务，并领导信用及投资委员会。该委员会负责对董事会规定的在一定限额之内的贷款、担保、股权投资以及技术援助作出决定。银行行长和副行长职务任期五年，不可连任，一般由不受政治事务影响的职业经理人担任。

金砖银行的这种治理结构和决策模式体现出由各成员国平等享有的决策权。金砖五国，包括中国在内，都认为这是多边金融治理机制中的一种创新，不同于国际货币基金组织和世界银行的治理结构和安排。④

---

① 参见：http://ndbbrics.org/agreement.html。

② 《新开发银行协定》第6条规定，特别多数票要求五个创始成员国中的四个赞成票，同时要求所有有投票权成员的三分之二多数赞成票。

③ 《新开发银行协定》第6条规定，特定多数票要求所有有投票权成员的三分之二多数赞成票。

④ 潘庆中、李稻葵、冯明：《"新开发银行"新在何处——金砖国家开发银行成立的背景、意义与挑战》。

各成员国都支持金砖银行体现的平等决策权、平等的权利和机会。[1] 金砖五国的领导人也都对金砖银行在国际金融体系中表现出来的平等决策权表示赞赏。当然，金砖银行平等决策权的最大挑战仍然是如何保障决策效率。由于在重要的事务上，理事会需要特别多数票，在董事会需要特定多数票，在这种决策模式下，形成僵局而无法达成最后决策的可能性比较大。

中国接受了金砖银行各成员享有平等权利的治理结构和决策模式，表明对自身权力的一种自我约束，以及推动南南经济合作的政治意愿。[2] 而其他金砖国家成员对中国在金砖银行可能的支配权确实有着很大的顾虑和担忧，这成为金砖银行最终采取各国权力平等的决策模式的最大原因。巴西总统罗塞夫（Dilma Rousseff）就曾经直言不讳地表示巴西不喜欢美国的领导，但也不愿意看到一个新的中国领导。[3] 在其他金砖银行成员国看来，中国对自己权力的约束是一种不得已的妥协。尽管如此，中国仍然对金砖银行和应急储备安排的成立及自己在其中发挥的作用比较满意。至少官方的说法是，金砖银行的权力平等的治理结构和决策模式体现了中国外交政策中的一个原则，即在国际事务中所有国家一律平等。通过这样的方式，中国认为可以赢得其他金砖国家的支持和信任。

事实上，中国在金砖银行实际运作中的影响力还是很大的。中国成功地将金砖银行的总部设在了上海，中国官员祝宪被任命为金砖银行四位副行长中的一位，担任首席运营官。这些安排，加之中国相对强大得多的经济实力及其货币的稳定性，从技术上保证了中国在金砖银行的持续影响力。

金砖银行的融资机制及中国的影响力

设计并构建一个运作良好的融资机制对于开发银行来说是关键。金砖银行需要通过国际资本市场发行短期和长期债券，或者通过金融衍生

---

① 朱杰进：《金砖银行的战略定位与机制设计》，《社会科学》2015 年第 6 期。
② 庞珣：《金砖开发银行的新意》，《中国投资》2014 年第 8 期。
③ 庞珣：《金砖开发银行的新意》。

品市场，包括通过外汇衍生品市场和场外衍生工具交易市场进行融资。只有通过这些标准化的国际融资操作，金砖银行才能像一个"正常的"多边开发银行一样进行运作，并在将来提高其信用评级。

然而，从国际资本市场融资对于金砖银行来说是一个困难的任务。一方面，自 2008 年全球金融危机以来，基础设施融资就一直在下降。几乎所有的融资渠道，包括私人银行、传统借贷、主权财富基金、养老基金，甚至是双边官方发展援助基金以及多边开发银行，都不愿意进入基础设施领域。[①] 在这种情况下，金砖银行作为一个新创建并主要进行基础设施投资的多边开发银行，将会遇到很大的融资困难。另一方面，作为新创建的并进行基础设施和可持续发展投资的银行，金砖银行在开始时并没有信用评级，在先期几年里将主要依靠政府融资来维持运作。中国 AA－的主权信用评级是金砖国家中最高的（其他几国的主权信用评级介于 BBB－和 BBB＋之间），中国相对较高的信用评级将使得金砖银行在运作的最初几年内主要依靠中国来支撑其信用评级。

从以上的情况看，金砖银行可能需要从金砖五国各成员国的国内金融市场进行融资，发行以本地货币计价的债券，这样就将在金砖银行内部创造五个资金池。中国国内金融市场将可能成为金砖银行融资的最大来源，这表明金砖银行首批发行的债券可能是人民币债券。[②] 金砖银行副行长之一，担任首席财务官的马斯多普（Leslie Maasdorp）于 2016 年 4 月宣布将于当年 5 月底发行首批 48.5 亿元人民币债券。这符合金砖银行使用本地货币的原则，也与金砖银行行长卡马特（K. V. Kamath）在 2015 年 7 月金砖银行开业仪式上的讲话精神一致。[③]

另外一个改善金砖银行融资渠道的途径是与其他多边融资机制，例如亚投行进行合作，寻求共同融资。金砖银行和亚投行作为两个都专注

---

① Gregory Chin, "The BRICS-led Development Bank: Purpose and Politics beyond the G20", *Global Policy*, 5（3）: 366－73. 2014.

② 周艾琳：《金砖新银行上海开业首个项目即将出炉》，《第一财经日报》2015 年 7 月 22 日，http://finance. sina. com. cn/china/20150722/021122754720. shtml；周艾琳：《金砖银行首个项目或花落中国》，《第一财经日报》2015 年 7 月 23 日，http://finance. sina. com. cn/world/gjjj/20150723/013322764963. shtml.

③ 周艾琳：《金砖新银行上海开业首个项目即将出炉》；周艾琳：《金砖银行首个项目或花落中国》。

于基础设施投资而且都将其总部设在中国的多边开发银行，进行某种形式的合作是较为自然的。事实上，金砖银行行长卡马特与亚投行行长金立群已经讨论过两个银行之间潜在的合作形式，以及在某些项目上可能的共同融资模式，特别是在一些大型项目上。① 例如，由亚投行来对某些大型项目提供贷款，而金砖银行则寻求另外的渠道提供资金。

在这种情况下，金砖银行的融资渠道将主要依靠中国巨大的国内金融市场并发行人民币债券。金砖银行的信用评级也将主要取决于中国当前的主权信用评级，AA - 虽然不是最高，但是金砖国家里最高的。这自然提高了中国在金砖银行的影响力。

中国与应急储备安排

鉴于在目标、规模、治理结构和决策程序上与金砖银行的不同，应急储备安排所发挥的作用在相当程度上也是不同的。首先，不同于金砖银行，金砖国家应急储备安排的目标是在成员国面临短期国际收支压力的时候相互提供流动性支持，进一步加强金融稳定性。其次，应急储备安排机制的投票权主要根据五个成员国认缴资金额决定，加上每个成员国的基本投票权（总投票权的5%）。中国认缴了410亿美元的资金额，是五个成员国中最多的，相应地得到了39.5%的投票权，由此获得了五国中最高的投票权。巴西、俄罗斯和印度各拥有18.1%的投票权，南非拥有5.75%的投票权。②

进一步看，应急储备安排拥有一个双层治理结构，由理事会和常设委员会构成。理事会负责高端及战略性事务，例如审核及修改资金池的规模，批准成员国认缴资本额的变化，批准新成员加入应急储备安排，审核及修改应急储备安排机制的法律文件。③ 理事会依靠达成共识来决策。常设委员会则负责应急机制安排的行政事务及日常运作决策，包括

① 有之炘、姚玉洁：《金砖银行和亚投行将擦出怎样的"火花"》，新华网，2015年7月23日，http：//news. xinhuanet. com/fortune/2015 - 07/23/c_ 1116022812. htm。

② 闫立良：《央行八维度详解金砖国家应急储备安排》，《证券日报》2014年7月18日，www. ccstock. cn/finance/hongguanjingji/2014 - 07 - 18/A1405615203557. html。

③ 参见：http：//brics. itamaraty. gov. br/media2/press-releases/220-treaty-for-the-establishment-of-a-brics-contingent-reserve-arrangement-fortaleza-july-15。

批准流动性支持或者其他预先措施的请求，批准流动性支持和预先措施的运作程序。常设委员会原则上也是根据达成共识来进行决策，但对于流动性支持或者其他预先措施的请求以及流动性支持或者其他预先措施延期请求这两个关键事务的批准，需要所有提供资金的成员国简单多数的加权投票通过。[①]

应急储备安排的治理结构和决策机制体现了五国间在权力以及利益的平衡上达成了妥协。其理事会和常设委员会的决策通常都是通过达成共识来进行，只有在流动性支持或者其他预先措施的请求以及流动性支持或者其他预先措施延期请求这两个关键事务上采取简单多数加权投票，在某种程度上保障了决策的效率。中国尽管承诺了应急储备安排中的最大认缴资金额，但也并没有否决权，仍需要与其他四国在大部分事务上平均分享决策权，包括只认缴了 50 亿美元的南非。在流动性支持或者其他预先措施的请求以及流动性支持或者其他预先措施延期请求这两个关键事务上，比起其他四国来，中国因为其较大的投票权，确实拥有更大的决策权，但仍没有否决权。中国与其他四国中的任何一国联合起来，其投票权就足以在这两个关键事务上作出决定。但其他三个国家（在他们作为资金提供国时）联合起来，也能够压过中国而在这两个关键事务上作出决策，尽管中国拥有最大的投票权。

显然，当金砖国家发生短期国际收支危机时，应急储备安排总共 1000 亿美元的认缴额度并不足以解决实际问题。尽管如此，应急储备安排的援助能够提供一个关键的东西，那就是金砖国家团结起来解决金融危机的决心和信心，这与国际货币基金组织和当前的国际金融机构是完全不同的。具体来说，应急储备安排不会给受援国附加任何额外条件或者政治条件，这对国际货币基金组织和其他当前的国际金融机构构成了某种挑战。当短期流动性危机发生于任何一个金砖国家的成员国时，应急储备安排将会在金砖国家中扮演最后贷款人的角色。

另外，作为一个外汇资金储备池，应急储备安排也将起到防止金砖

① 参见：http://brics.itamaraty.gov.br/media2/press-releases/220-treaty-for-the-establishment-of-a-brics-contingent-reserve-arrangement-fortaleza-july-15。

国家债务违约的作用，特别是在这些国家面临大规模的货币贬值和资本外流恐慌时。中国巨额的外汇储备比起应急储备安排的整个资金池的规模高得多，可能并不需要应急储备安排的救助。其他金砖国家也大都拥有很大的外汇储备规模，在 2013 年的时候，各成员国大都认为应急储备安排并没有必要。① 然而，2014 至 2015 年间，在美国退出量化宽松政策以及美国联邦储备委员会加息预期的影响下，金砖国家普遍遭受了大规模资本外流。巴西雷亚尔，俄罗斯卢比，以及中国人民币都经历了急剧的货币贬值。中国，巴西以及俄罗斯都因为大规模干预货币市场而遭受了巨大的外汇损失。在这种新的形势下，金砖国家对应急储备安排的态度和语调都逐渐发生了变化，代表金砖国家协调努力、互相援助的应急储备安排得到了重视。② 由于其巨大的外汇储备规模及其在应急储备安排中最大的认缴额度，尽管没有否决权，但中国在该机制安排中的影响无疑是最大的。

通过建立金砖银行和应急储备安排，中国获得了两个合适的多边机制来扩展其在国际金融体系中的影响力。作为在这两个机制安排中最有实际影响力的国家，依靠其巨额的外汇储备，中国能够在国际金融机制中获取影响力。作为新成立的机构，金砖银行和应急储备安排将是对国际货币基金组织和世界银行主导的现存金融体系的补充。这两个机制也将服务于中国的其他内政和外交利益，以及金砖国家和全球的利益。首先，这两个机制将能够把金砖国家团结在一起，推进其在世界事务中的利益，特别是推动金砖国家在基础设施建设和可持续发展方面的利益，救援或者预防可能出现的短期国际收支危机。其次，这两个机制安排有助于中国将其几乎全部投资于美国政府债券的巨额外汇储备进行多元化，以管理风险，同时可以服务于中国的"走出去"战略，增加中国海外投资的合法性，降低来自发达国家对中国海外投资的批评。第三，这两个机制还有助于推进人民币国际化。通过在金砖银行和亚投行进行人民币融资，例如发行人民币债券，人民币将会逐渐在国际投资者中获

---

① 唐逸如：《金砖千亿"应急储备"意义解读》，《国际金融报》2015 年 7 月 20 日，ht-tp://paper.people.com.cn/gjjrb/html/2015 - 07/20/content_ 1588762. htm。

② 唐逸如：《金砖千亿"应急储备"意义解读》。

得越来越多的认同。

亚投行的治理结构和决策机制

亚投行的治理结构由理事会、董事会以及管理层构成，其中管理层包括了一位行长和一位或多名副行长以及其他高级职员和普通职员。亚投行的一切权力归理事会。① 重要的政策和决策，例如增加或减少银行法定股本，修改亚投行协定，选举行长，决定银行的储备资金及净收益的配置与分配，等等，需要理事会超级多数投票决定。② 但吸收新成员和确定新成员加入条件只需要理事会特别多数票。③ 董事会由十二位成员组成，负责指导银行的总体业务，行使理事会授予的一切权力，主要包括制定银行的政策，并以不低于成员总投票权四分之三的多数，根据银行政策对银行的主要业务和财务政策进行决策，及对向行长下放权力事宜做出决定。

在亚投行当前的治理结构和决策规则下，中国获得了总投票权的26.06%，从而实际上拥有了在主要政策和决策上的否决权。在主要政策和决策上，亚投行一般要求理事会和董事会超级多数，即所代表投票权不低于成员总投票权的四分之三多数通过。中国的26.06%的投票权是根据《亚洲基础设施投资银行协定》第二十八条关于投票的条款计算而得的。该条规定每个成员的投票权总数是基本投票权、股份投票权以及创始成员投票权的总和。每个成员的基本投票权和创始成员的投票权是固定的，而股份投票权则与该成员持有的银行股份数相当，每位成员的银行股份数根据该成员的国内生产总值（GDP）的规模来分配。中国由于在亚投行的所有亚洲成员中拥有最大规模的国内生产总值，所以中国所认缴的银行股份数也是亚投行所有成员中最高的，达297.8亿

---

① 参见《亚洲基础设施投资银行协定》，http://www.mof.gov.cn/zhengwuxinxi/caizhengxinwen/201506/t20150629_ 1262372.html。

② 《亚洲基础设施投资银行协定》第二十八条规定，理事会超级多数票通过指：理事人数占理事总人数三分之二以上、且所代表投票权不低于成员总投票权四分之三的多数通过。

③ 《亚洲基础设施投资银行协定》第二十八条规定，理事会特别多数票通过指：理事人数占理事总人数半数以上、且所代表投票权不低于成员总投票权一半的多数通过。

美元，占到亚投行总股本数的 30.34%。

中国目前在亚投行拥有的否决权并不是中国有意为之，而是根据中国所持有的总股本计算而得出的。事实上，中国财政部副部长史耀斌曾经解释说，中国在亚投行成立初期占有的股份和获得的投票权，是根据各方确定的规则得出的自然结果，并非中方刻意谋求一票否决。他也明确表示，随着新成员的加入，中方和其他创始成员的股份和投票权比例均可能被逐步稀释。① 即便中国暂时拥有否决权，中国也将会较为谨慎而不会滥用它。②

无论怎样，如何运用所拥有的否决权是中国领导一个多边金融机构的智慧和能力的一大考验。部分亚投行成员已经开始表示出对中国拥有亚投行否决权的担忧。因为从一开始，中国曾经承诺过，不同于美国在国际货币基金组织及世界银行的做法，中国将不会寻求否决权，亚投行的决策将主要依靠达成共识来进行。③ 但现在中国却拥有了否决权。尽管中国政府高级官员反复强调中国没有刻意追求否决权，但有些中国的分析家却认为，拥有否决权是正常的。④ 毕竟，中国是亚投行的发起者，也在亚投行成员中拥有最大的经济规模，这使得中国成为亚投行的最大股东。这样看来，中国确实应该是亚投行中影响最大的成员。这反映了中国国内对可能失去亚投行控制权的担忧，认为如果中国没有否决权，西方国家将可能主导亚投行。

最终，中国意外地获得了亚投行的"否决权"，此举并没有在成员国中掀起太大的反应。中国反复强调亚投行主要依靠营造和达成共识进行决策，并承诺将谨慎使用否决权，或许使得部分对中国否决权持怀疑态度的成员放下心来。同时，中国也确实希望向美国和世界展示，中国所领导的亚投行将会拥有一个透明的、高标准的治理结构。亚投行的成

---

① 中华人民共和国财政部：《史耀斌副部长就〈亚投行协定〉相关问题答记者问》，2015 年 6 月 29 日。

② 福蒙蒙：《亚投行股权分配尘埃落定中国拥有一票否决权》，《华夏时报》2015 年 7 月 3 日。http://finance.sina.com.cn/china/20150703/235222587797.shtml；Jing Fu. "AIIB chief rules out China veto." *China Daily Asia*, January 27, 2016. www.chinadailyasia.com/business/2016-01/27/content_15378670.html.

③ Jing Fu, "AIIB chief rules out China veto".

④ 福蒙蒙：《亚投行股权分配尘埃落定中国拥有一票否决权》。

功运营将使得中国的信誉大为增加，提高中国在国际金融体系中的地位。因此，如果中国坚持其承诺，在使用否决权上保持审慎态度，并把亚投行运作为一个高标准的多边开发银行将是很明智的做法。

对于亚投行中的西方发达国家，看起来他们对自己获得的投票权也可以接受，中国并没有像美国预测过的那样，在亚投行获得超过50%以上的投票权。[①] 而且，如果这些亚投行中的西方发达国家，特别是欧洲各国，澳大利亚、新西兰，新加坡，加上韩国，如果它们联合起来投票，也能够取得超过25%的投票权，从而获得事实上的否决权。在他们看来，中国在亚投行的投票规则上确实做出了实质性的让步，反映了其希望在亚投行保持权力平衡的做法。[②]

亚投行的董事会将是非常驻的，这种设计是试图使其管理少受制约，保障决策过程的顺利和高效。比较而言，国际货币基金组织实行的是常驻的全职董事会，这经常导致较多的政治博弈而使得决策变得缓慢。根据过去的经验，世界银行的董事会经常因为不同的考虑，包括在借款问题上不同的态度以及微观管理问题而使得决策效率较为低下。[③] 亚投行主席金立群也曾经批评过亚洲开发银行的常驻董事会，称其为"一场灾难"。[④] 中国主导的亚投行则选择将更多的权力赋予管理层，特别是行长。通过否决权，中国可以左右行长的选择。这种无薪水、非常驻的董事会结构也将为亚投行节省大笔的运行开支。据前世界银行官员杜大伟（David Dollar）介绍，常驻董事会每年花费世界银行约7000万美元。[⑤]

尽管美国目前并非亚投行的成员，中国将会继续其劝说美国加入的努力。2015年习近平主席对美国的国事访问就体现了这种努力。在访问过程中，两国在亚投行的运营上达成了某种措施模糊的妥协：

---

① Jane Perlez, "China Creates a World Bank of Its Own, and the US Balks".

② Andrea Thomas,《德国内阁批准该国加入亚投行》,《华尔街日报中文版》2015年6月10日, http://cn.wsj.com/gb/20150610/ecb190040.asp。

③ 沈联涛、肖耿:《为什么亚投行的建立有利于全球治理?》,《世界经济论坛》2015年7月29日, www.weforum.org/agenda/2015/04/why-the-aiib-will-benefit-global-governance/。

④ Jane Perlez, "China Creates a World Bank of Its Own, and the US Balks".

⑤ Mark Magnier, "How China Plans to Run AIIB: Leaner, with Veto", *The Wall Street Journal*, June 8, 2015. www.wsj.com/articles/how-china-plans-to-run-aiib-leaner-with-veto-1433764079.

双方认识到新机构以及未来将成立的机构，要成为国际金融框架的重要贡献者，这些机构将像现有国际金融机构一样，与专业性、透明度、高效率和有效性的原则以及现有环境和治理高标准相一致，进行恰当的设计和运营，同时认识到上述标准是在持续演进和改进的。[①]

这样，美国相当于正式承认了亚投行将是对现有国际金融体系的一个重要补充。这个声明表明了两国已经将在亚投行上的争端放在一边。如果考虑到美国此前的强烈反对态度以及游说其主要盟友不要加入的做法，以及亚投行对于美国主导的现存国际金融秩序的一大挑战这一事实，这是相当实质性的一步。作为回报，中国甚至许诺了更多，以削除美国的疑虑。中国承诺将依据高标准的环境和治理标准来运作亚投行，并与现有国际金融构架进行合作并支持它。与发展阶段相适应，中国不仅将作为股东国和借款国，还有意愿在世行银行以及其他地区开放银行，如亚洲开发银行，非洲开发银行，以及泛美开发银行中明显提升作为捐款国的作用。所有这些地区开发银行都是中国主导的亚投行的潜在竞争对手。中国还承诺将按照其自身能力显著增加其对多边开发银行软贷款窗口的捐资，中国将通过对多边开发银行下设的国际开发协会、亚洲开发基金和非洲发展基金提供强有力的捐款，以满足最贫困国家的需求。

为了保障亚投行能够获得成功，中国需要让其他成员国信服，这个银行并不是只服务于中国的国家利益。金立群行长强调，亚投行并不是专门成立来服务"一带一路"倡议的。通过创建亚投行，中国正在主导运作一个高标准的多边开发银行，为此中国进行了巨大的经济和政治投入。亚投行也将使全世界相信，中国有能力领导和治理一个高标准的国际组织，其最终目标是使中国能够在国际金融体系中发挥更大的作用。

亚投行的融资机制

中国曾经在多个场合强调将把亚投行建成一个高标准的银行。作为

[①] The White House, "Fact Sheet: US-China Economic Relations", Office of the Press Secretary. September 25, 2015. www. whitehouse. gov/the-press-office/2015/09/25/fact-sheet-us-china-economic-relations.

一个多边金融机构，较高的信用评级将是其中最为重要的一个标准，它将保证其通过国际资本市场进行融资的能力。不同于金砖银行主要依靠其成员国国内市场进行融资，亚投行将主要从国际资本市场进行融资。在这点上，亚投行与其他类似的国际金融机构如亚洲开发银行，泛美开发银行一样。在国际金融市场上发行债券将是亚投行融资的主要渠道之一。融资成本，例如亚投行发行债券（主要将是美元债券）的总体成本，将主要取决于各个创始成员国的主权信用评级。具体来说，各创始成员国的主权债券评级。① 英国，德国，澳大利亚，新加坡以及其他拥有标准普尔 AAA 信用评级国家的加入，大大提高了亚投行整体的信用评级，也将增强其使用国际资本市场进行融资的能力。

　　另外一个可能的融资渠道是设立专项基金以吸引闲散资本。可以在亚投行下设立信托基金，通过公私合营模式，吸引养老金，主权财富基金或者是其他基金投资。② 为此，亚投行需要设计出私人资本能够参与的合适项目和产品。③ 通过同业拆借从大型商业银行贷款是第三个可能的融资渠道，但这个融资渠道并不应该抱太大希望。凭借其成熟的国际金融中心的地位，以及最大的离岸人民币交易中心，香港可以成为发行亚投行美元、人民币或者是港元债券的理想地方。同样，伦敦以及其他欧洲金融中心也将是发行亚投行欧元债券的理想之地。金立群行长在 2016 年 1 月 16 日的亚投行开业仪式上的讲话也表达出了同样的意思。他表示从国际市场融资时，亚投行将以多种货币进行融资，包括美元、欧元、人民币和其他货币计价的资本，但亚投行发放的贷款则将以美元计价。④

　　世界银行和亚洲开发银行将援助和贷款的重点放在社会项目上，包括削除贫困以及改善健康状况上，而亚投行则主要聚焦于亚太地区的基础设施建设。由于基础设施投资有着周期长、风险高但收益稳定

---

① 黄梅波、陈娜：《AIIB 的运营空间竞争力分析》。

② 黄梅波、陈娜：《AIIB 的运营空间竞争力分析》。

③ 张茉楠：《解决一带一路融资缺口亚投行应发挥先导作用》，《中国经济周刊》2015 年 7 月 20 日，http://finance.sina.com.cn/china/20150720/143822737881.shtml。

④ 韩洁、侯丽军：《亚投行启航十大看点》，新华社，2016 年 1 月 17 日。http://news.xinhuanet.com/fortune/2016-01/17/c_1117800849.htm。

的典型特点，亚投行投资的项目可能会给投资者带来相对较高的盈利空间，这意味着亚投行将在很大程度上作为一个商业银行来运营，努力争取创造利润，以取得预算平衡，鼓励私人资本融资。如果亚投行运行良好并拥有广泛的盈利空间，那么它在将来设定贷款利率方面也会更加灵活。[①]

亚投行的未来

经过两年多的准备，亚投行于2016年1月16日正式开业。对于一个拥有57个来自全球各地的创始会员国的多边银行，这个筹备期算得上比较短。筹建亚投行过程中关键的一步是中国通过低调但努力的游说，劝服几个主要的欧洲大国，特别是英国在2015年3月31日加入亚投行，在成为创始会员国的最后期限到来之前加入亚投行。现任亚投行行长金立群，当时还担任亚投行临时多边秘书处秘书长，在此过程中发挥了最为重要的作用。英国同意加入成为创始会员国带来了多米诺骨牌效应，其他欧洲金融强国如德国、法国和意大利也随之加入，成为亚投行创始会员国。美国的其他重要盟友如澳大利亚、韩国也纷纷效仿，不顾美国的强烈反对加入了亚投行，成为创始会员国。

中国领导人从一开始就打算创建一个一流的、具备21世纪高治理标准的多边开发银行。[②] 也正是因为如此，金立群最早于2014年5月开始游说欧洲国家、日本以及美国加入，当时在伦敦，他对来自英国和其他欧洲国家的上百名财富基金的代表进行了一场公开演讲。[③] 当时，对于亚投行最后会发展成为一个什么样的银行，中国并没有一个清晰的概念。至少，中国还并没有清楚地向全世界表明，亚投行将是一个真正的多边开发银行。中国媒体和精英们当时还在兴致勃勃地讨论如何将中国的过剩产能转移到国外，服务于"一带一路"倡议。有些分析还将

---

① 黄梅波、陈娜：《AIIB 的运营空间竞争力分析》。

② Jin, Liqun, "Building Asia's new bank", An address by Jin Liqun, president-designate of the Asian Infrastructure Investment Bank, The Brookings Institution, October 21, 2015. http: // www. brookings. edu/events/2015/10/21-asian-infrastructure-investment-bank-jin-liqun.

③ Jane Perlez, "China Creates a World Bank of Its Own, and the US Balks".

此描述为中国版的"马歇尔计划"，① 而亚投行则被认为将为中国版的"马歇尔计划"提供金融支持，作为中国产能转移战略的一个组成部分。②

只是在赢得其他重量级的国家如英国、德国、澳大利亚以及韩国的支持之后，中国领导人才对中国能够将亚投行办成一个真正的多边开发银行变得自信起来。中国似乎真正改变了看法，不再是仅仅创建一个中国主导的银行，而是瞄准建立一个在环保、人权和治理方面都具有高标准的多边开发银行。经过与各参与国进行的全面、多方位的谈判，最终于 2015 年 6 月 29 日签署了《亚洲基础设施投资银行协定》。这样，中国的意图也更加明确了，亚投行并不是一个仅仅服务于中国国家利益的工具，它并不是为了将中国的过剩产能转移到全世界、实现其"一带一路"国家战略而建立的。中国媒体也相应地表现出了明显的态度转变，类似"出口过剩产能"的主题报道似乎在公众视线中消失了。事实上，媒体和学者已经开始批评"中国版马歇尔计划"一类的概念。③

亚投行将致力于发展成为一个高质量的多边开发银行，在基础设施投资中拥有重要影响力，同时扩大其在全球金融体系中的影响。当然，亚投行未来的成功将取决于几个因素，其中的关键因素之一就是如何取得并维持其在环境和金融方面一个良好的治理构架。亚投行行长金立群已经为此在全球进行游说和沟通，朝着这个目标迈出了重要的第一步。同时，中国保持这些高标准的承诺在《筹建亚投行备忘录》以及《亚洲基础设施投资银行协定》中也体现了出来。下一步如何落实和执行

---

① 例如，可参见新浪网关于中国版马歇尔计划的专题报道，http：//finance. sina. com. cn/focus/MarshallPlan/。

② 雷思海：《"亚投行"作用不亚于马歇尔计划》，国际在线，2014 年 10 月 28 日，http：//gb. cri. cn/42071/2014/10/28/2165s4744455. htm；贺军：《中国版马歇尔计划与一路一带投资机会》，搜狐财经，2014 年 12 月 4 日，http：//business. sohu. com/20151204/n429641946. shtml。

③ 韩洁、郝亚琳、侯丽军、于佳欣：《重塑新动力共筑中国梦——写在亚投行开业之际》，新华社，2016 年 1 月 15 日，http：//www. gov. cn/xinwen/2016 – 01/15/content_5033086. htm；梅新育：《亚投行是对国际金融体系的改良而非颠覆》，《北京日报》2015 年 7 月 1 日，http：//bjrb. bjd. com. cn/html/2015 –07/01/content_ 291749. htm；王义桅：《"一带一路"绝非中国版"马歇尔计划"》，《求是》2015 年第 12 期，http：//www. qstheory. cn/dukan/qs/2015 –06/15/c_ 1115588162. htm。

这些承诺将是关键。在这方面，金立群行长在筹建亚投行两年多的过程中已经多次明确强调亚投行的三个核心理念：精干、廉洁、绿色，即讲求效率，对腐败零容忍，重视保护环境。

金立群行长曾经在多个场合强调"精干"，即精简高效的员工组成的重要性。它包括避免官僚主义，讲求成本效益，避免冗员。亚投行最初的全部员工刚五十人，最终也只将扩充到一百人到一百五十人之间。[①] 比起世界银行一万多员工来，亚投行确实不同寻常的"精干"。金立群还进一步解释了"廉洁"指的就是对腐败的"零容忍"，这被认为是亚投行成功首要的前提条件。亚投行将设立一个直接向董事会汇报的内部监督机制，并保证其将"毫不妥协"地得到执行，以确保亚投行的廉洁。金立群相信，对于一个机构来说，执行廉洁政策的关键在于保障其领导人的廉洁，并承诺他将像他过去在世界银行，亚洲开发银行以及中国财政部任职时一样，一如既往地保持廉洁。[②]

总而言之，中国已经承诺将遵循可能的最高标准，遵循透明、公开、问责和独立原则来运营亚投行，这在《亚洲基础设施投资银行协定》中已有规定。在治理结构方面，包括在环境、社会政策以及债务可持续性方面，亚投行将寻求的是"更好的实践"，而并不一定是世界银行和亚洲开发银行所定义的"最佳实践"。这种更好的实践将建立在结合现有多边开发银行和私营部门优点的基础上。

亚投行目前所具有的优势使其获得 AAA 信用评级变得较有可能，特别是其20%的实缴股本占认缴股本的比例已属于国际金融机构里面最高之列。亚投行的实缴资本的绝对金额达到 100 亿美元，只有少数几个国际金融机构包括世界银行、欧洲投资银行（EIB）以及欧洲稳定机制（ESM）的实缴绝对金额超过亚投行。[③] 亚投行还从全球范围内招募最有才干的人士，这也是亚投行高标准的一个组成部分。金立群相信亚投行未来的成功将最终取决于其治理水平。曾经为世界银行工作多年的两位权威人士帮助起草了《筹建亚投行备忘录》，表明了亚投行在治理

---

① Yangpeng Zheng, "AIIB chief vows to run clean, lean, green institution", *China Daily*, January 18, 2016. www. chinadaily. com. cn/business/2016 – 01/18/content_ 23124210. htm.

② Jin Liqun, "Building Asia's new bank".

③ Ibid.

和环境方面追求的高标准。这两位权威人士分别是纳塔利·利希滕斯坦和史蒂芬·F. 林特纳，前者被认为是世界银行曾经雇佣过的最好的律师，后者被认为是在环境和社会政策标准方面的最为权威的专家之一。

包容性和公开性是亚投行至关重要的特点。亚投行将向所有国家开放，无论其来自亚太地区还是世界其他地区。亚投行的包容性和公开性在谈判《筹建亚投行备忘录》和《亚洲基础设施投资银行协定》的过程中表露无遗。在澳大利亚的建议下，面向全球采购条款写入了《协定》。这个条款对于中国来说意义非凡，因为它使得怀疑中国创立亚投行来出口过剩产能的说法不攻自破。亚投行的全球采购政策向全世界开放竞争，这意味着非亚投行成员国家的公司和机构，例如来自美国和日本的机构和公司也将能够来竞争亚投行的合同。中国公司必须和来自美国、日本、韩国、澳大利亚以及欧洲的竞争力很强的公司进行竞争，争取合同。

在是否设立亚投行董事会以及董事会如何运作的问题上，中国也做出了妥协。起初中国并没有打算建立董事会，而是主张建立一个技术小组来进行最终的决策。经过与有意加入亚投行的各国代表的协商之后，中国最终同意成立一个非常驻且不带薪的十二人董事会。英国曾经抱怨由技术小组来做决策不透明，据信英国的抱怨在是否设立董事会的问题上起了作用。[1] 亚投行在如何挑选其员工方面的表现也充分体现了该银行的包容性和公开性。亚投行将从所有国家挑选员工，而并不限于成员国范围。正如金立群行长所言，亚投行将从全世界范围内挑选最好的专业人士，将不会因为其来自非亚投行的成员国而拒绝任何人。[2] 实际上，亚投行所雇佣的两位前世界银行的高级官员纳塔利·利希滕斯坦和史蒂芬·F. 林特纳都是美国人。

亚投行和中国官员都曾经表示，亚投行的贷款将不会依据政治条件而决定。亚投行将聚焦于推动基础设施投资，并不像世界银行那样，从20世纪80年代末期开始转向致力于通过经济援助，落实"华盛顿共识"，负有推动经济和政治自由化的使命。亚投行的贷款决定将主要根

---

① Jane Perlez, "China Creates a World Bank of Its Own, and the US Balks".

② Jin Liqun, "Building Asia's new bank".

据受援国家和地区的财政和经济状况来判断。例如，在亚投行是否会批准高污染的火力发电项目贷款的问题上，金立群曾经表示过亚投行在决策时将会把当地的经济状况考虑进去。亚投行可能会对那些缺乏电力供应的贫困地区实行例外，因为得到无论任何形式的电力供应的权利实质上涉及人权问题。[①] 也就是说，在做出类似决定的时候，人权问题应该是首先要考虑的问题，而并非一定是对该地区整体的环境可能造成的负面影响。这表现出了中国发展模式在经济治理和社会发展方面所遵循的信条。

亚投行主要由亚洲的发展中国家所组成，这种情况可能使得该多边银行在环境和社会发展方面所主张的高标准受到削弱。根据当地经济发展的实际状况，有些亚洲欠发达国家的特别要求会给予考虑。中国可能不会赞同西方发达国家所定义的所有"最佳实践"，[②] 更为重要的问题是亚投行如何在满足该行所坚持的环境和信托标准与受援国的实际状况之间进行平衡。换句话说，亚投行能在多大程度上在其所坚持的高标准进行折中，以适应受援国的实际经济和社会发展状况。

亚投行面临的挑战

首先，中国作为亚投行的最大股东，如何在保持其影响力的同时，避免滥用否决权？在中国的投票权被稀释之后，中国如何保持影响力并同时保持亚投行的决策程序能够顺利运作？关键都在于如何落实。中国已经多次承诺不会成为亚投行中支配性的成员，也不会滥用否决权。在作出最后决策之前，亚投行将通过全面、民主、公开和透明的沟通及协商，达成共识。这将使得亚投行在保障决策效率方面面临很大挑战。

其次，如何保障将亚投行运作成为一个高标准的、独立的多边开发银行，而不是中国控制下的一个工具？换句话说，如何在保障中国国家利益与保持亚投行高标准并使得其他成员也获益之间保持平衡？在某些情况下，在这两个目标之间会出现冲突，而这些冲突通常涉及亚洲地区

---

① Jin Liqun, "Building Asia's new bank".

② 蔡婷贻、王延春、金焱：《亚投行前途》，《财经》杂志，2015 年 4 月 7 日，http://magazine.caijing.com.cn/20150407/3856577.shtml.

的政治和安全利益，特别在南亚、东南亚和中亚地区。

例如，2014 年有巴基斯坦媒体曾经报道过，亚投行将会为中巴经济走廊项目提供支持。[①] 按照中国的看法，该项目有助于实现中国的战略利益。同一时期，中国也认为即将成立的亚投行将会给其国家战略，即"一带一路"倡议的项目提供金融支持，其中包括了中巴经济走廊项目。在印度看来，中巴经济走廊项目将危害印度的战略安全利益因而反对此项目，并表现出对此项目极大的担忧。有印度学者认为，正是由于中巴经济走廊项目使得印度不再支持中国的"一带一路"倡议。[②]

中国和巴基斯坦在中巴经济走廊项目上保持着密切的合作，并试图减轻印度在此项目上的疑虑。当时还是亚投行候任行长的金立群于2015 年 10 月访问了巴基斯坦，公开表示中巴经济走廊项目不仅将惠及中国和巴基斯坦，也将同样使得该地区其他国家获益。[③] 他承诺亚投行将会支持巴基斯坦的基础设施建设。巴基斯坦财政部长伊沙克·达尔（Mohammad Ishaq Dar）同时澄清，称来自亚投行的投资与中巴经济走廊项目的融资安排是彼此独立的，但二者在本质上是互补的。[④] 2016 年1 月 18 日，在出席亚投行开业仪式期间，达尔财政部长进一步阐明中巴经济走廊项目将由来自丝路基金的 400 亿美元的投资来支持，亚投行将不参与中巴经济走廊项目的融资，因为这与亚投行禁止资助有领土争议地区的原则冲突。[⑤] 两国在中巴经济走廊项目问题上态度的变化表明

---

① "Asian Infrastructure Investment Bank to fund Pak-China economic project", *Daily Times*, November 6, 2014. www. dailytimes. com. pk/business/06 – Nov-2014/pak-china-economic-corridor-project-to-get-funding-from-aiib.

② 来自印度外交部下属的智库世界事务委员会（Indian Council of World Affairs）的研究员拉胡尔·米什拉（Rahul Mishra）在 2015 年 12 月 16 日华盛顿东西方中心进行的一次演讲中提出了这一观点。该演讲被中国媒体翻译为中文发表，中文版的演讲翻译稿可参见：http://mil. news. sina. com. cn/china/2016 – 01 – 07/doc-ifxnkvtn9595957. shtml。

③ "Corridor plan to benefit regional states: AIIB chief", *Dawn*, October 8, 2015. www. dawn. com/news/1211638.

④ 梁桐：《亚投行助力巴经济社会发展》，《经济日报》2015 年 10 月 14 日，http://pa-per. ce. cn/jjrb/html/2015 – 10/14/content_ 279060. htm。

⑤ "Pakistan hopes its projects will be cleared first by AIIB", *The Economic Times*, January 18, 2016. http://articles. economictimes. indiatimes. com/2016 – 01 – 18/news/69870530_ 1_ aiib-pok-region-corridor-project.

了中国领导人对亚投行将扮演一种什么样的角色和作用问题上的政策变化。为了避免刺激印度，中国与巴基斯坦或许达成了妥协，亚投行将不资助中巴经济走廊项目。作为回报，中国承诺通过丝路基金和其他渠道，全力支持巴基斯坦的基础设施投资和建设。

在这种背景下，亚投行的第一批贷款项目成了国际社会注目的焦点之一，将会吸引很大的关注。如果亚投行想要向世界表明它将会作为一个高标准的多边开发银行运作的话，首批贷款投向政治敏感度较低，也较少战略安全意义涉及的项目，将会比较理想。在这种情况下，亚投行环境和社会框架标准的落实也会得到高度的重视，为亚投行博取较好的名声。①

第三，从环境和社会发展视角来看，亚投行面临一些挑战，特别是亚投行《环境和社会框架》咨询意见草案已经引发了一些抱怨，主要集中在亚投行进行环境和社会标准咨询的方法上，以及亚投行是否有着落实其环境和社会标准的诚意上。该《框架》的咨询安排被认为过于仓促，部分非政府组织批评亚投行没有将利益攸关的关切认真加以考虑，该咨询仅仅是在走过场。② 亚投行在 2015 年 9 月 7 日公布了咨询意见草案，而第一次咨询会议被安排在了 9 月 10 日。如此短暂的时间间隔使得部分想要参与咨询的组织和人士根本来不及做好准备。而且，咨询会议全部通过视频和音频通话的方式进行，没有面对面的咨询活动安排，每场咨询会议仅持续大概两个小时，而且最多只有五条通讯渠道供利益相关方来进行咨询。这种主要通过网络咨询且只提供英文服务的方式使得那些没有互联网接入人士以及不讲英语的

---

① 截至 2016 年 6 月，亚投行已经在其官网上公布了四个项目，包括最早公布的巴基斯坦 M4 高速公路绍尔考特—哈内瓦尔段，该项目与亚洲开发银行联合融资；与欧洲复兴开发银行联合融资的塔吉克斯坦与乌兹别克斯坦边境公路修缮项目，孟加拉国全国电力传输系统升级和扩充项目，以及与世界银行联合融资的印度尼西亚贫民区改善项目。其中三个为与其他机构的联合融资项目，充分反映出亚投行援助亚洲地区基础设施的特点，也全是较少政治敏感和战略安全意义的项目。参见亚投行官网：http://euweb.aiib.org/html/PROJECTS/。

② 陈渝：《亚投行环境和社会保障政策的高标准如何体现》，NGO 发展交流网。2015 年 9 月 23 日，http://www.ngocn.net/column/2015 – 09 – 23 – 6bc0047c444083f5.html；亚洲原住民族联盟（AIPP）：《关于亚投行〈环境与社会框架〉草案的意见》，AIPP，2015 年 10 月 23 日，http://iva.aippnet.org/wp-content/uploads/2015/11/AIPP-Comments-on-the-Draft-Environmental-and-Social-FrameworkESF-of-AIIB-Chinese-translation-version.pdf。

人士的参与变得没有可能。这些问题使得亚投行的咨询难以取得所必需的结果。

此外，对于环境和社会发展框架标准本身也有不少意见。具体来说，A 类项目，即"可能对环境和社会造成重大的、不可逆的、多方面且前所未有的负面影响"的项目，[①] 咨询草案未能具体列出可能造成重大环境和社会风险的行业，因此这些项目仍然有获得亚投行的贷款资助的可能。[②] B 类项目被定义为可能对环境和社会造成一定负面影响的项目，这种负面影响不是前所未有，也不是不可逆的或累积的。[③] 对于 B 类项目，咨询草案只规定亚投行将基于具体个案来评估其环境和社会影响。这意味着对于这个类别下的项目将没有一个环境和社会影响的普遍性强制要求，有可能使得 B 类项目下的某些高风险项目在没有足够的环境和社会评估的情况下获得亚投行的贷款批准。[④]

其他的抱怨还包括亚投行缺乏一个独立的申诉机制，比起现有国际金融机构来，这是一个明显的欠缺之处。[⑤] 包括世界银行以及亚洲开发银行在内的多边开发银行，一般来说都有一个独立的申诉和问责机制。在透明度和信息披露方面，亚投行也有所欠缺，没有关于责任和义务方面的规定。亚投行所有关于透明度、信息披露、责任和义务方面的规定都是针对客户，而不是针对银行自身的。[⑥] 保护弱势群体和原住民利益的条款也不足以保护其利益。例如，在非自愿再安置的条款中，对于"强制逐出"的解释是要求"避免使用不必要的、不

---

① AIIB, "Environmental and Social Framework", Consultation draft, August 3, 2015. Page. 8. www. aiib. org/uploadfile/2015/0907/20150907061253489. pdf.

② 陈渝：《亚投行环境和社会保障政策的高标准如何体现》。

③ AIIB, "Environmental and Social Framework", Page 8.

④ 亚开行民间组织论坛：《"亚投行环境与社会政策框架草案中亟待解决的若干问题摘要》，中国绿色银行观察网，2015 年 10 月 21 日。http://www.cgbw.org/Aiib_detail/newsId = ed65350c-cea4-4420-a481-b35acbb43be6. html；亚洲原住民族联盟（AIPP）：《关于亚投行〈环境与社会框架〉草案的意见》。

⑤ 亚开行民间组织论坛：《"亚投行环境与社会政策框架草案中亟待解决的若干问题摘要》；亚洲原住民族联盟（AIPP）：《关于亚投行〈环境与社会框架〉草案的意见》；陈渝：《亚投行环境和社会保障政策的高标准如何体现》。

⑥ 陈渝：《亚投行环境和社会保障政策的高标准如何体现》。

成比例和过度的暴力。"① 这种模糊的措辞可以被解释为"可以使用必要的暴力来获取土地和住宅"。②

另外一个关于环境和社会影响的问题是火力发电厂的问题。金立群在2015年布鲁金斯学会的演讲中提到，亚投行可能会考虑在某些仍然缺乏电力供应的地区投资煤电厂。③ 印度尼西亚媒体曾经于2015年11月报道，据印尼财政部的一位官员称，亚投行将在接下来的四年中提供给印尼10亿美元贷款，用于基础设施建设，其中部分融资可能被用于该国的煤电厂项目。④ 报道的真实性还需要确认，但类似的报道已经使得外界对于亚投行能否遵循其环境高标准产生了疑问。加之亚投行相关规定中缺乏关于投资于煤炭和其他高环境风险行业的政策，关于环境和社会影响方面的争议在亚投行开业之后也将会一直持续。据最近的一个采访，金立群行长表示关于煤电厂的问题将由董事会来决定。⑤

亚投行面临的其他挑战包括中亚、南亚、东南亚和其他亚洲地区复杂的政治安全形势带来的风险。叙利亚、阿富汗等地区发生的战争和动荡及其带来的影响使得整个中亚地区的安全形势都不太稳定。亚投行的运营将会面临由恐怖主义、极端宗教势力、分离主义以及领土争端等带来的动荡、暴动以及其他各种形势的混乱局面和安全威胁。亚投行面临的风险也包括来自投资本身的风险，包括由于财务无力偿付，例如，由于客户或客户所在国债务违约而导致的无法偿还贷款，或者亚投行本身无法实现持续融资而未能提供贷款。

---

① AIIB, "Environmental and Social Framework", Consultation draft, August 3, 2015, Page 18.

② 亚开行民间组织论坛：《"亚投行环境与社会政策框架草案中亟待解决的若干问题摘要》。

③ Jin Liqun, "Building Asia's new bank".

④ "AIIB $1b to Financing Coal Development in Indonesia", *Jakarta Globe*, November 27, 2015. http://jakartaglobe.beritasatu.com/business/aiib-1b-finance-coal-development-indonesia/.

⑤ 财新网：《用创新的国际最佳准则打造亚投行——专访亚投行行长金立群》，《财新周刊》2016年第3期，www.caixin.com/2016-01-17/100900210.html。

结　论

金砖银行和亚投行的建立是中国实质性参与国际金融体系的里程碑，亚投行的创建更是代表着中国第一次发起并领导一个多边开发银行。中国在应对 2008 年全球金融危机、促进世界经济恢复的过程中所发挥的重要作用，推动着中国进入了全球经济治理的中心舞台，其最初是以通过参与二十国集团领导人峰会的方式实现了这种转变。然而，自从 2010 年二十国集团峰会开始，中国的声音逐渐平静下来。随着国际金融体系改革的主要成果，即 2010 年国际货币基金组织和世界银行份额和治理改革方案的延误，中国开始寻找另外合适的机会和方式，以进一步融入全球金融治理体系。金砖银行和亚投行的成立就是在这个方向上的两个重要进展。

中国在国际金融体系中前所未有的举动与其国家战略及国内经济发展息息相关。亚投行的创建时机与中国提出"一带一路"倡议是高度契合的，是习近平主席上任以来国家发展战略的两个互相补充的重要部分。"一带一路"倡议强调中国与其他亚洲以及欧洲国家之间基础设施的互联互通，为整个亚欧地区经济的进一步繁荣提供了坚实的基础。通过推动该战略，中国将自己的发展与该地区其他国家的发展联系在一起，并相信这种互联互通将惠及这一地区的所有国家。

中国的这些举动也将推动现有国际金融体系的完善和发展，亚投行和金砖银行的创建为中国进入国际金融体系的主流提供了强大的谈判筹码。从更为广泛的意义上来看，中国的这些举动也体现了中国外交政策重点正在出现的一种微妙变化，正在从中美关系转向重视中国的东南亚、中亚及南亚邻国以及其他金砖国家。从这个视角来看，整个包括亚投行、"一带一路"在内的中国国家战略，可以被看作是中国对奥巴马政府 2011 年以来推动的亚洲再平衡战略的一种战略反应和应对途径。换句话说，中国的领导层和精英人士仍然在某种程度上将美国的亚洲再平衡政策视为遏制中国的一种战略，中国需要出台一个自己的国家战略来应对。

在推动亚投行的创建以及"一路一带"倡议的过程中，中国的政策制订者们似乎需要应对一个此前没有意料到的局面，即中国的这两个重要政策之间需要拉开一定距离，因为这两个政策目标之间存着一定的内部冲突。将亚投行建成一个高标准的多边开发银行的目标，与"一带一路"倡议推动中国的国家战略利益的目标可能会互相阻碍。"亚投行服务于'一带一路'倡议"这样的表述将会导致其他国家，特别是美国和日本更加怀疑中国创建亚投行的意图，认为亚投行将会成为实现中国国家利益的另一个工具。只有从提高在国际金融体系中的声望的视角来解读亚投行，才能理解中国创建亚投行的政策目标，以及为什么中国确实需要将其打造成为一个高标准的多边开发银行。

尽管中国领导人现在的目标是支持将亚投行打造成一个标准的多边开发银行，但最开始时，中国官员对亚投行期待中最为乐观的目标是成为一个由二十多个亚洲国家组成的地区开发银行。[①] 以英国为首，欧洲发达国家的蜂拥加入为亚投行带来了前所未有的发展势头，中国也在将亚投行建成一个真正有着高标准的多边开发银行目标上变得信心满满。

中国在推进其在"一带一路"倡议时主要通过传统的双边外交模式来实现，而将亚投行建成为一个高标准的多边开发银行上则需要通过多边途径来治理，这种情况使得中国面临一种复杂的局面，需要将这两个政策目标拉开适当距离。"一带一路"沿线国家面临的地缘政治、宗教、历史、资源等各种复杂因素都是实施"一带一路"倡议需要面对的问题，可能引发这些国家对中国的疑惧甚至冲突。有些问题可能会对这两个政策目标的实现形成威胁。如果这种情况发生时，中国领导人需要权衡一下两个政策目标的权重而作出相应决策。一个独立、透明，在环境和社会政策以及治理方面有着高标准的多边开发银行，将能够帮助提高亚投行在国际金融体系中的地位和声望。为此，中国需要将亚投行与其"一带一路"国家战略拉开适当距离，明确"亚投行并不仅仅服务于'一带一路'"。

亚投行的创建及开业的风头盖过了金砖银行，后者在 2015 年夏天开业之后受到的关注明显少了很多。而两个银行之间在基础设施融资方

---

① 《用创新的国际最佳准则打造亚投行——专访亚投行行长金立群》，财新网。

面将要进行的合作则是一个好的迹象，金砖银行行长卡马特和亚投行行长金立群已经就两个银行之间的合作进行了多次会谈。① 两个银行合作的领域之一是发行人民币计价的贷款。通过发行人民币贷款，市场上大量的人民币闲散资本将被得到很好利用，促进两个银行的融资，也将有利于人民币国际化的推进。亚投行、金砖银行以及丝路基金，构成了中国在国际金融体系中领导的一个新的开发银行网络，将会对国际多边开发银行融资体系作出重要贡献。

①　《用创新的国际最佳准则打造亚投行——专访亚投行行长金立群》。

结　　论

2008 年全球金融危机需要全球经济和金融治理体系作出有效和及时的反应，中国作为最大的新兴经济体和新兴金融大国，在全球抗击金融危机的协调努力中被置于一个关键的位置上。此时，中国自 20 世纪 70 年代末期以来的改革开放以及融入全球经济的进程已经发展到一个新的阶段，中国成为全球经济治理中重要的参与者，甚至是领导者，特别是在二十国集团这个全球经济治理的首要论坛上更是如此。

中国的参与给全球经济治理体系带来了什么？中国又从中得到或者学习到了什么？《龙之印迹：中国与二十国集团框架下的全球经济治理体系》一书将试图对以上问题进行回答。

中国对全球经济治理的贡献与其国内经济和政治实践紧密相连，也与其作为最大发展中国家的定位息息相关。随着中国在全球经济治理体系中成长为一个建设性的参与者，中国正在试图努力改善这个体系。中国主张一个公正合理的全球经济治理体制，并通过"共商共建共享"理念和实践，取得合作共赢的结果。中国寻求提高新兴经济体和发展中国家在现有全球经济治理体制中的代表性和投票权，主张所有国家在达成最后决策前进行广泛的协商，呼吁每个国家共同对整个体制作出贡献，共享全球经济治理带来的益处。中国关于全球经济治理的理念和实践在其创建亚洲基础设施投资银行（亚投行），参与创建金砖国家新开发银行（金砖银行），参加世贸组织谈判以及联合国气候变化谈判，以及参与二十国集团、推动国际金融和货币体系改革的过程中得到了充分体现。通过参与二十国集团、世贸组织、联合国气候变化谈判、国际货币基金组织、金融稳定委员会、巴塞尔银行监管委员会和国际清算银行等国际组织和相关活动，中国进入了全球经济治理的中心舞台，并通过创建亚投行，参与创建金砖银行，推动"一带一路"倡议，增加了中国在全球经济治理体系中的影响力。尽管中国目前在全球经济治理体制中的参与更多还是基于一个国家中心主义的视角，而不是一种全球视角，但中国在全球经济治理中，特别是在某些领域中表现出了发挥更加积极的、甚至是领导作用的意愿，并愿意向国际社会提供公共产品。

中国参与全球经济治理及其意义

中国在全球经济治理体体系中发挥着日益重要的作用，体现出新兴经济体作为一个整体在此体系中的崛起。这些世界经济中的新兴经济强国寻求在全球经济治理体系中更为重要的位置，并发出更大的声音，而中国是其中的代表性国家。中国呼吁建立一个公正合理的全球经济治理体系，强调各国平等的参与。中国参与二十国集团，世贸组织以及地区贸易协定，人民币国际化，能源和气候变化治理，多边开发银行如亚投行和金砖银行，所遵循的最高目标即是寻求一个公正合理的全球经济治理秩序。

在应对 2008 年全球金融危机的过程中，通过 4 万亿人民币经济刺激计划以及对国际货币基金组织增资的贡献，中国为阻止危机蔓延、稳定世界经济的全球协调做出努力。中国也因此上升为全球经济治理体制的核心成员。中国一直致力于提高新兴经济体在国际货币基金组织治理结构中的投票份额，在此项改革的其他支持者的配合下，通过二十国集团平台，最终实现了这一目标。新兴经济体在国际货币基金组织投票份额的增加，进一步增加了二十国集团的合法性，也部分实现了中国所追求的公正合理的全球经济治理秩序的目标。随着中国主办二十国集团2016 年峰会，中国将表现出在全球经济治理上的领导力，进一步加强二十国集团作为全球经济治理的首要论坛地位，并将致力于建设一个更为有效的全球宏观经济政策协调机制，稳定全球经济增长。

中国在全球自由贸易谈判中，特别是世贸组织和区域贸易谈判中，清楚表明其主张维护一个自由、开放和非歧视的多边贸易体制。世贸组织的决策依靠达成共识，这与中国主张的公平合理地参与全球治理的理念较为吻合。中国表现出对世贸组织和多哈回合谈判的大力支持。在区域全面经济伙伴关系（RCEP）这个中国参与的最大地区自由贸易谈判中，中国提出平等参与、平等的伙伴关系的理念，试图达成一个将多样化的亚洲国家容纳在一起、顾及每个国家利益的自由贸易协定。然而，这种强调平等参与的谈判模式，缺乏关键的领导权，经常无法有效地推动谈判。

中国推动人民币国际化的努力表现出中国将发展成为一个金融大国的雄心，目标是推动人民币在未来成为主要的国际储备货币之一。中国理解金融部门在国内经济发展和国际经济竞争中的重要地位，通过人民币国际化，希望人民币能够成为使用最为广泛的国际货币之一，至少在国际支付领域取得与美元和欧元同等的地位。中国相信，一个多元的货币体系比起美元主导的国际货币体系健康得多，有利于国际货币体系本身，也有利于保持全球经济的稳定。从另一方面看，人民币国际化的未来将取决于国内市场化金融改革的进程。但中国国内复杂的政治和经济形势，使得这种改革极为困难。反之，作为中国领导人追求的崇高目标，人民币国际化也被国内的改革者用来推动金融市场化改革。

作为最大的石油和天然气消费国之一，中国对国际能源市场有着重要的影响，理应在国际能源治理中发挥重要作用。然而，中国仍然不是最为重要的国际能源治理组织——国际能源机构的成员，中国在全球能源治理中的作用仍然有限。中国坚持通过地缘政治战略确保能源进口安全，对参与主要的国际能源治理组织没有那么热心，国际社会对于中国在国际能源市场上的意图和表现多持怀疑态度。二十国集团是中国进一步参与国际能源治理的适宜平台，中国可以在二十国集团框架下通过推动全球清洁能源和可再生能源治理机制，成为这方面的一个突破口，而这个机制与中国参与联合国气候变化大会谈判是相关联的，通过推动清洁能源和可再生能源的发展，能够为气候变化谈判提供强有力的支持。将自己定位为最大的发展中国家，中国在全球气候变化谈判中一贯主张共同但有区别的责任，坚持发展中国家和发达国家在此问题上公平合理的贡献。然而，中国作为最大的温室气体排放国之一，也在谈判中积极协调，对于2015年底达成历史性的巴黎气候变化协议作出了很大的贡献。作为可再生能源和清洁能源生产方面领先的经济体，中国能够最终在减轻全球气候变化方面发挥重要作用。

中国领导创建亚投行，以及参与创建金砖银行，清楚表明了中国所主张的公正合理的国际经济秩序的含义所在。中国将亚投行运作为一个高标准的多边开放银行，通过促进基础设施投资，将使得中国的亚洲邻国以及中国自身都能获益，对于中国及其他亚投行成员以及接受亚投行投资的亚洲国家来说，是一个合作共赢的局面。中国相信，亚投行以及金砖银行将对现有的国际金融秩序形成良好的补充，它们代表着新兴经济体在全球金融治理中的崛起。中国在亚投行以及金砖银行所主张的决策模式，即主要依靠达成共识来进行决策，并辅之以多数投票决定规则，体现了中国主张的各国平等参与国际经济治理的理念。

除了反复强调的公正合理的全球经济治理目标之外，中国也在全球经济治理领域方面提出了一些自己的观念。根据中国传统文化和哲学观念，以及社会管理实践经验，中国提出了"共商共建共享"的全球治理理念，寻求一种由全体国家共同参与建设，共同运作和共享成果的全球经济治理体制。

中国所主张的全球经济治理理念和实践的一个问题是它只是一个抽象的概念，缺乏贯彻执行所需要的路线图和细节。例如，"共商共建共享"作为中国领导人提倡的全球治理理念，同时也是中国所倡导的"一带一路"以及构建亚洲安全体系的指导理念。具体到"一带一路"，"共商共建共享"或许并不是一个空洞的口号，它强调中国与沿线国家在战略、政策、合作机制、项目以及企业之间的互联互通。但涉及中国领导人所提倡的"共商共建共享"的全球治理理念的具体含义，则需要进一步的阐释。

有学者将"共商共建共享"解释为全球治理议题的多样性和参与者的多样性，包括了主权国家和各种国际组织的参与[1]。这呼应了秦亚青教授在中共中央政治局第 27 次集体学习时进行的讲解。秦亚青教授在 2013 年的一篇文章中提出了一种多元主义哲学和参与框架，以改善全球治理。[2] 其他一些学者和媒体报道则将此原则解释为全球治理体制

---

[1]　黄薇：《共商共建共享'的全球经济治理视角》，《环球》2015 年 10 月 28 日，第 22 期，参见 http：//news. xinhuanet. com/globe/2015 – 10/26/c_ 134750802. htm.

[2]　秦亚青：《全球治理失灵与秩序理念的重建》，《世界经济与政治》2013 年第 4 期。

内所有国家的平等参与，没有任何一个国家可以凌驾于其他成员之上。①

"共商共建共享"的全球治理理念反映了中国所提倡的合作共赢的外交政策的核心思想，以惠及国际社会所有成员，推动和平发展，建设和谐的国际社会。中国所寻求的是国际社会所有成员的平等参与，主张国家不论大小、强弱、贫富，在全球经济治理体制中享有平等的政治和法律地位。中国寻求一种公正合理的国际经济秩序，主张其中任何规则的制定、秩序的建立，都必须由所有治理参与方共同协商和建设，而治理的成果则由所有参与者所共享，没有任何一国可以主导或掌控全球治理话语权。中国也明确支持发展中国家平等地参与全球经济治理。

中国日益增长的经济实力，在全球贸易、金融和直接投资方面持续的开放政策，使得中国成为全球经济治理中不可或缺的重要参与者。现在的问题不再是中国的参与是否将使得全球经济治理体制更好或者更坏，现实的问题是，中国巨大的经济规模和对全球经济增长的巨大贡献使得中国的经济政策，例如汇率、利率政策和宏观经济政策的调整，对全球资本市场和大宗商品市场都有着巨大的影响。美国和其他一些国家的高级财政官员一再呼吁中国提高其经济决策的透明度，加强与国际市场的沟通，更好地将中国的政策变动的含义与国际市场进行沟通和协调。从这个意义上来说，中国正面临着更大的压力，以更为积极地参与全球经济治理并在其中发挥更为积极的作用。

当前全球经济治理体制面临的一大问题是如何将世界第二大经济体融入现有体系之中。中国自 2008 年以来对全球经济治理的参与引发了两种不同角度的批评声音，分别对中国的参与持怀疑态度，以及过高估计中国在其中的作用。有些人由于中国是所谓的"共产党领导的国家"以及中国不太透明的经济和政治决策过程而怀疑中国是否能够在未来履行其承诺，并更进一步质疑中国参与甚至领导全球经济治理体系的意图。中国确实是一个试图改善现有全球治理体制的改革者，还是寻求剧

---

① 刘玮：《2015：习近平以中国理念和实践引领全球治理新格局》，国际在线，2015 年 12 月 31 日，http：//news. cri. cn/20151231/2a8480ca-9e7e-b192-6456-d1ce961eee9c. html；刘斐、王建华：《中国首次明确提出全球治理理念》，新华网，2015 年 10 月 14 日，http：// news. xinhuanet. com/politics/2015 – 10/14/c_ 1116824064. htm。

烈变革、改变此体制的颠覆者？最近中国关于进一步参与全球经济治理，提供公共产品，以及将按照高标准运作亚投行，将举办二十国集团峰会并将寻求更紧密的宏观经济政策协调以促进全球增长等的表态，表明了中国成为现有全球经济治理体系的积极贡献者和改善现有体系的改革者的决心。

另外一种观点则认为，中国应该在全球经济治理体系中承担起更大的责任，在全球经济治理的主要领域中发挥更为重要的作用，例如二十国集团，贸易以及能源领域等。举办二十国集团峰会意味着中国将能够在全球经济治理中发挥一种领导作用。比起两三年前，即2014年布里斯班峰会宣布中国将主办2016年二十国集团峰会之前，中国表现出了在全球经济治理中，特别是在二十国集团平台上承担更大责任的意愿。然而，中国仍坚持认为，全球经济治理的领导地位应该与其能力相适应，一国应该在其能力范围之内来承担责任。这反映出中国一直以来的一种担心，即中国被置于承担超出其能力范围之外的过多责任的境地。

亚投行作为中国改善现有国际金融体制最为重要的一个举措，将是中国在未来的全球经济治理体制中发挥什么样的一种作用的一个试金石。如果中国能够将亚投行运作为一个高标准的多边开发银行，对现有国际金融体系形成有益的补充，那么它将能够证明中国确实像其所宣称的那样，是现有体制的一个建设性的改革者。

中国参与全球经济治理的收益和成就

通过参与二十国集团领导人峰会，并在抗击全球金融危机的过程中作出很大的贡献，中国进入了全球经济治理的中心舞台，通过二十国集团这个平台，中国对全球宏观经济政策协调和促进全球增长作出了自己的贡献。中国在二十国集团舞台上的积极参与，从广泛的政治意义来讲，标志着中国作为最大的发展中国家在全球经济治理体系中的崛起，取得了与其他发达国家平起平坐的平等地位。尽管中国在2010—2011年的二十国集团多伦多峰会、首尔峰会以及戛纳峰会上有着不太愉快的经历，但被国际社会广泛承认为一个负责任的经济体仍然鼓舞着中国在全球经济治理体制中进一步发挥积极作用。由于其巨大的经济规模及其对世界经济日益重要的影响力，举办二十集团峰会将使得中国处于更有利的位置，在这个全球经济治理的首要论坛上发挥领导作用，增加中国在全球经济治理体制中的威望和影响力。

具体来说，中国提高了自己在全球金融治理体制中的地位和重要性。中国成为金融稳定委员会，巴塞尔银行监管委员会，以及国际清算银行全球金融体系委员会的成员，这是三个高度专有的国际金融标准设定的权威机构。来自中国的高级官员成为这三个机构的委员之一，在二十国集团以及国际货币基金组织等最为重要的多边机构中，中国能够全面参与国际经济和金融政策协调。[1] 随着 2015 年底美国国会批准了 2010 年国际货币基金组织份额和投票权改革方案，中国在国际货币基金组织的投票权从之前的 3.81% 增加到 6.16%，在该组织 188 名成员中位列第三，仅次于美国和日本。[2]

汇率、利率以及资本账户开放等方面进一步的金融市场化改革推动着人民币国际化向前发展。这些成就使得人民币最终于 2015 年 11 月被国际货币基金组织纳入了特别提款权（SDR）货币篮子。这代表着人民币国际化取得了一个重要的进展，象征着人民币作为一种主要国际储备货币的地位，在全球范围内得到了承认。最为重要的是，人民币被纳入特别提款权货币篮子将给予人民币国际化本身最为需要的东西，即信誉度和可靠性保障。国际投资者仍然将会质疑中国政府决策的透明度和处理经济问题的能力和方式，中国的金融市场，例如人民币债券等仍然未能得到充分发展，汇率、利率以及人民币资本账户仍然在一定程度上受到管制。人民币加入特别提款权货币篮子将使得国际投资者对人民币作为一种国际储备货币以及中国金融部门的市场化改革持有更多的信心。

通过创建亚投行和积极参与金砖银行以及应急储备安排的创建，中国对改善全球金融体系作出了自己的贡献。一方面，中国认为高标准的多边开发银行例如亚投行和金砖银行将对亚洲以及其他地区的发展融资作出贡献。另一方面，亚投行也是中国参与国际金融体系的一个谈判筹

---

① 易纲：《积极参与全球经济治理》，《经济日报》2015 年 11 月 16 日，http://www.ce.cn/xwzx/gnsz/gdxw/201511/16/t20151116_ 7013911. shtml.

② IMF, "IMF Member's Quotas and Voting Power, and IMF Board of Governors", April 11, 2016. www.imf.org/external/np/sec/memdir/members. aspx.

码。如果从如何提高中国在现有国际金融体系中的地位的角度来看，中国的行为就更为容易理解。中国在亚投行所主张的运作的高标准向国际货币基金组织以及整个国际金融和货币体系表明，中国有能力领导和运作一个高标准的多边开发银行，亚投行将是现有国际金融体系的有益补充。

　　在能源和气候变化治理方面，中国对最终取得巴黎气候变化协定的历史性成就作出了引领性的努力。从 2014 年 11 月中美两国关于气候变化的联合声明开始，中美这两个世界上最大的温室气体排放国向世界表明了其应对气候变化问题的决心。中国承诺到 2030 年使其二氧化碳排放达到峰值，并将尽其最大努力提前达到峰值。中国也在其发布的"十三五"国民经济和社会规划纲要中承诺在十三五期间将非化石燃料在一次能源使用中的比例增加到 15%。巴黎气候变化协定达成之后，中国和美国还在 2016 年 3 月 31 日宣布两国将在该协定开放给成员国签字的第一天，即 4 月 22 日就签署，为其他国家树立一个榜样，并敦促它们也尽快签署该协定。

　　在贸易治理问题上，自 2013 年二十国集团圣彼得堡峰会以来，中国就一直倡导一个开放的世界经济。中国积极参与并对 2013 年底巴厘部长级会议上取得的《贸易便利化协定》作出了贡献，这是多哈回合谈判开始十二年以来取得的一项成就。中国在其中积极促成古巴和印度就所关注的问题进行谈判，减少了谈判过程中的这两个主要阻力，为谈判最终达成协议作出了贡献。[①] 作为对开放的世界经济建议的补充，中国在其国家战略"一带一路"倡议中大力倡导基础设施建设，强调通过公路、桥梁、港口、铁路以及管道建设一个互联互通的世界，在全球范围内促进贸易的增长。面临着被《跨太平洋伙伴关系协定》排除在外的现实，压力之下的中国在双边和多边自由贸易谈判中变得更为积极，积极推动区域全面经济伙伴关系（RCEP）以及中日韩三国自由贸易区谈判，并积极推动中国东盟自由贸易区的升级谈判。自 2003 年开始推动地区及双边自由贸易谈判以来，中国到 2016 年初为此止，已经

---

　　① 　杨盼盼、王雅琦：《WTO 早期收获：美国的收获全球的挑战》，《上海证券报》2013 年 12 月 24 日，http：//finance. sina. com. cn/stock/t/20131224/012817725926. shtml。

与 22 个国家和地区签署了 14 个自由贸易协定。

中国在二十国集团舞台上取得的具体和实际的成就，以及在国际金融和货币体系中，在能源和气候变化治理中，以及贸易治理领域取得的成就，推动着中国进一步积极参与全球经济治理。自 2013 年初习近平担任国家主席以来，中国在全球经济治理中表现出了更为积极的态度和实践，表现出了在全球经济治理体制中发挥领导作用的更大意愿。中国也表现出了对全球经济治理的实质更深的理解，开始提倡构建一个全球治理体系，以协调世界经济发展，保持经济稳定增长，惠及该体系内的所有国家。

中美两国于 2014 年签署的关于气候变化的历史性联合声明以及后续推动和落实巴黎气候变化协定的努力，建立"中国气候变化南南合作基金"帮助发展中国家应对气候变化，体现了中国向国际社会提供公共产品的更大意愿。

增加对联合国及其维和行动的支持和贡献也表明了中国提供国际公共产品的意愿。这包括中国最近宣布的建立为期十年总数达 10 亿美元的中国—联合国和平发展基金，加入新的联合国维和能力待命机制，建立一支 8000 人的维和待命部队，并向非洲联盟提供 1 亿美元的无偿军事援助，以支持非洲常备军和危机应对快速反应部队建设。[1] 中国提供的国际公共产品还包括对最不发达国家的投资和债务减免，例如中国提供的 20 亿美元的南南合作援助基金，以帮助发展中国家落实 2015 年后发展议程；增加对最不发达国家的投资，力争到 2030 年达到至少 120 亿美元，免除最不发达国家所欠中国债务。所有这些公共产品的提供都是习近平主席于 2015 年 9 月出席联合国可持续发展峰会上发表演讲时宣布的。

这些提供公共产品的承诺来源于 2013 年之后中国参与全球经济治理的观念开始发生重大改变之后。据现在可以查到的资料，中国外交部部长王毅于 2013 年 6 月在世界和平论坛午餐会上发表的演讲中，第一次提到中国应该提供更多有益的公共产品，以应对 21 世纪面临的一系

---

① 参见《习近平在第七十届联合国大会一般性辩论时的讲话》，新华网，2015 年 9 月 29 日，http：//news. xinhuanet. com/world/2015 - 09/29/c_ 1116703645. htm。

列新的多样性挑战。① 在 2014 年 11 月举行的亚太经合组织工商领导人会议开幕仪式上，习近平主席发表讲话，表示"随着综合国力上升，中国有能力、有意愿向亚太和全球提供更多公共产品，特别是为促进区域合作深入发展提出新倡议新设想"。② 这是中国最高领导人第一次公开表示中国有能力、有意愿向世界提供公共产品。"积极参与全球经济治理和公共产品供给"被写入了国民经济和社会发展第十三个五年规划纲要。外交部长王毅在 2016 年 3 月"两会"期间举行的记者招待会上，确认了中国正在由一个国际体系的参与者转变为一个公共产品的提供者。③

从另一个角度看，中国目前对全球经济治理的参与仍然大体上建立在国家中心论的基础之上，而缺乏一种全球视角。国家中心论指的是较为狭隘地专注于中国的国家利益，根据这种论点，中国应该更多为全球经济治理体系作出贡献，以便从中获取利益和回报。在早年，例如在二十世纪 90 年代参与全球经济治理的过程中，中国强调参与全球经济的目的是为中国的经济发展创造一种友好的国际环境。在中国加入二十国集团峰会八年之后，中国已经深深卷入了全球经济治理，而最高领导人对于中国参与全球经济治理的最新表述中，仍然强调了中国参与全球经济治理的根本目的是"实现中华民族伟大复兴的中国梦。"④

国家中心论的视角表现了中国对在全球体系中提供公共产品的独特理解。中国将"一带一路"倡议和亚投行的创建视作是提供公共产品的重要行动，向世界提供基础设施投资和建设。中国领导人以及学者都认为"一带一路"倡议将为广泛的亚欧地区国家，特别是"一带一路"

---

① 王毅：《王毅部长在第二届世界和平论坛午餐会上的演讲》，2013 年 6 月 27 日，www. fmprc. gov. cn/ce/cedk/chn/zgwj/t1053901. htm。

② 习近平的讲话全文参见：http：//news. xinhuanet. com/politics/2014 – 11/09/c_ 1113174791_ 2. htm。

③ 王毅：《外交部长就中国的外交政策和对外关系答记者问》，新华网，2016 年 3 月 8 日，www. xinhuanet. com/politics/2016lh/foreign/。

④ 习近平：《推动全球治理体制更加公正更加合理》，新华网，2015 年 10 月 13 日，ht-tp：//news. xinhuanet. com/politics/2015 – 10/13/c_ 1116812159. htm。

沿线国家提供公共产品。① 这种提法使得中国关于提供公共产品行为对于大多数西方国家来说缺乏说服力，他们对中国的"一带一路"倡议大体上持一种怀疑的态度。

尽管如此，中国在全球经济治理领域的看法和实践正在出现一种积极的转变。随着 2015 年以来中国领导人更多地推动合作共赢的新型国际关系和"共商共建共享"的全球经济治理原则，可以说中国在全球经济治理领域的理念和实践正在经历一种由国家中心论向全球视角的转变。二十国集团平台是中国最为看重的国际经济合作的首要论坛，主办 2016 年二十国集团峰会将推动着中国进一步转向全球经济治理的全球视角。

政策建议

2008 年全球金融危机以来中国在全球经济治理中发挥了积极的作用，中国在二十国集团的承诺将会让这个全球经济治理的首要论坛受益。本书的这一部分提出了关于中国如何提高全球经济治理的效率，并在其中发挥建设性的作用、甚至是领导作用的几点建议。中国也同时积极参与了全球经济治理的其他领域例如金融、贸易、发展、能源与气候变化等方面。相应地，本部分也对如何推动中国在这些领域的进一步参与提出了相关建议。

二十国集团是中国参与全球经济治理的关键平台，通过这个重要的国际经济合作论坛，中国能够与西方大国平起平坐，共同参与全球经济治理。它同时也为中国提供了一个展示其作为负责任大国形象的良好舞台，通过它，中国能够与其他主要大国保持沟通，维护友好关系。中国可以利用其主办二十国集团领导人峰会的时机，努力保持二十国集团全球经济治理首要论坛的地位，采取主动，防止它被边缘化，或者降格为

---

① 参见王毅《外交部长就中国的外交政策和对外关系答记者问》；毛艳华《"一带一路"对全球经济治理的价值与贡献》，《人民论坛》2015 年 3 月 19 日；http://theory. rmlt. com. cn/2015/0319/377864. shtml；黄河《公共产品视角下的"一带一路"》，《世界经济与政治》2015 年第 6 期；范磊《软公共产品与"一带一路"的未来》，中国网，2015 年 12 月 9 日，http://opinion. china. com. cn/opinion_ 8_ 142308. html。

一个"清谈馆"。具体来说，有几条政策和战略建议，以保持二十国集团的重要性。

在现有相互评估机制的基础上加强宏观经济政策协调

相互评估机制主要依靠同行审议和指标性指引来进行，它相当于二十国集团的"牙齿"，成为二十国集团的一个半约束性机制。在其基础上，可以考虑在二十国集团成员中创建一个由各国主要的经济政策制订顾问参与的定期会晤机制，以对各国宏观经济政策进行有效协调。例如，美国的参加者可以是白宫国家经济委员会主任，中国的参加者可以是中央财经工作领导小组办公室主任。

保持二十国集团作为塑造高端政治共识的非正论坛特征

但同时为了使得二十国集团运作更有效率，可以采取折中做法，创立一个非秘书处的办事处，而不是永久秘书处，以保持二十国集团的非正式性、灵活性和政治控制。一种可能的做法是通过建立一个正式的办事处，将二十国集团的"三驾马车"①的结构机制化，这个办事处的成员由"三驾马车"的三个国家加上中国和美国两个永久成员国组成，组成一个五国组成的流动的"二十国集团办事处"。

在二十国集团内部营造利益共同体，帮助达成共识

中国需要在二十国集团成员中找到共同利益，结成共同利益基础上的盟友。例如可通过议题为中心打造正式或非正式的集团。这些议题领域不一定非得在发展中国家之间进行。例如，中国可以在二十国集团内部通过贸易部长会议以及贸易和投资工作组，推动利益共同体的形成。中国可以推动与自己签署有自由贸易协定的澳大利亚、韩国以及印度尼西亚建立一个松散的利益共同体，在二十国集团内部推动贸易和投资议题。

---

① 二十国集团"三驾马车"指的是由前任、现任以及下任二十国集团主席国组成的一个三国执行委员会，以确保二十国集团在不同的主办国之间工作的连续性。

将中国的政策倡议整合到二十国集团议程中

作为最大的发展中国家，中国对二十国集团的发展议程有着天然的利益。确实，中国已经将落实联合国 2030 年可持续发展议程作为了二十国集团杭州峰会的主题之一，列为首要议程之一。中国应该以切实的行动落实此议程。中国创建亚投行，中国的"一带一路"倡议将促进发展中国家的基础设施建设，帮助实现 2030 年可持续发展目标。通过推动发展议程，中国也将为世界提供公共产品。作为世界第二大经济体，中国已经意识到自己应该作为一个负责任大国行事，提供国际公共产品，在全球经济治理体系中发挥领导作用。中国应该考虑如何能够更好地将其"一带一路"倡议以及亚投行的运作与联合国 2030 年可持续发展目标结合起来。

推动二十国集团框架下的可再生能源和清洁能源治理机制

二十国集团是中国推进全球能源治理的一个合适平台。基于三个理由，中国可考虑在二十国集团框架下推动可再生能源和清洁能源治理机制。第一，中国看重二十国集团作为全球首要经济治理机制的特征；第二，中国是可再生能源和清洁能源的生产大国，与该领域的另一个大国即美国在清洁能源合作方面保持着良好的合作关系；第三，可再生能源和清洁能源在总体能源使用中比例的增加，相应地会减少化石燃料在总体能源消耗的比例，最终将减轻气候变化带来的影响。中国和美国作为世界上最大的两个温室气体排放国，应该能够在可再生能源和清洁能源的生产和治理方面发挥领导作用。目前中美两国通过清洁能源部长会议进行的合作可以作为二十国集团框架下进一步的清洁能源治理机制的基础。

加快金融市场化改革，适当拉开亚投行与"一带一路"的距离

2015 年 11 月人民币加入国际货币基金组织特别提款权货币篮子，以及 2015 年底美国国会最终批准 2010 年国际货币基金组织份额和投票权改革方案，象征着中国在国际金融和货币体系中取得的两个重要成就，提高了中国在其中的地位。中国在继续推动增加新兴经济体和发展

中国家在全球金融和货币体系中代表性的同时，需要努力加快国内金融市场化改革。因为人民币加入特别提款权货币篮子要求中国进一步进行汇率市场化改革和资本项目自由化改革。

在很大程度上，亚投行是中国提高自己在现有的国际金融体系中地位的一个谈判筹码。一个成功运作的亚投行将表明中国完全有能力运作高标准的多边开发银行，表明这样的一个机构是对现有国际金融体系的有益补充。为了取得这个目标，中国应该将足够的注意力放在如何使得世界信服，亚投行不是专门服务于中国国家大战略"一带一路"的一个工具，中国的"一带一路"倡议将使得整个亚欧地区都能受益。

通过二十国集团贸易部长会议以及贸易和投资工作组推动多哈回合谈判

在全球贸易治理领域，中国需要更加积极地寻找有效的方式提高世贸组织的效率，推动这个多边贸易体制的发展。中国可以通过二十国集团平台新近成立的贸易部长会议，以及贸易和投资工作组来推动世贸组织多哈回合谈判。中国可以通过提供公共产品，例如提供更多的市场准入，为其他国家提供诸如 IT 产品和环境产品等的市场准入；允许其他国家特别是最不发达国家"搭便车。"这样，中国能够在多哈回合谈判中发挥一定的领导作用。

主办二十国集团领导人峰会将对中国参与全球经济治理并在其中发挥积极作用、甚至是领导作用有很大的促进。在不远的将来，可以期待中国在全球经济治理的某些领域，例如国际金融和货币体系改革，全球气候变化谈判，全球多边贸易谈判，多边发展融资，发展议题等方面发挥更为积极的作用。然而，从国内的视角来看，中国市场化经济改革是观察中国在未来几年内参与全球经济治理的一个关键点。它将在很大程度上决定中国是否能够完成从国家中心主义的全球治理观念，到一种真正全球视角的全球治理观念的转变。前者主要还是更多狭隘地关注自己的国家利益，后者则要求更多关注各个合作伙伴的利益。国内经济市场化改革也将决定中国是否能够在 2016 年的杭州峰会之后继续在二十国集团发挥领导作用。

中国在 2008 年金融危机之后，通过参与二十国集团领导人峰会，走上了积极参与全球经济治理之路。2016 年首次主办二十国集团峰会标志着中国已经发展成为二十国集团的一个领导国家。受到中国自 2008 年参加二十国集团峰会取得的成就的鼓舞，中国也在全球经济治理的其他领域，包括金融和货币领域，贸易，发展，多边发展融资，能源和气候变化方面显示出更多的参与意愿并积极参与其中。在此过程中，中国也开始提出自己的全球治理理念和实践原则，例如提出"建立公正合理的全球经济治理体制"，"合作共赢"以及"共商共建共享"的全球经济治理原则。作为世界第二大经济体，同时又是最大的发展中国家，中国也开始接受提供全球公共产品的观念并进行了实践，表现出在全球经济治理中作为一个负责任大国的意愿。所有这些行为都表明，中国正在从一种国家中心主义的全球治理观念，转向一种全球视角的全球治理理念。这种转变是否能够在未来顺利完成，在很大程度上取决于中国国内市场化的经济改革的进程，这种改革进程能够为中国以全球视角进一步参与全球经济治理提供更大的动力和支持。

缩略词表

ADB：Asian Development Bank　亚洲开发银行

AFTA：ASEAN Free Trade Area　东盟自由贸易区

AIIB：Asian Infrastructure Investment Bank　亚洲基础设施投资银行（亚投行）

AIPP：Asia Indigenous Peoples Pact　亚洲原住民族联盟

APEC：Asia-Pacific Economic Cooperation　亚太经合组织

ASEAN：Association of Southeast Asian Nations　东盟

ASEAN + 1：ASEAN plus One　东盟 10 + 1

ASEAN + 3：ASEAN plus Three　东盟 10 + 3

ASEAN + 6：ASEAN plus Six　东盟 10 + 6

BCBS：Basel Committee on Banking Supervision　巴塞尔银行监管委员会

BIS：Bank for International Settlements　国际清算银行

BIT：bilateral investment treaty　投资保护协定

BRICS：Brazil，Russia，India，China and South Africa　金砖国家

CDB：China Development Bank　中国国家开发银行

CEB：China Exim Bank　中国进出口银行

CEM：Clean Energy Ministerial　清洁能源部长会议

CGFS：Committee on Global Financial System　全球金融体系委员会

CRA：Contingent Reserve Arrangement　应急储备安排

DSM：Dispute Settlement Mechanism　争端解决机制

ECT：Energy Charter Treaty　能源宪章条约

EEA：Europe Economic Area　欧洲经济区

EFSI：European Fund for Strategic Investments　欧洲战略投资基金

FSAP：Financial Sector Assessment Program　金融部门评估规划

FSB：Financial Stability Board　金融稳定委员会

FTA：free trade agreement　自由贸易协定

FTAAP：Free Trade Area of the Asia-Pacific　亚太自由贸易区

GATT：General Agreement on Tariffs and Trade　《关税及贸易总协定》（关贸总协定）》

G7：Group of Seven　七国集团

G8：Group of Eight　八国集团

G20：Group of Twenty　二十国集团

GDDS：General Data Dissemination Standards　数据公布通用标准

IEA：International Energy Agency　国际能源署

IEF：International Energy Forum　国际能源论坛

IGOs：international governmental organizations　政府间国际组织

IMF：International Monetary Fund　国际基金组织

IPEEC：International Partnership for Energy Efficiency Cooperation　国际能效合作伙伴关系

IRENA：International Renewable Energy Agency　国际可再生能源机构

JODI：Joint Organizations Data Initiative　联合组织数据计划

MAP：Mutual Assessment Process　相互评估程序

NAFTA：North American Free Trade Area　北美自由贸易区

NDB：New Development Bank　新开发银行（金砖银行）

NDRC：National Development and Reform Commission　国家发展改革委员会（发改委）

NGOs：non-governmental organizations　非政府组织

OPEC：Organization of the Petroleum Exporting Countries　石油输出国组织

P4：Pacific Four　跨太平洋战略经济伙伴

PBoC：People's Bank of China　中国人民银行

QE：quantitative easing　量化宽松

RCEP：Regional Comprehensive Economic Partnership　《区域全面经济伙伴关系协定》

RMB：renminbi　人民币

SCO：Shanghai Cooperation Organisation　上海合作组织（上合组织）

SDDS：Special Data Dissemination Standards　特殊数据公布标准

SDR：special drawing right　特别提款权

TPP：Trans-Pacific Partnership　《跨太平洋伙伴关系协定》

TRIPS：Trade-Related Aspects of Intellectual Property Rights　《与贸易有关的知识产权协定》

TTIP：Transatlantic Trade and Investment Partnership　《跨大西洋贸易与投资伙伴关系协定》

UNFCCC：United Nations Framework Convention on Climate Change　联合国气候变化框架公约

WTO：World Trade Organization　世界贸易组织（世贸组织）

致　　谢

　　本书从写作到出版的整个过程都得到了加拿大全球治理创新中心（CIGI）全球经济项目主任多梅尼科·隆巴迪（Domenico Lombardi）先生的全力支持和指导，使得此书得以完成和出版，谨在此表达衷心的谢意！他的洞见和建议在许多方面提升了此书的质量。

　　感谢王红缨教授、Barry Carin 教授，Kevin English、Samuel Howorth、David Kempthorne、张斌、徐奇渊，以及多位匿名的同行评议者，感谢他们对本书提出的宝贵意见和建议，并对 Alisha Clancy 协调和安排同行评议表示特别的谢意。

　　最后，感谢我的妻子彦宏女士给予的爱和支持。

何兴强

2016 年 7 月